1 MONTH OF
FREE
READING

at

www.ForgottenBooks.com

By purchasing this book you are eligible for one month membership to ForgottenBooks.com, giving you unlimited access to our entire collection of over 1,000,000 titles via our web site and mobile apps.

To claim your free month visit:

www.forgottenbooks.com/free1041359

ISBN 978-0-364-60203-4
PIBN 11041359

Jahrbuch

der

Gehe-Stiftung

zu

Dresden.

.

Band X.

Dresden

v. Zahn & Jaensch

1904.

Neue
Zeit- und Streitfragen

Herausgegeben

von der

Gehe-Stiftung zu Dresden.

I. Jahrgang.

Oktober 1903 — Juni 1904.

Dresden

v. Zahn & Jaensch

1904.

Inhalt.

Die imperialistische Idee

in der

Gegenwart.

———

Vortrag

gehalten in der Gehe=Stiftung zu Dresden

am 10. Oktober 1903

von

Erich Marcks.

————————

Dresden

v. Zahn & Jaensch

1903.

Wer heute zu einem weiten Kreise deutscher Hörer vom Imperialismus unserer Tage zu sprechen unternimmt, hat es nicht nötig, die Wahl seines Gegenstandes zu begründen. Eher wäre es nötig, die Wahl des Redners zu erörtern, dem der Vorstand der Gehestiftung die Behandlung dieses Gegenstandes angetragen hat: daß sie auf den Historiker gefallen ist, das ist für den Inhalt und die Richtung der Darlegungen maßgebend, die Sie heute erwarten. In der Tat habe ich nicht als Politiker von diesen Bewegungen zu reden, um die der Kampf der streitenden Meinungen noch alltäglich tobt; ich untersuche nicht Recht und Unrecht, ich handle weder von dem, was etwa sein solle, noch von dem, was etwa kommen werde: für beides, Kritik wie Zielsetzung oder Prophezeiung, würde ich unzuständig sein. Ich habe zu schildern, zu begründen, zu verknüpfen: und auch dieses nicht wesentlich, wie es der Nationalökonom tun würde, im Hinblick auf die wirtschaftlichen Seiten der Erscheinung; es kann sich hier nur um Beobachtungen — und in der Kürze dieses Vortrages nur um einige, stark zusammendrängende Beobachtungen — handeln, wie sie sich eben unter dem Gesichtspunkte politischer Geschichtsbetrachtung ergeben: Beobachtungen über die Eigenart und über den historischen Zusammenhang dieses Imperialismus von 1900.

Daß wir von einer „imperialistischen Idee" sprechen können, die eine Macht unserer Tage ist, ist gewiß: von einer Idee des Imperialismus, wie von einer Idee des Sozialismus oder Liberalismus, der Nationalität oder der Revolution, als einer Summe von Vorstellungen und Absichten, einem allbekannten Gedankenbilde und zwar einem solchen, das die Bestrebungen

1*

leitender Kräfte der Zeit in sich zusammenfaßt: einer der großen Richtungen, einem der hallenden Rufe im Streite der Jahrhundertwende.

Was aber enthält dieser neuere Imperialismus? Mit einem „Imperator" hat er an sich nichts zu tun; ob er mit dem Cäsarismus Verwandtschaften besitzt, wird noch zu fragen sein; dasselbe wie dieser ist er jedenfalls nicht. Eine bestimmte Verfassungsform oder auch nur der Drang danach ist nicht mit ihm verknüpft, in allen Ländern, unter allen Verfassungen tritt er auf. Es ist das „Imperium", wonach er seinen Namen hat: das Reich, nicht das Kaiserreich, sondern — so empfinden wir es sofort — das Weltreich. Und auch da zeigt sich alsbald: es ist nicht ein Weltreich im alten Sinne kaiserlicher Weltherrschaft. Keines der heutigen Weltreiche verlangt den Erdball allein zu beherrschen; von dem universalen Anspruche des alten Roms, seiner Umspannung der damaligen eigentlichen Kulturwelt in ihrer Gesamtheit, von dem Universalismus des mittelalterlichen Papsttums und etwa auch des mittelalterlichen Kaisertums oder, in beschränkterem Sinne, Napoleons I. sind sie alle weit entfernt. Vorläufig mindestens besteht noch eine Vielheit der Weltmächte; höchstens in unbestimmten Zukunftsfernen kann ein Ehrgeiz oder eine Sorge, die weit hinausschweifen, eine starke Verengerung der heute mit einander wetteifernden Gewalten, eine Zuspitzung auf zwei Kämpfer, etwa gar auf einen einzigen Sieger ahnen wollen.

Was wir heute erblicken, ist darum doch neu und bedeutsam genug. Wir alle kennen die wesentlichen Züge, und wir alle haben den Eindruck, daß die Welt sich seit den 70er und 80er, vollends dann, in außerordentlich beschleunigtem Maße, in voller Durchsetzung des Neuen seit den 90er Jahren umgebildet, daß sie ihr Antlitz verändert hat. Völker und Staaten, die einst führende Mitträger der allgemeinen Geschichte gewesen sind, treten in die zweite Reihe, manche ganz und gar in den Hintergrund; die kleineren und schwächeren sind nur noch leidende oder sich an die Größeren anlehnende Zuschauer. Weit zurückgetreten scheint selbst Österreich; unzweifelhaft ist es Spanien, nicht minder die skandinavischen Länder, die Niederlande, trotz ihres alten Kolonialbesitzes; von der Türkei und ihren Verwandten brauche ich gar nicht zu sprechen. Mittel- und Südamerika liegen zur Seite oder unter dem Einfluß des Stärkeren, und ebenso der Rest mehr oder weniger selbständig gebliebener Staaten Asiens, China selber voran. Gerechnet wird innerhalb der Welt nur noch mit Rußland, Großbritannien, Nordamerika, Deutschland, Frankreich, dazu Japan und, in einem erheblichen Abstande, Italien. Diese aber haben über die alten Grenzen ihrer Kernlande hinausgestrebt, sie drängen, mit ihrem Menschenmaterial oder ihrer Macht, in die große Welt hinaus. Sie betreiben „Weltpolitik". Sie erweitern sich, die einen auf ihren Kontinenten, die anderen außerdem oder ausschließlich jenseits der Meere; sie erobern; sie schaffen sich Kolonien; sie teilen die Gebiete, die nicht Herren ihres eigenen Schicksals sind, unter sich auf, in unmittelbaren oder verhüllten Annektionen oder Protektoraten, oder in Scheidungen der Einfluß- und Interessensphären. Sie bringen mit ihrem Kapital oder ihrer Macht oder beidem, mit Eisenbahnen, Dampferlinien, Vertretungen, Missionen in Länder ungewissen Besitzes hinein. Sie ringen um Absatzgebiete für ihren Handel, für ihre Industrien, womöglich um Raum für ihren Bevölkerungsüberschuß. Sie überwachen einander überall; ein Weltsystem internationaler Politik hat sich entfaltet, baut sich immer weiter und feiner aus, Weltstellung im vollen Sinne besitzt nur, wer an diesem Systeme handelnd teilnimmt. Seid 1880 ist die

Kolonialpolitik bei all jenen lebendigen Staaten immer sicht=
barer vorangetreten; als entscheidende Organe haben sie ihre
Flotten in ungeahntem Maße ausgestaltet.

Das sind die äußeren Erscheinungen. Überall sind ihre
wirtschaftlichen Zusammenhänge deutlich; man greift es mit Händen,
wie die Ausdehnungsbestrebungen von der Industrie, von dem
Exporthandel getragen werden: so in England, in Deutschland,
in Nordamerika, und, in geringerem Maße immerhin, auch in
Frankreich und in Rußland. Es wird noch zu fragen sein, ob
diese Kräfte überall die wesentlich oder gar allein entscheidenden
sind; jedenfalls wirken sie überall; und wirtschaftlich ist eine
Reihe der überall auftretenden Mittel und Ziele: der Schutz=
zoll, der sich seit einem Menschenalter die Welt wieder erobert
hat oder, wo er noch nicht durchdrang, sie zu erobern heiß be=
strebt ist, der Kampf um die Absatzgebiete, den ich erwähnte,
zum Teile der Kampf um die Kolonien. Überall herrscht, in=
mitten alles gesteigerten Austausches, zugleich ein wachsender
Drang nach wirtschaftlichem Abschluß; die Gedanken richten sich
auf die Herstellung wirtschaftlich=politischer Körper, die, sei es
in irgend einer näheren oder ferneren Zukunft, ihren eigenen
Bedürfnissen in einem möglichst hohen Maße selber zu genügen
imstande wären: Weltreiche also von auch wirtschaftlicher Aut=
arkie; von Nordamerika, Rußland, dem Größeren Britannien
wird uns das verkündet. Wie auch die wirklichen Aussichten
dieser gigantischen Träume sein mögen — und das zu unter=
suchen fällt nicht in den Rahmen meiner Befugnis und Absicht
—, sicherlich drücken sie das Eine mit besonderer Anschaulich=
keit aus, was überall in diesen imperialistischen Bestrebungen
leitend heraustritt: den Zug zur Organisation im großen und
größten, die enge Verbindung alles Wirtschaftlichen mit der
politischen Macht, die ungeheure Verstärkung des Gewichtes der

staatlichen Gesamtheit gegenüber allem Leben. Die Zeit der freien Bewegung der wirtschaftlichen Kräfte ist auch in diesem Sinne vorbei; auf Auswanderung und Einwanderung wünscht der Staat einen Einfluß zu üben; hinter aller Ausbreitung des Handels steht, fördernd, den Gegner hemmend, die staatliche Gewalt, die Gewalt überhaupt. Und das augenfälligste ideelle Moment in der Idee des Imperialismus, dasjenige in der Tat, das dieser Idee ihren Charakter gibt, ist diese erneute Erhöhung der Staatsmacht. Die neuen wirtschaftlichen und sozialen Mächte bedürfen der starken Vertretung in der Welt; die Staatsgewalten sind ihre Organe geworden. Ich habe zwischen Imperialismus und Cäsarismus unterschieden. Es versteht sich, daß in eigentlichen Monarchien die neue Bewegung die Rolle des Monarchen zu steigern geneigt ist, daß sie auch in parlamentarischen oder republikanischen Staaten diejenige starker Führer, also die Rolle der Einzelpersönlichkeit steigern wird. Sie braucht keine der Verfassungen, die sie antrifft, zu sprengen, sie wird nicht überall von den gleichen gesellschaftlichen Schichten, nicht überall notwendig von den gleichartigen Parteien getragen; aber neue Schwierigkeiten, das hat man mit Recht gesagt, wird sie dem Parteileben überall schaffen. An Stelle innerer Probleme, wie sie die Parteien am leichtesten und organischesten erfassen können, rückt sie, früher oder später, so scheint es, mit zwingender Notwendigkeit solche von teilweise oder überwiegend außerpolitischer Art, und muß die alten Gliederungen dadurch verschieben und verwirren. In jedem Falle aber: den Inhalt des Staates selber, die Vielseitigkeit seiner Tätigkeit, seines Einflusses auf alles innere und äußere Dasein, die Macht der Regierung bereichert sie notwendigerweise überall und ungemein. Staat und Regierung werden mit der unmittelbaren Wahrnehmung aller Interessen der Nation in aller Welt betraut, und schließen sie daheim zu einer machtvollen Einheit zusammen. Wirtschaft und Macht sind auf das Innigste vermählt, und die Macht gewinnt dabei noch sichtbarer und sicherer als das Wirtschaftsleben. Der Bruch mit dem liberalen Weltalter ist augenscheinlich; überall ist der alte Liberalismus, der Prediger der freien Bewegung, der Harmonie der Interessen, der Beschränkung der Staatsgewalt, mitsamt den moralisch-politischen Idealen und Dogmen, an die er so innig glaubte, zurückgeworfen worden. Die Welt ist härter, kriegerischer, ausschließlicher geworden; sie wird mehr als je zuvor zu einer großen Einheit, in der sich alles berührt, alles zusammenwirkt, aber auch alles aufeinander stößt und aufeinander schlägt; in dieser Einheit ist von der vorurteilslosen Einigkeit des Sinnes, des frei ergänzenden Wetteifers, wovon man einst geträumt hat, wenig mehr zu spüren. Die Welt ist, davon ging ich aus, anders geworden, ganz besonders in den politischen Erscheinungen und Gesinnungen, die ihr Gesamtleben beherrschen. Zum mindesten ist das der Eindruck, unter dem wir stehen. Freilich: ist er ganz berechtigt? ist der Wandel so groß, wie er uns oft geschildert wird? Gerade das möchte ich hier in raschem Umblicke über unsere Welt untersuchen. Ich möchte jener Umbildung der Erscheinungen und Gesinnungen in den vorwaltenden Ländern ein wenig näher nachgehen, die Vorgeschichte unserer Gegenwart oder des Imperialismus in ihr hier und dort ein wenig näher beleuchten, Neues und Altes an ihr ein wenig näher sondern und charakterisieren.

Ich beginne mit dem Lande, von dem wir den Ausdruck, und der Hauptsache nach auch die Vorstellung des Imperialismus herleiten, mit England. Dort hat dieses Neue seine zum großen Teil bahnbrechende und vorbildliche, jedenfalls eine besonders ausgeprägte Entwicklung erlebt. Dort tritt uns, für Geschichte und Gegenwart, Vieles in den Weg, das alle Nationen zugleich betrifft. Das englische „Empire," als die — erstrebte — Vereinigung aller der großen Kolonien mit dem Mutterlande zu einer staatlich=wirtschaftlichen Gesamtheit, ist ja das „Reich," das dem Imperialismus unmittelbar den Namen gab; und in England sehen wir gerade heute den angestrengtesten Kampf um dessen Verwirklichung. In diesem selben England aber hat der Liberalismus zuvor seine höchste und längste Entfaltung gehabt: es hat Cobden und es hat Gladstone besessen. Ich zweifle nicht, daß dieses die beiden, wenn nicht bedeutendsten, so sicherlich bezeichnendsten Namen für die Vorherrschaft liberaler Gedanken in unserer Welt bleiben werden. Keiner hat dem imperialistischen Geiste schroffer entgegengestanden als William Gladstone, der Staatsmann, der Irland aus der britischen Reichseinheit freizugeben getrachtet hat, der große Parteiführer, den die Folgerichtigkeit eines leidenschaftlichen Sinnes für Recht, Reform, Wohlfahrt, so wie er sie verstand, für den Anspruch und den Einfluß der Massen, im Laufe eines langen Lebens vom strengen Torismus allmählich bis zur radikalen Linken hinübertrug, der mächtige Redner, der eigenrichtige Denker und Träumer, der feurige Idealist, der zugleich ein so vollendeter parlamentarischer Taktiker und ein die Tausende mit sich reißender Agitator war, wandelbar und windungsreich bis zur kleinen Schlauheit, und doch in der Hauptsache allezeit großartig und ehrlich, und zuletzt bei all seiner persönlichen Meisterschaft der Totengräber seiner anscheinend unüberwindlichen Partei. Ihm fehlte der Blick für die Überlieferung und zumal für die Macht: er scheiterte, indem er, um innere Wunden zu heilen, die Macht seines Staates zu zersetzen unternahm; und über seinen letzten Lebensjahren schlugen bereits die Wogen einer ihm völlig fremden realistischen Strömung zusammen: derjenigen, die darauf hinging, das Alte, das Gladstone verneinte, wieder zu stärken.

Denn dieser Imperialismus will in England eigentlich nur Altes wiederherstellen und zugleich weiterbilden. Er knüpft an die Zeiten vor der liberalen Ära an: an die Zeiten vor 1846, vor 1832, vor 1815, an die großen Tage des alten englischen Weltkampfes um den Vorrang jenseits der Meere. Er lenkt zurück, das hat man längst erkannt, in die Bahnen des Merkantilismus. Was aber ist dieser? Der wirtschafts= politische Ausdruck für das gesamte Zeitalter der europäischen Völker= und Staatengeschichte seit dem Ende etwa des 15. Jahr= hunderts bis zum Beginn des 19.

Das waren ja die Jahrhunderte, wo schon einmal die Staaten alles Leben ihrer Völker zusammenzufassen unter= nahmen, auch das wirtschaftliche, um es einheitlich zu regeln, zu erziehen, zu heben, um es mit ihrer Macht zu vertreten gegenüber den Nachbarn und womöglich draußen in allen Erd= teilen, um Wohlstand und Macht in unlöslicher Durchdringung durch einander zu steigern; es waren die Jahrhunderte des merkantilen und des bewaffneten Wettkampfes um die Märkte und um die Kolonien, des Kampfes, in welchem England spät in die erste Reihe trat, um dann an die Spitze zu gelangen, um alle seine Nebenbuhler weit zurückzuwerfen. England hat seit den Tudors in Ost= und Nordsee, Mittelmeer, Ozean den Wettstreit aufgenommen, Deutsche und Italiener zurückgedrängt, die Spanier, die Holländer, die Franzosen der Reihe nach an= gegriffen und geschlagen; es hat zuletzt mit dem stärksten seiner Gegner, mit Frankreich, jenen schicksalsvollen Zweikampf durch= gefochten, der von 1680 bis 1815 lief und niemals ganz ab= brach, der alle Mächte der damaligen Welt in seine Wechselfälle hineinzog. Überall, wo Leben und Stärke war, dieselbe Gleich= setzung von Wirtschafts= und Staatsinteresse; Ludwig XIV. der Absolutist faßte es ebenso in seiner Hand zusammen wie die

demokratisch=revolutionäre Regierung Cromwells oder die aristo=
kratisch=parlamentarische der Whigs im 18. Jahrhundert, oder
wie, auf engerem Boden, der letzte und höchste aufgeklärte
Fürstenstaat der absolutistischen Ära, der preußische Friedrichs II.
England hat sich in diesen Kriegen des Handels und der Waffen
sein erstes Weltreich zusammenerobert, auf Kosten all jener
Gegner, in West= und Ostindien, um Afrika herum, und in Nord=
amerika: es waren Jahrhunderte voll harten und unbarmherzigen,
aber lebenschaffenden Streites. Ihr Ausgang hat dem Angel=
sachsentum seine große Stelle inmitten der Mächte des 19. uud
20. Jahrhunderts gesichert. Wir Deutschen gewöhnen uns
allgemach, den weltgeschichtlichen Zug dieser Kämpfe auch für
unsere Geschichtsbetrachtung zu verwerten. Deutschland hat an
ihnen ja nicht aktiv teilnehmen können; machtlos wie es war,
ist es seit 1500 aus ihnen und damit aus dem Anteile an
der neuen Weltgewinnung und Weltbeherrschung herausgedrängt
worden; alle die großen Weltauseinandersetzungen haben aber
auch Deutschland berührt. Die Kriege, die auf seinem Boden,
an seiner Westgrenze, dann — unter Friedrich II. — zugleich
in seiner eigensten Mitte ausgefochten wurden, waren ja zu=
gleich immer Kriege um die Vorherrschaft jenseits des Ozeans,
und England hat den französischen Gegner mit englischen, aber
reichlich auch mit deutschen Kräften auf deutschen Schlachtfeldern
geschlagen, und ihm so die Kraft gebrochen und Indien und
Amerika an sich selber gebracht. Deutschland schlug mit, es
gewann nicht mit, es blieb nur leidend beteiligt; aber das alte
Weltsystem streckte auch über Deutschland damals seine Arme
aus. Das Ende war die Niederlage Frankreichs unter dem
größten Fortsetzer seiner merkantilistischen Weltpolitik, Napoleon I.;
das volle Übergewicht Englands auf den Meeren von 1815
ab; der volle Ausbau seiner Alleingewalt in der weiten Welt.

Und nun trat jenes System des 19. Jahrhunderts auf, das erst möglich wurde durch die Siege des 18. und der Revolutions= zeit. England besaß vor der Hand keinen irgend gefährlichen Nebenbuhler mehr. Sein altes Kolonialsystem war das des strengen Merkantilismus gewesen, das auf die Beherrschung und die Ausbeutung der Kolonien zu Gunsten einzig und allein des Mutterlandes gerichtet war. Dieses System hatte ihm den Aufstand seiner nordamerikanischen Unterthanen, die Losreißung der 13 Staaten, die Aufrichtung der Union einge= tragen; seitdem begann England die alte straffe Beherrschung der Kolonien aufzugeben und ihnen die Zügel lockerer zu lassen. Kanada erhielt eine freiere, dann eine ganz selbständige Verfassung; der Liberalismus wünschte, sie allen Außenlanden gewähren zu können; Gedanken und Machtverhältnisse wirkten dabei inein= ander. England wurde durch die Konsequenz seiner inneren Entwick= lung in Wirtschaft, Gesellschaft, Parlamentsverfassung, in politischer und sozialer Anschauung zur Freiheit hingeführt; der Staat trat in diesem neuen Zeitalter grundsätzlich in den Schatten; der selbst= ständigeren Bewegung der Kräfte wollte die Zeit des Individualis= mus, des siegreich und eroberungskräftig vordringenden Bürger= tumes und Unternehmertumes, nach ihrer Praxis und ihrem Glauben auch draußen in der Welt soviel überlassen als nur möglich wäre. Und möglich wurde Vieles. England beherrschte die Meere, England beherrschte die Märkte; seine Macht und seine Industrie und sein Handel waren ohne Konkurrenten. Frankreich war zurückgeworfen und erhob sich erst langsam; Rußland rückte erst allmählich dem englischen Herrschaftskreise näher; die mitteleuropäischen Völker waren mit ihren eigenen Angelegenheiten, der Durchbildung ihrer nationalen Staaten, vollauf beschäftigt; Nordamerika füllte allgemach den Raum seines weiten Kontinentes erobernd, besiedelnd aus und hatte

mit seinen inneren Gegensätzen überreich zu schaffen. England
behielt freie Bahn. Mit verhältnismäßig leichter Anstrengung
hielt seine Diplomatie ihm alle Wege offen, alle Feinde fern.
Es konnte handelspolitisch auf die alte Absperrung verzichten,
weil es die Einfuhr der Nahrungsmittel und Rohstoffe brauchte
und seine industriellen Erzeugnisse wie seine Rederei doch jedem
Mitbewerb sicher und weit überlegen waren. Es konnte die Kolonien
beinahe sich selber überlassen, die staatliche Aufsicht beschränken,
die Aus= und Einwanderung überall frei gewähren lassen. Keine
Gefahr konnte daraus entstehen: die Welt füllte sich doch mit
englischer Ausdehnung an. Kanada wuchs; Australien wurde
besiedelt; der stille Ozean wurde erreicht und erschlossen; nur
China gegenüber und in Indien bedurfte es der Gewalt. Sie
setzte also niemals ganz aus, aber sie trat weit zurück; friedlich
war die Welteroberung, die das Engländertum, ungestört von
Dritten, jetzt vollzog. Die Selbständigkeit der Kolonien be=
währte sich; die heimatliche Kolonialpolitik hielt sich weit zurück,
der Liberalismus erwog, ob es nicht besser sein würde, die
Außenlande ganz abzustreifen, und hat mindestens die Gleich=
gültigkeit gelegentlich weit genug getrieben. Das entsprach der
Theorie, und wenn es — etwa in Südafrika — doch bereits
mannigfachen Schaden tat, im ganzen bedurfte die englische
wirtschaftliche und politische Sicherheit innerhalb der Welt an=
scheinend keiner absichtsvollen Nachhülfe der staatlichen Macht.

   Diese liberale Zeit der englischen Welt= und Kolonial=
politik hat ihre Ausläufer bis in die letzten Jahrzehnte hinein
erstreckt; sie hat gewirkt, so lange als der Liberalismus in den
Bahnen Gladstones lief; aber Gegenwirkungen haben sich freilich
bereits viel früher gegen sie erhoben. Im Grunde konnte das
volle Gehenlassen nur so lange dauern, wie die Ungestörtheit
der englischen Ausbreitung in der Welt. Und die Konkurrenz

wurde, nachdem die alten englischen Siege ein halbes Jahrhundert hindurch vorgehalten hatten, wieder spürbar. Die
Macht und die Wirtschaft der anderen Völker konnte nicht ewig
so weit zurückbleiben wie sie es bis zur Jahrhundertmitte getan. Deutschland schloß sich zusammen und wurde endlich zur
konkurrierenden Wirtschaftsgewalt. Nordamerika errang in dem
Bürgerkriege von 1861—1865 seine Einheit, und die Sieger
waren die industriell emporblühenden Nordstaaten. Rußland drang
unablässig und immer bedrohlicher gegen Indien vor. Die Frei-
handelszeit ging seit den 70er Jahren ringsum zur Rüste. Der
englischen Weltausdehnung, der wirtschaftlichen zuerst, der koloni-
sierenden alsdann, erwuchsen für die Gegenwart, und deutlicher für
die Zukunft, Wettbewerber, und die Sorge zwang sich auf, was aus
Englands einseitig gewordener Wirtschaft, aus seiner Industrie,
aus den Massen seiner Arbeiter werden sollte, wenn dieser Wettbewerb begönne, ihm einmal gefährlich zu werden. Wir haben
seit 20 Jahren diese steigenden Besorgnisse beobachten können;
immer lauter und ängstlicher, immer kampflustiger hat sich
Klage und Aufruf drüben erhoben. Aber man wird behaupten
dürfen, daß diese wirtschaftlichen Sorgen, die jetzt vollends so
gewaltig in den Vordergrund getreten sind, nie die einzigen,
vielleicht nicht einmal die frühesten, daß nicht sie die eigentlichen
Urheber des Rückschlages gegen die liberale Epoche gewesen
sind. Aus der englischen Überlieferung selber erhoben sich früh
die Bedenken gegen die Lockerung des alten Kolonialreichs.
Schon in den 60er, dann steigend den 70er und 80er Jahren
begann das. Innerhalb der überall staatlich stärker gewordenen Welt regten sich auch die staatlichen Machtgefühle
in England lebendiger. Verschiedenartiges wirkte zusammen:
der Stolz auf die Kulturgewalt des Angelsachsentums, das als
ein größeres Britannien den Erdball unwiderstehlich umspanne;

sollte man es nicht mit der alten Heimat in festerer, wenn auch nur innerlicher Verbindung halten, als man sich gewöhnt hatte zu tun? Dazu jener wieder erweckte Instinkt der Macht: gegenüber dem europäischen Auslande nie erloschen, aber doch tief in sich zusammengesunken, richtete auch er sich, neuaufflammend, auf das eigene Weltreich. Die englische Nation als Ganzes hatte dem Rufe der Radikalen: los von den Kolonien! fort mit Indien!, niemals zugestimmt; sie war doch mit ihrem Weltbesitze und ihrer Weltmacht nicht nur durch tausend materielle Bande unzerreißbar verkettet; auch der Stolz der Größe, die Gewohnheit des Regierens saß tief in dem alten Herrenvolke und drang durch alle seine Schichten. Die Konservativen aber waren immer Träger des Machtgefühls gewesen; selbst die gemäßigten Whigs hatten es stets festgehalten; dann waren freilich auf Russell und Palmerston Gladstone und Granville gefolgt. In der Welt, wie sie seit 1865 und 1870 wurde, mußte jenes Gefühl wieder stärker aufstreben. Es erhielt seine Nahrung aus der Literatur; schon die Romantik Disraelis hatte zugleich die Phantasie befruchtet, die auf den Erdkreis hinaussah; Ch. Dilke, dem Weltreisenden, folgten jetzt die Historiker nach und warnten vor der Zersplitterung; Froude, Seeley wirkten als Prediger vom historischen Stuhle herab, wie bei uns die Generation Sybels und Treitschkes. Seeley wies 1883 in Englands Ausdehnung mit eindrucksvoller Einseitigkeit den eigentlich lebendigsten Inhalt der englischen Geschichte nach und wandte von seinem Cambridge aus den Blick der Jugend auf das Reich. Schwerlich wird man den Wert dieser geistigen Vorarbeiten übertreiben können; man darf sich an die Vorgeschichte der deutschen, der italienischen Einigung erinnern, um solche geistige Wirkung richtig einzuschätzen. Der Gedanke des Staates und seiner Macht stieg in diesen Diskussionen wieder leuchtend empor.

Ideelles, Politisches und Wirtschaftliches wirkte ineinander; die
Führung nahm das nationale Gefühl. Bereits Disraelis großes
Ministerium (1874—1880) stellte England mit neuer Wucht in
die Weltkämpfe hinein; und eben der Staatsmann, der den Gegensatz zu Rußland wieder in aller Welt handelnd hervordrängte,
setzte der Königin auch die indische Kaiserkrone auf ihr Haupt:
das Reichsideal nahm seine Stelle in der ersten Reihe der politischen
Gedanken ein. In der sonderbaren Erscheinung Benjamin Disraelis,
die auf allen Lebensgebieten der seines großen Nebenbuhlers
Gladstone so scharf entgegensteht, wird sicherlich dieser Sinn für
die Macht, aus Phantastik und Nüchternheit eigentümlich zu-
sammengesetzt, orientalisch glühend und orientalisch geschäftsklug
und dabei englisch-realistisch zugleich, die historisch bedeutsamste Seite bleiben. Die Macht, die Nation, die Rasse —
neue starke Töne waren um 1880 angeschlagen; Gladstones
reformistisch-radikales Pathos hat sie zeitweise übertönt, aber
sie klangen immer fort: sie gewannen das Gehör des englischen
Volkes. Und nun die Gegnerschaften der 80er Jahre; das
stete Vordringen jener wirtschaftlichen und politischen Neben-
mächte in der Welt, die ich aufführte; der starke Vorstoß der
französischen, der deutschen, selbst der belgischen Kolonialbe-
wegung, die Erfassung Afrikas durch diesen Wettbewerb, die
Zurückweisung des englischen Einspruchs gegen diese Vorstöße
der Nachbarn durch den Fürsten Bismarck, durch die Kongo-
konferenz von 1884, das Zurückweichen der Gladstoneschen auswärtigen Politik. Der Rückschlag, wir haben es seitdem erfahren, wurde von da ab stark und stärker. England hat seine
Hand auf die noch freien Gebiete gelegt, wo es irgend konnte;
man hat berechnet, daß es in zwei Jahrzehnten sein riesiges
Außengebiet verdoppelt hat. Es hat fieberhaft zugegriffen, von
Staatswegen, wenn auch zeitweilig zunächst durch die Vermitt-

lung halb privater Gesellschaften. Es hat wieder erobert; es
ist den Mitbewerbern zuvorgekommen oder drohend entgegen=
getreten; es hat seine Flotte unendlich verstärkt; es hat mit
der Politik des Zusehens und Gehenlassens vollkommen ge=
brochen. Überall, seit dem Stoße von außen her, ein heftiger
Gegenstoß Englands: zuerst war er defensiv, längst ist er offensiv
geworden. Wie er sich unmittelbar gegen Rußland und Frank=
reich, mittelbarer auch gegen Deutschland gekehrt hat, habe ich
nicht hier zu verfolgen. Aber kriegerisch selbstbewußt ist er
überall. Die alten friedlichen Liberalen sind im Aussterben;
die bedeutendsten der jüngeren Radikalen sind Imperialisten
geworden; der Druck der Dinge hat den widerstrebenden Glad=
stone selber gezwungen, Ägypten zu erobern, wie sehr dann
Gladstone auch alle weitere Entwicklung, so oft er Minister
war, gehemmt und abgelenkt hat. Aber seit 1886 und vollends
seit 1895 regieren die Konservativen und die Unionisten; seit
1895 hat Joseph Chamberlain die englische Politik gelenkt.
Und längst war das „Reich" die Losung geworden. Von
1884 ab haben große Vereinigungen, unter immer stärkerer
und drängenderer Beteiligung gerade der Kolonien, Kanadas,
des leidenschaftlich englischen Australiens, den Gedanken eines
neuen, festeren Zusammenschlusses auf ihr Banner geschrieben.
Die lockere alte Form, wie sie das liberale Zeitalter geschaffen
hat, genügt ihnen nicht; die Selbständigkeit der großen Kolonien
hatte diese zum Zollabschlusse gegen das eigene Mutterland
geführt; seit zwei Jahrzehnten wird dieses System der Ent=
gliederung angegriffen und erschüttert. Ein festerer und aktiverer
Bund, eine Föderation mit gleichmäßigerer Verteilung der
Lasten und der Rechte zwischen Kanada, Australien, Südafrika
und den britischen Inseln! Ein Bund, als dessen Ziele frühe
ein Wehrverein und ein Zollverein bezeichnet worden sind.

Seitdem ist die Umwälzung der englischen Handelspolitik, die Umkehr mindestens zum Vergeltungszoll gegen schutzzöllnerische Länder, und darüber hinaus die engere zollpolitische Verknüpfung der englischen Länder unter sich, mit innerem Freihandel und äußerem Schutzzoll, nie wieder aus der Verhandlung verschwunden, allerlei Einzelnes ist geschehen, Umfassenderes vorbereitet worden. Die konservativen Regierungen haben sich den weitergehenden Gedanken sehr vorsichtig aber freundlich und immer freundlicher gegenübergestellt; die Kolonial=Kongresse, die Kongresse der Handelskammern, die Konferenzen der kolonialen Minister und des englischen Kolonialamtes haben nicht aufgehört; alle Mißerfolge sind zäh überwunden worden, immer stärker ist die Agitation, das Gefühl des Zusammenhanges, die Betätigung des Zusammenempfindens und Zusammenwirkens geworden; man weiß, was der Burenkrieg, was die Föderation Australiens, was jedes dieser letzten Jahre dafür bedeutet haben. Mit immer unzerreißbareren Ketten umschließen Wirtschaft — Menschen= und Warenaustausch und Kreditsystem —, Sprache und Bildung, Kirche, Verwaltung und Politik, die nationale Gesamtbewegung das Reich. Die Reichsprobleme beherrschen heute die englische innere wie äußere Politik. Der bei weitem erste der englischen Staatsmänner seit Gladstone, Chamberlain hat sie ganz offiziell in den Mittelpunkt der Kämpfe und Taten gerückt: ein Ringen hat offen begonnen, das von weltgeschichtlichem Inhalte ist, das ungeheure Fragen aufrollt, das auch den Deutschen mit lebhaftem Anteile erfüllt. Ich habe nicht zu erörtern, was wir dabei unwillkürlich wünschen oder empfinden mögen; es versteht sich, daß Chamberlains Sieg für Deutschland, zum mindesten unmittelbar, ein Nachteil sein muß: die deutschen Sympathien kann er schwerlich besitzen. Aber unsere Wünsche können den Gang dieser Dinge nicht beein=

fluſſen; Deutſchland wird die Ergebniſſe einfach abzuwarten und ihnen realpolitiſch Rechnung zu tragen haben; dem Kampfe Chamberleins ſelber aber wird kein Menſch von freiem Blick die Großartigkeit und die hiſtoriſche Verſtändlichkeit abſprechen. Wird der Zollverein dieſes „Weltvenedigs“, von dem Seelen geſprochen hat und deſſen Kanäle zwiſchen ſeinen einzelnen Häuſer= d. h. Ländergruppen freilich die Ozeane ſind, wird die Zu= ſammenfaſſung des Rieſenreiches gelingen? Ich erwäge hier kein Für und Wider, ſo lockend es iſt, ich wage keine Prophe= zeiung; ich lenke zur Beurteilung des Hiſtoriſch=Gegenwärtigen zurück. Wohl zeigt man uns auch hier in weiter, ſei es an= ziehender oder abſtoßender Ferne als Entwicklungsziel das in ſich ſelbſt befriedigte Austauſch= und Wirtſchaftsgebiet dieſes alle Zonen durchwaltenden Gebildes; heute mutet Chamberlain aber ſeinem Volke zunächſt einmal Opfer zu. Opfer im Gegen= ſatze zu dem mächtigen und bedrohlichen Aufſchwunge fremder Induſtrien, Opfer im Dienſte der eigenen wirtſchaftlichen Er= haltung der Maſſen wie des ganzen Landes — im Vorder= grunde aber ſtehen heute doch die Fragen der nationalen Macht: Zuſammenſchluß der Raſſe! Einheit der großen Kultur= und Blutsgemeinſchaft! Behauptung der engliſchen Geſchichte innerhalb der weiten Welt! Der leitende Agitator und Staatsmann bietet alle Mittel auf, alle Zahlen, alle wirtſchaftlichen Erwägungen; von einem beſtimmten wirtſchaft= lichen Kreiſe iſt er, der Großkaufmann aus Birmingham, der Vertreter der mittelengliſchen Induſtrie, ihrer Unternehmer und ihrer Arbeitermaſſen, ja ſelber hergekommen und gehört ihm noch heute zu. Aber ſeine ſtaatsmänniſchen Reden haben immer ihren Gipfel und Kern beſeſſen in jenem Rufe nach nationaler Einheit und Macht, in jenem Tone des nationalen Stolzes an ſich. So hat er die Klein=Engländer, the little

2*

Englanders, verhöhnt, die zukunftsvolle Jugendlichkeit Australiens, das treue Festhalten Kanadas an der Eigenart des alten englischen Wesens, der Kultur und Verfassung der Vereinigten Staaten gegenüber, gefeiert, die edle Erbschaft gefeiert, die den Briten draußen gemeinsam bleibe mit denen im Heimatland. Er hat seit langen Jahren die Zollvereinspläne, tastend und suchend, vorbereitet, und alle moralischen Kräfte dafür zu sammeln gestrebt; er hat sich gleich 1895, als er das Kolonialamt übernahm, um es zur Seele des konservativen Regiments zu machen, zu den weitesten Einigungswünschen bekannt, und seine Berufenheit zu seinem neuen Amte mit seinem doppelten Glauben begründet, dem Glauben an das britische Reich und an die britische Rasse. Er hat der politischen Einigkeit, die sich 1896, nach den Reibungen mit Deutschland, kundgab, zugejubelt; er hat den Segen des großen Zusammenhanges gepriesen. Dieses Weltreich kann niemals die Pforten des Krieges ganz schließen; aber Chamberlain ist ebendamit ganz einverstanden: ein Hauch von lebendigem Kraftgefühl, von Herrschaftsfreude, von Kampfeslust, ein Hauch staatlicher Energie weht durch das ganze Wesen des alten Genossen von Gladstone und John Bright, des modernen Realisten, der zum Ausdruck und zum handelnden Führer des Gegensatzes gegen jene ältere Geistesart und Staatsansicht geworden ist, die uns Gladstone verkörperte. Aus den Massen, deren Sprecher er ursprünglich gewesen, sind bis jetzt Viele mit ihm gegangen, wenngleich in der Arbeiterschaft die Gegenströmung wohl stark ist; er hat ihnen immer zusichern können, daß seine Reichspolitik vor allem ihnen diene. Diese Massen sind von politischer Schulung näher berührt als die eines anderen Landes. Auf ihre Stellung besonders darf man in dem neubeginnenden Zollfeldzuge gespannt sein. Die politische Aristokratie Englands, innerhalb der verschiedenen Parteien, hat für den Imperialis-

mus — wenn auch nicht für alle Forderungen seines Banner=
trägers — ein leidenschaftliches Verständnis bewiesen. Die
materiellen Interessen und die Begeisterung sind weithin für ihn
mobil geworden. Hinter dem Imperialismus steht eine breite
Schar, die durch ganz England, durch alle seine Schichten, alle
seine Lande hindurchgeht, man wird doch wohl sagen dürfen:
England steht dahinter. Man vermag sich nicht vorzustellen,
daß selbst eine Niederlage der neuesten Agitation, wie sie Cham=
berlain soeben aufgenommen hat, den Imperialismus selber zu
Boden werfen könnte. Indessen: ich gerate, unter dem Drucke
der wuchtigen Erscheinung, auf den schwankenden Boden urteilen=
der Vermutungen, den ich vermeiden gewollt. Das eine wird
man behaupten dürfen: hier in England hat sich die neue Idee
am sichtbarsten entwickelt, ihre Eigentümlichkeit, ihren Gegensatz
zu einem gleich stark ausgeprägten älteren Wesen, dem liberalen,
am bezeichnendsten durchgebildet; und merkwürdig deutlich ist,
wie sie hier auf die nationale Vergangenheit, auf jenen Vor=
gänger des liberalen Zeitalters, den alten Merkantilismus
wieder zurückgreift: nicht auf seine Beherrschung abhängiger
Kolonien durch ein allmächtiges Mutterland, wohl aber auf
seine zusammenschließenden und abschließenden, seine weitaus=
greifenden, seine staatlich=gewaltigen Tendenzen.

Ich schreite rascher durch die übrigen Nationen mit im=
perialistischen Zügen hindurch. In Rußland ist, was heute
geschieht, eigentlich ganz und gar die ununterbrochene Fortsetzung
eines uralten Systems. Man weist gewisse Schwankungen in
der russischen Abschließungspolitik nach; die russische Eroberungs=
politik aber ist seit Jahrhunderten fast immer vorwärts ge=
schritten. Sie hat ihre Richtungen gewechselt; sie hat sich der
Reihe nach mehr gegen Westen, gegen Südwesten, gegen Süden,
gegen Südosten, gegen Osten und Nordosten gekehrt, auf Polen,

Konstantinopel, den Kaukasus, auf Persien, Afghanistan, auf China zu; es ist bekannt, weshalb und wie stark sie sich in den letzten Zeiten auf das eigentliche Asien, auf den Osten konzentrierte. Deshalb hat sie die anderen Ziele doch niemals einfach aufgegeben; der Drang nach Ostasien, andererseits, ist auch bereits uralt in ihr; und über allem hat seit Jahrhunderten die gleiche, alles leitende staatliche Gewalt geschwebt. Gewiß, die letzten Jahrzehnte und ihre Zollpolitik lassen einen nicht unbedeutenden Einfluß wirtschaftlicher, industrieller Interessenkreise erkennen; geistige Strömungen nationalistischer Art, idealistischer oder realistischer gewendet, haben eingewirkt und sich gelegentlich mit jenen Wirtschaftsinteressen durchdrungen. Auch hier ferne Träume von dem auf sich gestellten Weltwirtschaftsgebiete der Zukunft. Aber die ungeheuere Ausbreitung des russischen Staates, mitsamt der besiedelnden und zivilisierenden Wirkung, die er im Osten übt, ist doch klärlich vor allem eine ganz politische Erscheinung, politische und militärische Kräfte haben sie geleistet und geleitet und sind ihre wirklichen Urheber gewesen. Dahinter steht der Anteil der Nation, soweit eine solche in Rußland nur irgend besteht; das Ganze erscheint der Betrachtung, die die Zeitalter und die Räume überschaut, wie ein großer, gleichmäßig fortschreitender Naturvorgang, und sein Mittelpunkt ist diejenige Gewalt, die alles russische Leben um das Staatsleben herum gebildet hat, das Zarentum. Religion und Kirche, Nationalität, eine Art von grobem Rassenbewußtsein, eine Art von grober Kulturgemeinschaft wirken wohl — trotz der ursprünglichen Zusammengesetztheit des Reichskörpers — mit, ein elementares Gesamtgefühl; der Führer ist doch das Großmachtsgefühl, der uralte staatliche Ehrgeiz und Machttrieb. Und dieser ist über alle die halben liberalen Anwandlungen, die eine Weile lang dem Zarentum anflogen, längst wieder zum un-

bedingten Herrn geworden. Alle Züge des Imperialismus, Staats=
macht, Ausbreitung, Zusammenschluß, Abschluß, kehren, allerdings
in kontinentaler Beschränkung, wieder, er herrscht in Rußland
so einseitig wie wohl nirgends sonst. Aber als etwas Neues
ist in diesen russischen Imperialismus, der eben immer da war,
in unseren Tagen wohl nur eine vermehrte Pflege der Groß=
industrie und ein vermehrter Anteil an der neuen Weltpolitik
hineingetreten.

In ungebrochener Fortsetzung eines Früheren ist auch
Nordamerika in den Imperialismus eingelenkt. Die Ge=
schichte der Vereinigten Staaten ist eine Geschichte unablässiger
Ausdehnung. Das Jahrhundert ihres Bestandes ist angefüllt
mit Eroberungskämpfen, einigen größeren Stiles, vielen kleineren
Stiles; immer aber und immer ist es ein Vordringen gewesen,
Berührung, Annexion, Besiedlung und Einfügung neuer Gebiete,
neuer Staaten. Alles hat dazu mitgewirkt; lange, in stetem
eifersüchtigem Wetteifer, die innere Expansionskraft der nörd=
lichen Staaten und ihrer freien Einwanderung, das extensivere
Bedürfnis der Südstaaten nach neuem Boden für Plantagen=
wirtschaft und Sklavenrecht; in den späteren Zeiten das
Interesse des großen Kapitals. Immer aber hat die Gewalt
des Staatswesens dahinter gestanden; nur die verhältnismäßige
Geringfügigkeit der Gegner, denen man gegenüberstand, hat
Amerika erlaubt, sein Heer klein zu halten und das Bewußt=
sein wie den Anschein militärisch=staatlicher Aktivität zu ver=
meiden. Die Union erschien friedlich, voll demokratisch=bürger=
licher Arbeit, voll demokratisch=liberaler Freiheitsideale, den alten
Staaten Europos innerlichst entgegengesetzt. Seinem Ehrgeiz aber
hat bereits das frühere Amerika gelegentlich gehorcht, auch über die
Grenzen des eigenen großen Kontinentes hinaus, nur daß die
älteren panamerikanischen Bestrebungen scheiterten. Und starken

staatlichen Ehrgeiz hat dann das neue Amerika in gewaltigem
Maßstabe bewußt und grundsätzlich entwickelt. Die Geschichte
dieses Überganges aus der kontinentalen Zeit der Vereinigten
Staaten in ihre weltpolitisch = imperialistische ist m. W., wenig=
stens für die europäischen Völker, noch nicht geschrieben wor=
den. Es wird interessant sein, auch hier die älteren, geistigen,
politischen Wurzeln des Vorganges aufzudecken; daß dann die
hochgespannte Schutzzollpolitik der 90er Jahre den unmittel=
baren Eintritt in das kriegerische Vordringen in die Welt hin=
aus (im spanischen Kriege von 1898) vermittelt hat, ist wohl=
bekannt. Und ebenso der Gang: eine derb leidenschaftliche, wirt=
schaftliche aber auch geistige Ausbildung des Nationalismus, ein
immer festerer Abschluß nach außen hin, dann das Hinüberschreiten
über die Grenze, die Wahrung des nationalen Handels= und
Machtinteresses nicht nur im amerikanischen Mittelmeere und
angesichts des Isthmuskanals, sondern alsbald auch draußen
im stillen Ozean, in Ostasien, und demnächst — morgen! —
überall auf dem Erdenrund; die Monroedoktrin imperialistisch
fortgebildet, eine Waffe gegen jeden Dritten, niemals ein
Hemmschuh, eine Beschränkung für die Vereinigten Staaten
selbst. Das Ergebnis des Herganges war jener Schritt, der
die Welt in Erstaunen setzte, der anscheinend plötzliche Ein=
zug der Union in den Kreis der unmittelbar entscheidenden,
überall einwirkenden Weltmächte; ein gewaltiges Ergebnis
gewiß, aber keineswegs ein Sprung. Die Entwicklung ist
durchaus widerspruchsfrei. Dabei ist der Einfluß des Wirt=
schaftlichen in dieser Entwicklung ja mit Händen zu greifen.
Aber auch die politische Gesinnung, die Gesinnung der weiten
Massen des Amerikanertums muß sich fortgebildet haben: auch
hier die innerliche Ablösung von dem, was an liberalen Ele=
menten früher wirklich lebendig gewesen war. Man höre nur

den staatsmännischen Wortführer des Neuen, den Mann, der
doch wohl den gegenwärtigen Zug in der Nation als Ganzem
zwar am Vornehmsten, aber auch bezeichnend und maßgebend
in sich verkörpert. Aus Theodor Roosevelts Munde klingt eine
Sprache von politischem Stolze und politischer Wucht, von Kraftgefühl und Machtstreben, die an die Äußerungen Chamberlains
gemahnt und sie durch den rein politischen Hall wohl noch übertönt: eine Verwerfung alles landschaftlichen und nationalen
Sonderwesens innerhalb der Union, ein Aufruf zum nationalen
Gemeingefühle, zur nationalen Eigenart und ihrer selbstbewußten
Pflege, zur Durchsetzung der eigenen Nation in der Welt. Roosevelt ist Imperialist in jedem Sinne, auch und zumal in dem
Sinne einer freudigen Aufnahme weltweiter Aussichten und
Schwierigkeiten; er spricht über den Fluch des faulen Friedens
und über die sittliche Macht des Kriegs, über die Notwendigkeit von Heer und Flotte und starker Politik, über den Segen
der Kraft und des Kampfes, auch des staatlichen, auch des auswärtigen, mit Worten wie Heinrich von Treitschke. Es mag
sein, daß nur allzu Wenige unter den amerikanischen Berufs-
politikern den hohen seelischen Flug dieses einen besitzen; aber
sollte das Empfinden der Nation nicht wirklich nach dem seinigen
bemessen werden dürfen?

Neben den drei Riesenreichen haben, unter den alten Völkern
des kontinentalen Europas, Frankreich und Deutschland an der
neuen Entwicklung teilgenommen. Frankreich war nach Napoleons I. großartigem Anlaufe aus der Kolonialpolitik seiner
langen Vorgeschichte ausgeschieden. Verloren aber hat es den
Drang nach starker Außenwirkung nie; bereits 1830 hat noch
das Bourbonen-Königtum ihm Algier zu erobern begonnen
und Ludwig Philipp hat das Werk weiter geführt; in Napoleon III. ist neben dem cäsaristischen auch ein imperialistischer

Zug, bis zu der Phantastik des mexikanischen Abenteuers; die dritte Republik hat seit Jahrzehnten im Mittelmeere, in Afrika, in Ostasien gekriegt und erworben, erworben im großen Stile. Der letzte Antrieb war auch hier der der Macht; das industrielle Ausdehnungsbedürfnis, gar nicht zu sprechen von dem eigentlich siedlerisch-kolonisatorischen, steht doch hinter dem politischen zurück: die Vergangenheit Frankreichs wirkt in diesen staatlichen Eroberungen lebendig nach. Auch wer die Behauptung von dem inneren Verdorren der französischen Lebenskraft mit einiger Vorsicht aufnimmt, wird doch wohl in Frankreichs Weltpolitik auswärtige Politik im eigentlichen Sinne erblicken müssen; und er findet auch in Frankreich eine Fortsetzung, eine zuletzt gesteigerte, aber doch jederzeit eine kontinuierliche Fortsetzung älterer Übung.

Und unser Vaterland? Ist nicht auch Deutschland in einem ganz langsamen Fortschreiten, ohne Sprung und Willkür in die vielberufene neue „Weltpolitik" hinübergetreten? Ich habe diese Entwicklung am wenigsten zu erzählen; ich erinnere nur an die alten Stufen wirtschaftlicher und politischer Ausdehnung in unserer Geschichte: an das Wachsen und Zusammenwachsen des preußischen Staates durch die Macht- und Wirtschaftspolitik der Hohenzollern, an die Herausbildung seiner Staatseinheit, an den Anschluß des Zollvereins um den preußischen Kern herum, an die Dehnung der preußischen Machtkreise im Deutschland des 19. Jahrhunderts, bis dann der Norddeutsche Bund, bis unser Reich erstand, an das Wachstum der wirtschaftlichen Kräfte in Zollverein und Reich, an die Herausbildung einer Großindustrie und ihrer Folgeerscheinungen, an das Anschwellen unserer Bevölkerung, den Abschluß des deutschen Wirtschaftsgebietes durch Bismarcks spätere Zollpolitik, die Erweiterung der deutschen industriellen Produktion und Ausfuhr und unseres Handels. Die sachliche Entwicklung selber

hat noch den ersten Kanzler über die Grenzen der kontinentalen
Politik hinausgeführt; wie er Deutschland vorsichtig in den
Kreis der internationalen Machtfragen draußen, in die Verfügung
über Ägypten hineingeleitet hatte, so ist er bekanntlich dem wirtschaftlichen Anstoße folgend zum staatsmännischen Begründer
unserer Kolonialpolitik geworden, ohne rasche Begeisterung, maßvoll und ruhig, erst schrittweise vorwärtsgehend — aber den eigentlich entscheidenden Schritt hatte doch bereits er getan: in derjenigen Entwicklung, aus der der maßgebende, englische Imperialismus der letzten Zeit sich ergab, spielt Fürst Bismarck eine
bedeutsame Rolle; und den deutschen Verkehr in den Fernen zu
stützen und zu schützen hat ebenfalls er, der Begründer der Dampfer-
Subventionen, der stolze Vertreter des Deutschtums gegen jede
Vergewaltigung, zum Mindesten das Erste und Bahnbrechende
vollbracht.   Seitdem hat Deutschlands Export sich gewaltig er-
höht; die Wichtigkeit jedes auswärtigen Marktes ist gestiegen;
die Wichtigkeit der internationalen Politik des größten Stiles,
der Weltpolitik, ist unendlich gestiegen; Deutschland hat sich
daran beteiligt, es sucht inmitten dieser neuen Verhältnisse seine
Stelle, England, Nordamerika sind ihm bedeutsamer geworden
als einst.   Die Ausländer rechnen uns vor, daß unser Reich plan-
mäßiger als irgend ein anderes, mit Kolonialerwerb, mit der
Ausdehnung seines wirtschaftlichen Einflusses, mit Dampferlinien,
Bahnbauten, Kapitalanlagen, mit weltlichen und geistlichen Vertretungen, mit Anknüpfung oder festerer Anziehung innerlicher
verwandtschaftlicher Bande, mit Handelsschutz und Waffenschutz
und gewaltsamer Annektion, mit allen Mitteln des neuen Systemes,
in die Welt hineingreife; sie geben uns, den Spätgekommenen, gern
die Schuld, daß unser Eintritt in den Kreis der Wettbewerbenden
den schönen Frieden, das Gleichgewicht der alten Zustände gestört
habe.   Die Vorwürfe können wir tragen; im übrigen: meine

Aufgabe ist es nicht, Tagespolitik oder -polemik zu treiben. Wir
haben uns vielleicht einige Jahre hindurch, in den Zeiten sichtbarsten Aufschwunges und im inneren Meinungskampfe, zu lebhaft
unseres Fortschrittes gefreut und gerühmt; die letzten Jahre haben
uns skeptischer gemacht. Aber daß unsere Weltpolitik als Ganzes
unvermeidlich ist, daß in dem großen Wetteifer und Zusammen-
wirken der Weltmächte Deutschland nicht abseits stehen kann
und darf, darüber scheint mir — und doch wohl uns allen —
auch heute jeder Streit unter Unbefangenen unmöglich. Wir
glauben an die Zukunft auch unserer Kolonien, an die Notwendigkeit unserer ostasiatischen Stellung, an die Notwendigkeit, allen
den großen Wendungen, die die Zukunft irgendwo bringen kann
und die uns jederzeit irgendwie mittreffen müßten, in Bereit-
schaft gegenüberzutreten; wir glauben, daß sonst Entscheidung
und Gewinn in weltumfassenden Fragen wieder einmal ohne
uns und gegen uns bestimmt werden würden. Wir stehen in einer
Weltentwicklung, die Mancher beklagt, die wir aber hinnehmen
müssen und in die wir eingreifen müssen, wenn sie uns nicht
völlig zermalmen, aus der Reihe der lebendigen Völker verstoßen
soll. Das alles habe ich an dieser Stelle nicht näher zu erörtern. Wir stehen, das ist die Tatsache, inmitten imperialistischer Bewegungen; auch uns ziehen sie in sich hinein; das was
ich, nach dem Gange dieses Überblickes, zu fragen habe, ist auch
für Deutschland: ist dieses Neueste, das wir erleben und tun,
eben wirklich so ganz neuartig? Ist ein neues Ziel damit gesteckt, ein neuer Geist damit eingezogen? Ich habe es geleugnet.
Der Gesichtskreis unseres Volkes wie aller der andern hat sich
erweitert; so auch der Wirkungskreis unserer Politik. Ist sie
einseitig Weltpolitik geworden? Gewiß nicht! Nach wie vor
liegt ihr Schwerpunkt wie der Schwerpunkt unserer Rüstung
und unseres Daseins auf dem europäischen Festlande und seinen

Randmeeren. Das Temperament unserer obersten Leitung, die
Form des Auftretens, möglicherweise auch das Verfahren, soweit
wir es in den Einzelheiten, den Äußerlichkeiten, die allein wir
ja sehen, zu erblicken meinen: das hat, wie wir alle wissen, ge=
wechselt; an einen Sprung der innerlichen Entwicklung unserer
Politik möchte ich nicht glauben. Schrittweise, ganz kontinuierlich,
ist auch Deutschland in seine gegenwärtige Weltstellung hin=
eingekommen, es zieht heute — mit starkem Bewußtsein und
starker Initiative — die Konsequenzen von Weiterbildungen der
Weltlage und seiner eigenen Lage, denen auch ein persönlich an=
deres Regiment nicht hätte fremd bleiben dürfen. Und insofern
Deutschland imperialistisch geworden ist, hat auch Deutschland
und gerade Deutschland die Linien seiner geistig=politischen
Entwicklung während der letzten Menschenalter einfach fortgesetzt:
es ist seiner staatlichen Eigenart einfach treu geblieben.

Denn das war ja das Ergebnis dieser Umschau überall: der
Imperialismus unserer Gegenwart ist alt und neu zugleich. Neu,
indem er zur Entfaltung seiner gegenwärtigen Art allerdings des
Aufeinandertreffens der rivalisierenden Völker bedurfte, wie es
erst seit 20 Jahren wieder die Welt unmittelbar beherrscht.
Erst seitdem sind alle diese internationalen Verhältnisse so ge=
waltig gestiegen an Größe der Zahlen, der Interessen, der
Gegensätze, an intensiver Wucht und innerer Feindseligkeit der
Berührungen; erst seitdem ist England wieder in den unmittel=
baren Kampf eingetreten; erst seitdem ist die Epoche des Libe=
ralismus der des vollen Imperialismus, wie wir das Wort
heute verstehen, gewichen. Aber freilich, ganz unmittelbar und
bruchlos, so sahen wir, ging dieser neue Zustand aus einem
alten hervor. Die Reibung der jüngsten Zeit ist dadurch herbei=
geführt, daß eine Anzahl von Völkern, wie England zuvor, ihr
altes Gebiet ausgefüllt hatten; indem sie nun weitergriffen, riefen

sie den scharfen Kampf und die große Einheit der Gegenwart
hervor. Aber sie setzten damit, jedes von ihnen, nur die bis-
herige nationale Entwicklung in weiteren Lebenskreisen fort. Die
Nationen sind einfach über die Ränder ihrer heimatlichen Formen
übergeströmt in die Welt hinein: auch ihre imperialen Bestrebungen kommen von der alten, durchaus nationalen Grundlage her. Das eben unterscheidet diesen Imperialismus von
dem universalen Napoleons I.; das nähert ihn, den Tatsachen
nach, eher noch den wesentlich national geformten, merkantilistischen Reichen des 17. und 18. Jahrhunderts mit ihrer
Expansionspolitik; das kettet ihn, weit dichter, in jeder Beziehung unmittelbar an die Lebensbewegung des 19. Jahrhunderts an, des Jahrhunderts der nationalen Idee. Die
heutigen Nationen wollen auch in ihrer Weltpolitik sich, ihre
Eigenart, ihren Fortbestand in drohender Zukunft, den Fortbestand ihrer Macht, aber zugleich ihrer Rasse, ihrer Kultur verteidigen und sichern; sie möchten alle Außenglieder desselben
nationalen Ursprungs an das Hauptland und seine Nationalität
anschließen und sie so vor der Wesensentfremdung, sich vor
ihrem Verluste bewahren; sie halten das höchste Ideal der Völker-
geschichte des letzten Jahrhunderts weiterbildend fest, sie dehnen
es noch aus, sie verschärfen es noch. In den politisch reifsten
und glücklichst gestellten Nationen steht eben deshalb der Imperialismus mit dem Wollen und Fühlen breiter Volksmassen im
innigsten Bunde: sie fühlen durch ihn die äußerlichen und innerlichen Bedingungen ihres Daseins und ihrer Nation geschirmt.

Und ebenso kontinuierlich ist, das sahen wir selbst bei England
und dann stets von neuem, die Entwicklung der modernen
imperialistischen Idee mit der Entwicklung der modernen politischen
Gesinnungen überall verknüpft. Die Möglichkeiten unmittelbarer
imperialistischer Betätigung sind bei den verschiedenen Völkern,

je nach ihrer Weltlage, verschieden: wie viel enger sind sie, min=
destens nach aller menschlichen Voraussicht für das so spät her=
ausgetretene Deutschland gesteckt als für die slavische und für
die angelsächsischen Großmächte! Aber gemeinsam ist ihnen allen
die Art des gegenwärtigen politischen Empfindens, der Stellung
zum Staate, von der ich ausgegangen bin. Überall, ich brauche
es nicht näher zu wiederholen, die gleiche Ablösung des Libe=
ralismus: er hat, das ist gewiß, alles Leben der modernen Völker
im 19. Jahrhundert tief durchtränkt und hundertfältig befruchtet
und verändert: er wirkt überall und unvergeßlich, ich glaube, sicher=
lich unausrottbar nach: aber mit seiner eigensten staatlichen Be=
sonderheit ist er jetzt überall mit den Schatten geraten. Der
Gedanke des Staates und der Macht hat ihn verdrängt. Und
es ist dieser Gedanke, der überall die leitenden Männer kräftig
erfüllt und entscheidend beherrscht: diesen selben Antrieb haben
wir, ganz abgesehen von Rußland, wo er nie verschwunden war,
bei Roosevelt und bei Chamberlain angetroffen, und kennen
ihn bei Bismarck und Kaiser Wilhelm II. Gerade in dieser
Hinsicht schließt sich die „imperialistische Idee“ unserer Tage un=
zweifelhaft dicht an die großen Träger des staatlichen Realis=
mus in unserer neueren deutschen Vergangenheit an. Man wird
es sagen dürfen, und, wenn ich nicht irre, so hat er selber
es gern bekannt: was Joseph Chamberlain, im Gegensatze
zur voraufgegangenen Generation, seinem Lande handelnd er=
strebt und persönlich verkörpert, das ist — von dem Eigensten
der beiden Männer freilich abzusehen! — der Sache nach ganz
einfach die Übertragung Bismarckischen staatlichen Prinzips,
Bismarckischer Ziele und Bismarckischen Verfahrens auf Eng=
land; das ist dieselbe Ersetzung der liberalen Staatsansicht und
=Doktrin durch Macht und Staatsgewalt, wie sie ein Menschenalter
zuvor die altpreußischen Staatsmänner, die Genossen von Wil=

helms I. Kreise, für Preußen-Deutschland durchgerungen haben. Und so betrachtet, fügt sich, bei aller Abweichung wiederum des Persönlichsten, auch Kaiser Wilhelm II. unter unserem Gesichts= punkte genau der Kette an, deren letztes Glied vor ihm — nach dem großen Kurfürsten und dem großen Könige, neben seinem Kaiser und Roon — der große Kanzler war. Das Neue ist, dieser politischen Gesinnung nach, gerade in Deutschland die unablösbare unmittelbare Weiterbildung des Alten gewesen.

Ich weiß wohl, welche inneren Kräfte gegen dieses Neue im Felde stehen. Die Berechtigung der Machtpolitik wird in breiten Parteien bestritten. Die Idee des Sozialismus wirft sich, hierin einmal die Nachfolgerin der alten liberalen, der des nationalen Imperialismus in den Weg; nicht Jeder weiß auf dem Instrumente des allgemeinen Stimmrechtes zu spielen wie Bismarck es schließlich doch immer wieder vermocht hat und wie es Chamberlain vielleicht vermögen wird. Der Gedanke einer großen und weitausschauenden Machtpolitik, mag sie im Grunde noch so demokratischen Interessen dienen, wird seinen Eingang zunächst immer leichter bei den aristokratisch=monarchi= schen Politikern eines noch nicht durcherzogenen Volkes finden als bei seinen Massen. Auch diese inneren Kämpfe wird erst eine weite Zukunft entscheiden. Vorerst steht dem Ideale ewigen Friedens, von dem uns unser Feldherr gesagt hat, daß er ihm ein Traum erschien und nicht einmal ein schöner, eine ge= steigerte Wirklichkeit schneidender Völkergegensätze gegenüber: wir sehen nicht ab, wie auch das demokratischeste Regiment einer vielerstrebten Zukunft sie anders überwinden und seine einfachste staatliche und soziale Pflicht anders erfüllen könnte als durch Kampfbereitschaft und, schließlich einmal, durch Kampf; und wenig= stens die Erfahrung aller Vergangenheit wird uns wieder= holen, daß in der Welt, wie sie bis heute war, der Völkerkampf

das Leben und die Energie bedeutet hat. In unserem deutschen
Staatswesen, wie es, an das altpreußische angereiht, seit reichlich zwei Jahrhunderten emporgestiegen ist, hat dieser Kampf
sich immer als den großen Schöpfer auch innerlicher Neubildung
in Staat, Gesellschaft, Wirtschaft, in aller Kultur erwiesen. Auch
von dem Imperialismus der neuesten Tage, der die Blicke überall
ins Weite und Helle zieht, der die Kräfte und die Kraft überall
entfesselt und steigert, der die Arbeit überall wichtiger, die Lust
stärker und freier, das Selbstgefühl stolzer und kühner machen
muß, auch von diesem starken Erzieher, so scharf und hart er
sei, von seiner schöpferisch weiten Phantasie und seinem realistisch
herben Willen, von seiner ganzen gewaltigen Mannhaftigkeit
darf der Historiker freudig erhoffen, daß auch an seine Sturmfahne
der innere Segen für unsere Welt und unser Volk sich hefte.

Druck von Pöschel & Trepte in Leipzig.

Der internationale Arbeiterschutz.

Vortrag

gehalten in der Gehe-Stiftung zu Dresden

am 21. November 1903

von

Ernst Francke.

Dresden

v. Zahn & Jaensch

1903.

Heute noch den Beweis für die Notwendigkeit und den Nutzen des nationalen Arbeiterschutzes anzutreten ist überflüssig. Hier sprechen die Tatsachen selbst die beredteste Sprache. Denn kein Kulturstaat entzieht sich mehr der Pflicht, die wachsenden Scharen seiner Lohnarbeiter vor den schwersten Schädigungen ihrer leiblichen und sittlichen Existenz zu bewahren. So sehr auch hierbei die Gebote der Menschlichkeit und der Religion mitsprechen können, so ist der treibende Beweggrund für den Staat doch die Erkenntnis, daß die Axt an die Wurzeln seiner Kraft gelegt wird, wenn die breiten Massen verwahrlosen oder aufgerieben werden. Das erste Eingreifen des Staats in das Fabrikwesen war das 1802 von Sir. Robert Peel in England erlassene „Sittlichkeits= und Gesundheitsgesetz;" aber nicht das Entsetzen vor der grauenhaften Not der Kinder in den Fabriken war das wahre Motiv dieses Gesetzes, sondern die Furcht vor ansteckenden Seuchen, die von jenen Brutstätten des Elends ausgehen konnten. Und es ist ebenso bezeichnend', daß den wirksamsten Anstoß zum gesetzlichen Arbeiterschutz in Preußen ein 1828 an den König gesandtes Schreiben des Generals von Horn gab, der feststellte, daß in den Industriegegenden am Rhein der erforderliche Heeresersatz nicht beschafft werden könne, weil die Fabrikarbeit die Jugend ausgemergelt habe. Aus den eigensten Bedingungen seines Wesens kann es der Staat nicht dulden, daß die weitaus zahlreichste Klasse der Bevölkerung, die ihm den Nachwuchs für verbrauchte Schichten liefert, die das größte Kontingent der Landesverteidigung stellt und als Produzent wie als Verbraucher seine Kassen füllt, an Leib und Seele durch ungebührliche Ausnützung als Werkzeug

1*

zur Herstellung von Sachgütern ruinirt wird. Der Staat muß um seiner selbst willen den Menschen im Arbeiter schützen.

Darüber herrscht jetzt grundsätzlich in der zivilisierten Welt Übereinstimmung. Die Anerkennung dieses Prinzips schließt aber natürlich nicht aus, daß in den einzelnen Ländern große Unterschiede in dem Ausmaße des Arbeiterschutzes und in seiner Handhabung bestehen. Wir begegnen hier der größten Mannigfaltigkeit, die ebenso wohl in der Verschiedenheit der Produktionsbedingungen wie in den Anschauungen über die Zweckmäßigkeit ihre Ursache hat. Die gesetzlichen Bestimmungen über die Sonntagsruhe, die Arbeit der Kinder, der jungen Leute, der Frauen, die Vorschriften über die Lohnzahlung, über die Hygiene der Arbeitsräume, die Ausdehnung des Schutzes auf Fabrik, Werkstatt, Heimarbeit, auf Bergwerke, Landwirtschaft, auf Handel und Verkehr sind in jedem Lande anders. In steigendem Maße aber sind alle diese Länder mit der Erleichterung des Verkehrs und dem Wachsen der Bedürfnisse in gegenseitige Handelsbeziehungen getreten. Nahrungs= und Genußmittel, Rohstoffe und Fabrikate werden in ungeheuren Massen von einem Land zum andern ausgetauscht. Der internationale Wettbewerb ist aufs Höchste gespannt und Sieger in ihm bleibt, wer nicht nur die besten, sondern auch die billigsten Waren herstellen und geschickt vertreiben kann. Gewiß kommt der nationale Arbeiterschutz dem Gemeinwesen zu gute, indem er die Volkskraft mehrt, die Leistungsfähigkeit des Einzelnen hebt, die Technik zu neuen Fortschritten anspornt. Aber es ist andererseits nicht zu leugnen, daß die Eingriffe in den Betrieb und die Lasten für den Unternehmer, die der Arbeiterschutz erfordert, einzelne Industrien vorübergehend hemmen oder zu dauernder Änderung ihrer Produktionsweise zwingen können. Dabei mag es ohne Stockungen und Schwierigkeiten nicht abgehen, ja die

Schwachen und Trägen geraten ins Versinken. Das spricht
nicht gegen den Arbeiterschutz an sich — eine Industrie, die
nur auf Kosten ihrer Arbeiter lebt, hat keine Existenzberechtigung!
Und die Länder mit dem umfassendsten Arbeiterschutz sind zugleich die stärksten auf dem Weltmarkt. Aber wie jede Maßnahme des Arbeiterschutzes sorgfältigster Vorbereitung bedarf,
um in ihren Wirkungen nicht fehl zu greifen, so kann man auch
nach Mitteln der Abhilfe suchen, um namentlich handelspolitischen
Nachteilen zu begegnen. Dies führt uns auf das Gebiet des
internationalen Arbeiterschutzes mit der Frage: Kann und soll
durch Verhandlungen und Vereinbarungen unter den einzelnen
Kulturstaaten eine gewisse Gleichförmigkeit in dem Ausmaß und
der Handhabung der für die Lohnarbeit geltenden Gesetze und
Verwaltungsvorschriften herbeigeführt werden?

Nun ist zunächst festzustellen, daß die grundsätzliche Übereinstimmung, die über den nationalen Arbeiterschutz herrscht,
keineswegs hinsichtlich des internationalen besteht. Im Gegenteil.
Sehr weit verbreitet waren und sind die stärksten Zweifel nicht
nur über seine Ausführbarkeit, sondern auch über seine Rät-
lichkeit. In England z. B. steht man dem internationalen
Arbeiterschutz fast allgemein sehr skeptisch gegenüber, weil man
im Laufe eines Jahrhunderts zu der Überzeugung gelangt ist,
daß ein hochentwickelter, fortgeschrittener nationaler Arbeiterschutz
die Leistungsfähigkeit der eigenen Industrie in ihrer Gesamtheit zur Kraft und Blüte gehoben hat. Rußland dagegen verhält sich kühl und abwartend aus dem entgegengesetzten Grunde,
weil es seine junge, unterstützungsbedürftige Gewerbetätigkeit
mit allzustarken Beschränkungen und Lasten zu beschweren fürchtet.
In Deutschland haben wir aufrichtige, eifrige Freunde des
Arbeiterschutzes im eigenen Lande, die überzeugte Gegner von
internationalen Maßnahmen auf diesem Gebiete sind, weil sie

besorgen, daß wir mit weiteren Fortschritten dann so lange warten werden, bis zurückgebliebene Staaten uns nachkommen. Und wiederum ist das der Grund, warum wir unter den Gegnern eines Ausbaus der deutschen sozialpolitischen Gesetzgebung so warme Befürworter des internationalen Arbeiterschutzes finden. Man will uns endlich beweisen, daß die Herbeiführung eines internationalen Ausgleichs geradezu eine Unmöglichkeit ist, weil die verschiedenen Arbeits- und Lebensbedingungen ihn nicht zulassen und weil eine internationale Kontrolle über die Ausführung der Verträge einen Eingriff in das Hoheitsrecht des einzelnen Staats bedeutet. In all diesen Gründen und Einwänden steckt eine gewisse Berechtigung. Hierüber wird uns schon die Geschichte, die die Bestrebungen auf Errichtung eines internationalen Arbeiterschutzes haben, manche Aufschlüsse geben können. Gestatten Sie mir daher zunächst einen kurzen Abriß des ersten Abschnitts dieser historischen Entwicklung, der uns bis ins Frühjahr 1890 führen wird, bis zur internationalen Arbeiterschutzkonferenz in Berlin.

*   *   *

Der Wunsch nach einer internationalen Regelung des Arbeiterschutzes setzt bereits mit den ersten Anfängen der Fabrikgesetzgebung in England ein. Und derselbe Mann, der für diese mit der ganzen Kraft seiner großen Persönlichkeit eintrat, ist auch gleichzeitig der Vater des Gedankens eines internationalen Arbeiterschutzes. In einer zu Glasgow im Jahre 1815 einberufenen Versammlung von Baumwollindustriellen erklärte Robert Owen, der Besitzer der so berühmt gewordenen Musterfabrik in New-Lanark, wohl müsse die Industrie gefördert werden, aber nicht ohne Korrektive für die Schädigung der Arbeitermassen — besser die Baumwollindustrie „geht zu Grunde, als sie wird mit dem Opfer alles dessen erkauft, was wertvoll ist am Leben". Deshalb will er ein Verbot der Beschäftigung von Kindern bis zum 12. Lebensjahr, eine Höchstarbeitszeit von 12 Stunden, Überwachung der Betriebe, Elementar- und Haushaltungsunterricht. Drei Jahre darauf stand das englische Parlament vor dem ersten wirklichen Kinderschutzgesetz. Noch ehe es zur Annahme gelangte, trat Owen auf dem Festlande für die Einführung des Arbeiterschutzes ein. Er setzte sich bei einem Aufenthalt in der Schweiz in Beziehung mit Pädagogen wie Pestalozzi und Oberlin, mit Nationalökonomen wie Sismondi, mit Naturforschern und Ärzten; in Denkschriften an die Regierungen, insbesondere an die in der Heiligen Allianz vereinigten Monarchen wies er auf die Gefahren des Industrialismus hin, auf die Notwendigkeit einer wirtschaftlichen und sittlichen Hebung der Arbeiter durch kluge, in gemeinsamem Einvernehmen allmälig und maßvoll durchzuführende Reformen. Der im Oktober 1818 in Aachen tagende Kongreß der Heiligen Allianz möge eine Kommission zur Prüfung solcher Maßregeln einsetzen — zum Heile der Welt! Friedrich Wilhelm III. von Preußen ließ Owen für seine Denkschrift die Anerkennung ausdrücken, Friedrich von Gentz aber, der Publizist der Heiligen Allianz, erklärte cynisch: „Wir wünschen gar nicht, daß die Massen wohlhabend und von uns unabhängig werden — wie könnten wir sie dann beherrschen?"

In die Fußstapfen des Sozialisten Owen trat der einer Schweizer Familie entsprossene Elsässer Fabrikant Daniel Le Grand. Befreundet mit dem Philanthropen Oberlin, ein Verehrer Schleiermachers, selbst in Werken der Menschenliebe eifrig tätig, begann er 1882 seine Agitation für die Verbesserung des Loses der Arbeiter mit der Forderung der Sonntagsruhe, zunächst für Frankreich. Im Jahre 1838 erhob er seine

zum Zweck möglichst gleichmäßiger Regulierung der Arbeiter-
verhältnisse in allen Industriestaaten sollte angeregt werden."
Am 30. Juli 1881 faßte diese Körperschaft dann den Beschluß, den Bundesrat einzuladen, zur Anbahnung einer internationalen Fabrikgesetzgebung mit den Hauptindustriestaaten Verhandlungen anzuknüpfen. Dies tat der Bundesrat, aber in
einer Weise, die mehr Vorsicht als Begeisterung verriet; die
Verhandlungen verliefen im Sande. 1888 erneuerte der
Nationalrat sein Verlangen, der Bundesrat richtete am 15. März
1889 ein Rundschreiben an die europäischen Regierungen, in
dem die Abhaltung einer Konferenz mit folgendem Programm
vorgeschlagen wurde: Verbot der Sonntagsarbeit. Festsetzung
eines Minimalalters für Kinder in Fabriken und eines Maximal-
arbeitstags für jugendliche Arbeiter. Verbot der Beschäftigung
von Jugendlichen und Frauen in besonders gesundheitsschäd-
lichen und gefährlichen Betrieben sowie Beschränkung der Nachtarbeit. Art und Weise der Ausführung solcher Arbeiterschutz-
verträge. Diesmal lauteten die Antworten günstig, mehrere
Regierungen bezeichneten schon ihre Delegierten, die Schweizer
Regierung setzte die Konferenz auf 1890 an. Da trat ein
Mächtigerer auf den Plan, Kaiser Wilhelm II. bat um den
Vortritt, der Einladung der Reichsregierung folgten die Mächte,
im Frühjahr 1890 fand in Berlin die erste Konferenz für
internationalen Arbeiterschutz statt.

* *

Am 4. Februar 1890 hatte der junge deutsche Kaiser
seine Arbeitererlasse veröffentlicht. In der Kundgebung an den
Reichskanzler Fürsten Bismarck hieß es: „Ich bin entschlossen,
zur Besserung der Lage der deutschen Arbeiter die Hand zu
bieten, soweit die Grenzen es gestatten, welche meiner Fürsorge

durch die Notwendigkeit gezogen werden, die deutsche Industrie
auf dem Weltmarkte konkurrenzfähig zu erhalten und dadurch
ihre und der Arbeiter Existenz zu sichern .... Die in der
internationalen Konkurrenz begründeten Schwierigkeiten der Ver=
besserung der Lage unserer Arbeiter lassen sich nur durch
internationale Verständigung der an der Beherrschung des
Weltmarkts beteiligten Länder, wenn nicht überwinden, so doch
abschwächen." Darum solle der Reichskanzler „die Kabinette aller
Regierungen, die an der Arbeiterfrage den gleichen Anteil nehmen,"
zu einer Konferenz einladen. Dies geschah, es erschienen außer
Deutschland die Vertreter von Österreich=Ungarn, Belgien, Däne=
mark, Spanien, Frankreich, Großbritannien, Italien, Luxemburg,
der Niederlande, Portugals, von Schweden und Norwegen, end=
lich der Schweiz, und unter dem Vorsitz des preußischen Ministers
für Handel und Gewerbe, Frhrn. v. Berlepsch, wurde am
15. März 1890 in Berlin die Konferenz eröffnet. Das Ar=
beitsprogramm wich in einigen Punkten von dem Schweizer
Plane ab; es umfaßte die Regelung der Arbeit in Bergwerken,
der Sonntagsarbeit, der Kinderarbeit, der Arbeit der Jugend=
lichen und der Frauen sowie als letzten Gegenstand die Ausführung
der von der Konferenz angenommenen Beschlüsse. Die Konferenz
tagte, zumeist in Kommissionen, bis zum 29. März. Das Er=
gebnis ihrer Beratungen war aber nicht der Abschluß oder auch
nur die Vorbereitung internationaler Verträge und Abmachungen,
wie dies wohl dem deutschen Kaiser bei der Einberufung vor=
geschwebt haben mag, sondern nur der Ausdruck von „Wünschen,"
die, trotzdem sie zumeist einstimmig gefaßt worden waren, doch
keinerlei zwingende Verpflichtung, höchstens eine moralische Bin=
dung für die beteiligten Regierungen in sich schlossen.

Immerhin ist in diesen Wünschen, die die Delegierten
ihren Kabinetten zu unterbeiten sich anheischig machten, doch ein

internationales Programm aufgestellt, auf welchen Gebieten des gewerblichen Lebens und innerhalb welcher Grenzen wohl Maß= nahmen des Arbeiterschutzes möglich wären, die alle auf der Konferenz vereinigten Regierungen jede in ihrem Lande, durch Gesetzgebung und Verwaltung durchführen könnten. Darum haben diese „Wünsche", ungeachtet ihrer späteren Schicksale, auch heute noch Wert und Bedeutung. Um nur die hauptsäch= lichsten zu nennen, so wurde für die Arbeit in Bergwerken u. a. als wünschenswert bezeichnet, daß Kinder unter 14 Jahren — in südlichen Ländern unter 12 Jahren — und Frauen über= haupt nicht unter Tage beschäftigt werden. Hinsichtlich der Sonntagsarbeit sprach man sich dahin aus, daß allen geschützten Personen und allen Industriearbeitern wöchentlich ein Ruhetag, vorbehaltlich gewisser Ausnahmen, und zwar möglichst der Sonn= tag gewährt werde. Für die Kinderarbeit in gewerblichen Be= trieben wurde bestimmt, daß die Altersgrenze auf 12, in süd= lichen Ländern auf 10 Jahre festgesetzt werde, daß diese Grenze allgemein gelten solle, Kinder unter 14 Jahren dürften weder Nachts noch Sonntags arbeiten, an den Wochentagen nicht länger als 6 Stunden täglich, von ungesunden und gefährlichen Betrieben müßten sie ganz ausgeschlossen werden, auch müßten sie vor Eintritt in die gewerbliche Arbeit den Vorschriften über den Elementarunterricht genügt haben. Die jugendlichen Arbeiter beiderlei Geschlechts von 14—16 Jahren dürften weder Nachts noch Sonntags arbeiten, ihre effektive Arbeit solle 10 Stunden nicht überschreiten, den jungen Männern von 16—18 Jahren müsse Schutz gewährt werden in Betreff eines Maximalarbeits= tages, der Nachtarbeit, der Sonntagsarbeit in besonders unge= sunden und gefährlichen Betrieben. Die Regelung der Frauen= arbeit solle dahingehen, daß die Nachtarbeit allgemein verboten und daß eine effektive Arbeitszeit von höchstens 11 Stunden eingeführt werde. Was die Ausführung der Konferenzbeschlüsse anlangt, so wurde — mit dem sehr bemerkenswerten Zusatz: „für den Fall, daß die Regierungen den Arbeiten der Konferenz Folge leisten sollten“ — empfohlen, staatliche Gewerbeaufsichtsbeamte anzustellen, deren Jahresberichte zu veröffentlichen, statistische Erhebungen über die Arbeiterschutzfragen zu veranstalten und beides gegenseitig auszutauschen. Endlich sei es wünschenswert, diese internationalen Konferenzen zu erneuern, um sich gegenseitig die Beobachtungen mitzuteilen, die sich bei Ausführung der Konferenzbeschlüsse ergäben, und zu prüfen, ob eine Änderung oder Ergänzung der Beschlüsse angemessen sei.

* * *

Trotz aller dieser 1890 in Berlin kundgegebenen Wünsche und Beschlüsse der amtlichen Vertreter zahlreicher Staaten ist bis auf den heutigen Tag noch kein einziger internationaler Vertrag über irgendwelche Bestimmung des Arbeiterschutzes, und sei es auch nur die geringfügigste, zu stande gekommen. Nicht einmal zwei oder drei Länder, deren Grenzen aneinanderstoßen, haben sich bis jetzt gemeinsam auf diesem Gebiete verständigt. Die Berliner Konferenz ist auch nicht wiederholt worden, die Regierungen sind nicht zum zweitenmal zusammengetreten. Dies aber konnte geschehen in einer Zeit, wo unzweifelhaft überall in der Kulturwelt die Notwendigkeit und Nützlichkeit der staatlichen Fürsorge für die Arbeiter anerkannt wurde, wo Großes hierin bei zahlreichen Völkern geleistet worden ist, Weiteres erstrebt wird — in einer Zeit, die internationalen Vereinbarungen günstig ist: der Weltpostverein, der Schutz geistigen und gewerblichen Eigentums, die Kongresse der Wissenschaft, die Handelsverträge, die Beziehungen der Arbeitgeber und der Arbeiter zeugen davon. Sollten trotz dieser wachsenden Strömungen

die Pessimisten Recht behalten, die die Möglichkeit des inter=
nationalen Arbeiterschutzes leugneten, weil die gewerblichen
Arbeitsverhältnisse in den einzelnen Ländern so grundverschieden
seien, daß eine Regelung von Staat zu Staat ausgeschlossen
bleibe? Oder sollte sich die nicht weniger trübe Ansicht bewahr=
heiten, daß die Versuche und Bemühungen um internationalen
Arbeiterschutz nur eine Hemmung für die Fortschritte im Heimat=
lande bedeuteten, ja ausgesprochenermaßen bedeuten sollten?

Beide Propheten haben in gewissem, wenn auch sehr
eingeschränktem Sinne Recht. In der Tat bilden die natür=
lichen und historischen Unterschiede der Arbeits= und Betriebs=
verhältnisse wirkliche Hindernisse eines Ausgleichs, die man
nicht unterschätzen soll. Eine Baumwollspinnerei in Lancashire
arbeitet unter anderen Bedingungen als eine solche Fabrik in
Süddeutschland oder in Russisch=Polen, in Norditalien, in Indien,
in den Mississippistaaten Nordamerikas. Die Menschen, das
Klima, die Lebensgewohnheiten, die Betriebskosten sind ver=
schieden, auch wenn Maschinen und Rohstoffe die gleichen sind.
Und ähnlich stehts in allen gewerblichen Betrieben, wenigstens
mehr oder weniger. Die Berliner Konferenz hat diese Tatsache
auch nicht aus den Augen gelassen; sie hat sich auf die euro=
päischen Industriestaaten beschränkt, auch Rußland war unver=
treten, damit nicht gar zu ungleichartige Elemente zusammen=
kämen, und sie hat in ihren Wünschen, namentlich bei der Kinder=
arbeit, den natürlichen Unterschieden zwischen Nord und Süd
einigermaßen Rechnung getragen. Aber sie hatte meines Erachtens
dennoch den Rahmen viel zu weit gespannt, als daß die ver=
schiedenen Staaten ihn gleichzeitig mit Taten hätten ausfüllen
können. Sie hatte sich eine Riesenaufgabe gestellt, zu deren Er=
füllung nicht einmal überall der entschlossene Wille vorhanden
war. Gab es doch, auch in einflußreichen Kreisen Deutsch=

lands, starke Mächte, die in der internationalen Konferenz eine
Veranstaltung erblickten, die unter Umständen recht gut benützt
werden könnte, um den hohen Forderungen Kaiser Wilhelms II.
für den Fortgang des Arbeiterschutzes im eigenen Vaterlande Zaum
und Zügel anzulegen, und die an dem angeblichen Mißerfolge
der Konferenz ihre Freude hatten.

Ich spreche von einem angeblichen Mißerfolg. Denn
obwohl kein Vertrag erzielt worden ist und eine Wiederholung
nicht stattgefunden hat, schätze ich die mittelbare Wirkung dieser
Konferenz als ungemein groß, tief und weitreichend, höchst
segensreich ein. Von ihr sind Anregungen und Anstöße für
den Arbeiterschutz ausgegangen, wie sie stärker kaum gedacht
werden können. In der Geschichte der Sozialreform muß die
aus hochherzigem Entschluß Kaiser Wilhelms hervorgegangene
Konferenz einen weithin sichtbaren Ehrenplatz erhalten. Erst
vor wenigen Wochen schrieb hierzu ein französisches Blatt:
„Man vergleiche die soziale Gesetzgebung Europas von 1889
und von 1903; man betrachte in Sonderheit die Regelung der
Frauen= und Kinderarbeit: der Fortschritt ist immens, eine
neue Zeit hat begonnen: die alte Welt, gleichgiltig und kalt,
manchesterlich und ohne Gewissen, scheint in ihren Grundfesten
durch einen ungestümen Sturm erschüttert zu sein." Dieser
weckende Sturm der Menschenliebe, des Pflichtgefühls und der
Tatkraft, der über die Länder geht, erhob sich im Frühlings=
wehen der Berliner Konferenz von 1890. In Deutschland
hat er, um nur Einiges zu nennen, gebracht den Elfstunden=
tag der Frauen, dem hoffentlich bald eine weitere Verkürzung
folgt, das Kinderschutzgesetz, zahlreiche Gesetze und Verordnungen
für die Regelung der Arbeit auch erwachsener Arbeiter, die völlige
oder teilweise Sonntagsruhe, die Gewerbegerichte und Einigungs=
ämter. England schuf sein Versicherungsgesetz gegen Arbeits=

unfälle und das Fabrik= und Werkstättengesetz von 1900,
Frankreich setzte durch Gesetz die Arbeitszeit in Fabriken herab,
Österreich hat den elfstündigen Maximalarbeitstag eingeführt,
Italien schützt Kinder und Frauen vor übermäßiger Ausnutzung
und errichtet ein Arbeitsamt, Holland führt Arbeitskammern
ein, in den Vereinigten Staaten, in Kanada, in den australischen
Kolonien sehen wir eine umfassende Gesetzgebung zum Schutze
der Arbeiter, sogar in Rußland und Spanien zeigen sich An=
sätze. Und diese Fortschritte sind nicht nur zeitlich nach der
Berliner Konferenz eingetreten, sondern sie stehen auch in einem
ursächlichen Zusammenhang mit ihr. Denn in jenen Verhand=
lungen im März 1890 sind Grundsätze der sozialen Reform
aufgestellt worden, die als wirkende Kräfte in der ganzen Kultur=
welt Taten ausgelöst haben.

*   *

Man hat das Ergebnis der Konferenz bezeichnet als „die
Zurückführung eines hochgespannten Ideals auf den Boden der
Wirklichkeit". Darin liegt sicher keine Minderung ihres Wertes,
der sich auch darin zeigt, daß die Richtigkeit der Forderung Owens
und Le Grands neu erwiesen wurde, die internationalen Ver=
ständigungen dürften keinesfalls zu Hemmungen des nationalen
Arbeiterschutzes werden, sondern ihm im Gegenteil zu Antrieb
und Förderung gereichen. Gerade seit dem Beginn der 1890er
Jahre ist nun die taktische Wendung erfolgt nach der Richtung
der Erreichung internationaler sozialpolitischer Ziele auf dem
Wege der nationalen Gesetzgebung und mit Mitteln der freieren
Formen der Kulturgemeinschaft aller zivilisierter Staaten. Aber=
mals war es die Schweiz, die hier einsetzte. Gemäß einem
neuen Beschluß der eidgenössischen Räte richtete der Bundesrat
am 1. Juni 1896 an die Vertretungen bei den europäischen

Staaten ein Rundschreiben, worin sie beauftragt wurden, ver-
traulich über die Geneigtheit zur Gründung eines internationalen
Bureaus für Arbeiterschutz anzufragen. Die Antworten lauteten
teilweise nicht ungünstig, in Österreich, in Frankreich, in Belgien
zeigten sich bei Regierung und Volksvertretung Neigungen, der
Sache näher zu treten. Aber der überwiegende Eindruck war
doch so, daß man in Bern aus Besorgnis vor einem Fehlschlag
die Anregung fallen ließ. Nun aber griff die private Initiative
in die Speichen des Rades und ihr gelang es, den Wagen fort-
zuschieben. Man hatte gesehen, wie in den 1890er Jahren
der internationale Arbeiterversicherungskongreß, der ebenfalls
privater Initiative entsprungen ist, sich aber der Unterstützung
zahlreicher Regierungen erfreut, auf seinen Tagungen streitige
Fragen klärte, neue Probleme aufwarf, starke Anregungen ausübte. Internationale Kundgebungen und Veranstaltungen der
Arbeiter einerseits, der Wissenschaft andererseits brachten immer
aufs Neue die Notwendigkeit des Ausbaus der Schutzgesetzgebung
in Erinnerung. Die Fortschritte im eigenen Lande führten ganz
von selbst wieder zum Austausch der Erfahrungen und zur
Verständigung von Land zu Land.

Unabhängig voneinander, aus ganz verschiedenen Quell-
gebieten stammend und doch demselben Ziele zustrebend, sam-
melten sich diese Strömungen im Jahre 1897 in zwei Kongressen, die sich mit der Frage des internationalen Arbeiterschutzes beschäftigten. Der Plan, einen Arbeiterkongreß zu diesem
Ende zu veranstalten, wurde schon seit dem Jahre 1893 in der
Schweiz erörtert; es bildete sich ein Organisationskomitee, das
für Ende August 1897 einen solchen Kongreß nach Zürich ein-
berief. Dieser, von sozialistischen, christlich-sozialen und anderen
Arbeiterverbänden aus 16 Ländern zahlreich besucht, beriet unter
dem Vorsitz des Fürsprechs H. Scherrer über Sonntagsarbeit,

Arbeit der Kinder, Jugendlichen, Frauen und Männer, Nachtarbeit und Beschäftigung in gefährlichen Betrieben, sowie über
Mittel und Wege zur Verwirklichung des internationalen Arbeiterschutzes.   Auf Antrag des Regierungsrates Curti=St. Gallen
wurde einstimmig eine Resolution angenommen, die die Teil-
nehmer des Kongresses aufforderte, „in der Presse und in den
Parlamenten die Regierungen zur Errichtung eines internationalen
Arbeiterschutzamtes einzuladen", das Material sammeln und veröffentlichen, Auskünfte erteilen, Arbeiterstatistik treiben und Kongresse
für Arbeiterschutz vorbereiten solle.   Der Schweizer Bundesrat
wurde ersucht, seine Bemühungen in dieser Richtung fortzusetzen.
Wenige Wochen nach diesem Arbeiterkongreß in Zürich tagten in
Brüssel bürgerliche Sozialpolitiker der verschiedensten Richtungen
und Länder, Staatsmänner, Parlamentarier, Gelehrte, Fabri-
kanten, Kaufleute, Geistliche, Ärzte; die Deutschen unter Führung
des 1896 aus dem Amte geschiedenen Ministers Frhrn. v.
Berlepsch.   Man einigte sich mit den Freunden aus Österreich,
Belgien, Holland, Frankreich, der Schweiz, ein aus drei belgischen Herren bestehendes Komitee einzusetzen, das die Vor-
bereitungen für eine internationale Zentralstelle für Arbeiterschutz
treffen solle.   Dieser Aufgabe hat sich der Ausschuß auch entledigt,
indem er Satzungen für eine Internationale Vereinigung für gesetzlichen Arbeiterschutz vorgelegt hat.   Dies geschah Ende 1898.

*   *   *

So bestanden nun zwei Mittelpunkte der Aktion; der eine
lag in den Arbeiterorganisationen zahlreicher Länder und ging
auf internationale Staatsinitiative, der andere beruhte in der
Übereinstimmung bürgerlicher Kreise und zielte zunächst auf
ein privates Vorgehen ab.   Zwischen beiden Zentren aber bestanden doch so viele persönliche und sachliche Verbindungen, daß

die Vereinigung zum Wirken für ein gemeinsames Ziel bald erfolgen
konnte. Den Boden dafür bot das Organisationsstatut des bel=
gischen Komitees. Nach seinem Entwurfe entstanden zunächst
im Laufe des Jahres 1899 in Deutschland, Österreich Frank=
reich, Belgien, der Schweiz, Holland und Italien freie Gruppen,
die die Gründung einer internationalen Vereinigung für Ar=
beiterschutz und die Bildung von Landessektionen ins Auge faßten.
In diesen freien Gruppen fanden sich Mitglieder aller Parteien,
Berufe und Stände zusammen; nur in Deutschland hat sich
die Sozialdemokratie und die ihr folgende Arbeiterschaft grund=
sätzlich ferngehalten, überall sonst legen auch sozialistische Arbeiter=
vertreter mit Hand ans Werk. So konnte der Plan einer
Zusammenkunft während der Weltausstellung in Paris gefaßt
und Dank der Mühewaltung der französischen Freunde auch
ausgeführt werden. Der Kongreß fand Ende Juli 1900 statt,
gastliche Unterkunft bot ihm das Musée social, diese großartige
Stiftung des Grafen Chambrun. Der damalige französische
Handelsminister Millerand eröffnete ihn, Beamte seiner Ver=
waltung nahmen an den Beratungen tätigen Anteil, Österreich,
Belgien, Vereinigte Staaten von Amerika, Holland, Rußland
waren durch amtliche Delegierte vertreten, das Deutsche Reich
aber, dessen Kaiser 10 Jahre vorher die Berliner Konferenz
berufen hatte, hatte eine Beteiligung abgelehnt, auch die Einzel=
staaten ließen sich nicht vertreten. Die Besucher des Kongresses
vereinigten die Züricher und die Brüsseler Strömung: ebenso
waren bürgerliche Sozialpolitiker aller Richtungen wie Vertreter
der verschiedensten Arbeiterorganisationen erschienen. Am Vor=
standstisch saßen gemeinsam Fürsprech Scherrer und Frhr.
v. Berlepsch, der italienische Minister Luzzatti und der
Österreicher v. Philippovich, der belgische Minister Nyssens
und der französische Gelehrte Cauwès. Als dieser letztere seine

2*

Eröffnungsrede mit den Worten schloß: „Eine Vereinigung von Männern guten Willens, ohne Unterschied der Nation und des Standes, wie wir sie heute in der Absicht bilden, das Los der Arbeiter im Rahmen des Möglichen zu bessern — heißt das nicht eine Pflicht erfüllen, die allen obliegt, ein zwingendes Gebot der Brüderlichkeit?", da hatte er den Grundton ange=schlagen, auf dem die Verhandlungen des Kongresses sich aufbauten.

Von vornherein war der alte Streit, ob der Staat das Recht habe, in die Arbeitsverhältnisse einzugreifen, grundsätzlich ausgeschlossen. Der Kongreß bekannte sich zum Prinzip des staatlichen Arbeiterschutzes, der gesetzlichen Regelung, der Pflicht des Staats, die Schwachen zu behüten. In diesem Sinne unterzog er seiner Betrachtung drei Aufgaben: die gesetzliche Beschränkung der Arbeitszeit, das Verbot der Nachtarbeit, die Gewerbeaufsicht. Beschlüsse und Resolutionen wurden nicht ge=faßt, an ihre Stelle trat ein kurzes Resumé des jeweiligen Präsidenten. So hob am Schluß der Diskussion über die ge=setzliche Regelung der Arbeitsdauer der Vorsitzende Frhr. von Berlepsch hervor, „daß fast einstimmig die Redner sich für die Regelung der Arbeitszeit erwachsener Männer und für die Ein=führung eines Maximalarbeitstages von 11 Stunden mit der Aussicht auf Reduzierung dieser Dauer auf 10 Stunden in nicht zu ferner Zeit ausgesprochen haben". Bezüglich der Nacht=arbeit stellte der Vorsitzende Anwalt Scherrer=St. Gallen fest, „daß die Versammlung einstimmig den Wunsch kundgibt, es möge energisch und sofort auf die Unterdrückung der Nachtarbeit, außer in den Betrieben mit beständigem Feuer, hingearbeitet werden". Was die Gewerbeaufsicht betrifft, so betonte der Vor=sitzende Prof. v. Philippovich=Wien, der Kongreß habe an=erkannt, daß die Gewerbeinspektion ausgezeichnete Ergebnisse verzeichne und das Vertrauen der Arbeiter erlangt habe; daß

die Einführung weiblicher, ärztlicher und Arbeiter=Inspektions=
beamter erforderlich sei; daß die Strafbestimmungen verschärft
werden müßten; daß sich unter den Beamten der verschiedenen
Länder enge Beziehungen bilden möchten; daß die Arbeiter nach
Kräften die staatliche Aufsicht unterstützen sollten.

Die letzten Verhandlungen des Kongresses, am 28. Juli
1900, waren dem Plane der Gründung einer Internationalen
Vereinigung für gesetzlichen Arbeiterschutz gewidmet. Ein Aus=
schuß hatte den belgischen Statutenentwurf geprüft und folgende
Vorschläge überreicht: Es wird eine solche Vereinigung gebildet,
mit dem Sitz in der Schweiz. Zweck dieser Vereinigung ist,
1) Bindeglied zu sein für alle, die in den verschiedenen In=
dustrieländern die Arbeiterschutzgesetzgebung als Notwendigkeit
betrachten, 2) ein internationales Arbeitsamt zu errichten mit
der Aufgabe, eine periodische Sammlung der Arbeiterschutzgesetze
aller Länder in französischer, deutscher und englischer Sprache
herauszugeben; 3) das Studium der Arbeitergesetzgebung der
verschiedenen Länder zu erleichtern, insbesondere durch Auskunft=
erteilung; 4) die Frage zu fördern, wie die verschiedenen Ar=
beiterschutzgesetzgebungen in Übereinstimmung gebracht werden
können und wie eine internationale Arbeiterstatistik einzurichten ist;
5) die Einberufung iturnationaler Arbeiterkongresse. Für diese
Zwecke sollte eine Organisation nach folgenden Bestimmungen
gebildet werden: Die Internationale Vereinigung gliedert sich
in nationale Landessektionen. Sie wird geleitet durch einen
Ausschuß, der aus Mitgliedern dieser Sektionen besteht; die
Regierungen werden zur Entsendung von Vertretern in dies
Komitee eingeladen. Aus seiner Mitte wählt das Komitee ein
Bureau, das die Geschäfte führt. Alle zwei Jahre mindestens
tritt der Ausschuß zu einer Generalversammlung zusammen.
Man kann entweder direkt Mitglied der Internationalen

Vereinigung werden oder den Landessektionen beitreten. Die
Debatte über diese Vorschläge, die der Verfasser des Statuts
Prof. Mahaim aus Lüttich erläuterte, war sehr kurz; sie
bestand im Wesentlichen in Zustimmungserklärungen von
Seiten der Vertreter Deutschlands, Österreichs, Belgiens, der
Schweiz, Italiens, Frankreichs, Englands, Kanadas. Nur
wegen der Zulassung eines Delegierten des Papstes in den
Ausschuß der Vereinigung erhoben einige französische Sozialisten
Einsprache, während andere ihrer Genossen zur Eintracht
mahnten; so rief ein Führer der Radikalen, Lagardelle: „Wir
arbeiten hier auf neutralem Boden für das Wohl der Arbeiterklasse. Bleiben wir auf diesem Boden. Der Gottesfriede ist
in Zürich geschlossen worden. Halten wir ihn!" Die Statuten
wurden schließlich einstimmig angenommen. Die Internationale
Vereinigung für gesetzlichen Arbeiterschutz war begründet, in das
Komitee, dem die Ausführung der Organisation oblag, wurden
Anwalt Scherrer-St. Gallen als Vorsitzender, Frhr. v. Berlepsch
für Deutschland, Cauwès für Frankreich, Mahaim für Belgien,
Toniolo für Italien und v. Philippovich für Österreich gewählt. Dieser Ausschuß begann seine Arbeit unverzüglich.

* * *

Was war nun in Paris erreicht? Auf den ersten Blick
anscheinend nicht allzu Großes. Unter der Flut von Kongressen,
die im Weltausstellungsjahr über Paris hereinbrach, hatte sich
auch einer mit dem seit 80 Jahren zur Diskussion stehenden
Problem eines internationalen Arbeiterschutzes beschäftigt; viel
Einsicht, viel guter Wille war gezeigt worden, wie schon früher
auch. Aber es war doch — im Gegensatz zu früher — ein
bleibender Gewinn erzielt worden: eine feste, dauernde Organisation, die sich über zahlreiche Kulturländer erstreckte und in sich

Männer des politischen Lebens und der Wissenschaft, Führer
der Industrie und der Arbeitermassen schloß. Namentlich die
Beteiligung der gewerblichen Arbeiterschaft war ein Neues und
Wichtiges. Zum erstenmal war der Anschluß an die Massen
gewonnen; das bedeutete nicht nur einen verstärkten Widerhall
der Bestrebungen, sondern auch die Unterstützung durch die rast=
lose Triebkraft, die im vierten Stande arbeitet. Diese Organi=
sation, diese Internationale Vereinigung für gesetzlichen Arbeiter=
schutz war freilich zunächst nur ein privates Unternehmen. Aber
das eben schien für den Anfang ein Vorzug: man konnte sich
freier regen, Gedanken, Wünsche, Pläne flogen unbehindert über
die Grenzen, ohne daß die Sorge vor den Konsequenzen, die
jeder Maßnahme des Staats im internationalen Verkehr zur
Seite stehen muß, ihnen hemmend in den Weg treten konnte.
Mit vollem Rechte konnte selbst ein so überzeugter Anhänger
der staatlichen Allgewalt wie der sozialistische Minister Millerand
in seiner Begrüßungsrede betonen, da er die Schwierigkeiten
ermesse, die vorläufig noch einer amtlichen Verständigung der
Regierungen entgegenständen, so sei das private Vorgehen um
so dankenswerter. Überdies war und ist die Organisation der
Vereinigung so elastisch, daß sie den Beitritt der Regierungen
ermöglicht, ihre Unterstützung wünscht und die volle Anteilnahme
an den Arbeiten freistellt. Diese ist auch im Verlaufe der wenigen
Jahre seit 1900 in wachsendem Maße erfreulicherweise erfolgt.

*   *   *

Der Ausbau der Internationalen Vereinigung, der nun
rasch und kräftig einsetzte, ging in zweifacher Richtung vor sich,
aber in gleichem Schritt. Die einzelnen Landessektionen, die
bisher als mehr oder weniger freie Gruppen bestanden hatten,
gaben sich eine feste Verfassung. Uns kümmert hier natürlich

am meisten die deutsche Sektion, die sich den Namen „Gesellschaft für Soziale Reform" gegeben" hat. Am 6. Januar 1901 begründet, hat sie ihren Sitz in Berlin, zählt jetzt über 1300 Mitglieder, darunter gegen 130 Korporationen und zwar fast die sämtlichen nichtsozialdemokratischen Arbeiterberufsvereine und viele Gehilfenverbände mit rund 600 000 Mitgliedern, aber auch manche Unternehmervereine, Stadtverwaltungen, Behörden. Ihre Tätigkeit erstreckt sich aber nicht bloß auf das Gebiet des internationalen Arbeiterschutzes, sondern in noch höherem Maße auf die Förderung der sozialpolitischen Gesetzgebung im deutschen Vaterlande und auf die Unterstützung der Bestrebungen der Arbeiter, durch Selbsthilfe in Berufsvereinen und Genossenschaften ihre Lage zu verbessern. Auf die Feststellung dieser Doppelaufgabe der „Gesellschaft für Soziale Reform" ist gerade in dem Zusammenhange dieser Erörterungen der Nachdruck zu legen, weil damit laut und deutlich bekundet wird, daß die deutschen Sozialreformer die gleichzeitige Förderung des nationalen und des internationalen Arbeiterschutzes nicht nur für möglich, sondern für ein zwingendes Gebot der Notwendigkeit halten. Ähnlich wie die deutsche Landessektion haben sich die österreichische, die schweizerische und die ungarische organisiert, in den übrigen Ländern haben Zweckmäßigkeitsgründe manche Abweichungen gebracht, die aber den Kern der Sache nicht berühren. Dank der Mitarbeit dieser Sektionen gelang es dem Bureau der Internationalen Vereinigung die Unterstützung verschiedener Regierungen zu gewinnen. Vor allem ebnete die Schweiz der Errichtung des Internationalen Arbeitsamts in Basel den Weg; der Bundesrat bewilligte eine namhafte Subvention, die Regierung von Basel-Stadt überließ in einem amtlichen Gebäude geeignete Räumlichkeiten und schon im Mai 1901 eröffnete das Arbeitsamt als Organ der Internationalen Vereinigung für gesetzlichen Arbeiterschutz seine Tätigkeit.

Hier war nun eine literarisch-wissenschaftliche Zentralstelle geschaffen, wo aus aller Welt Berichte einströmten, Sammlung und Sichtung erfuhren und dann in Auswahl und Verarbeitung wieder der Öffentlichkeit zugänglich gemacht wurden. Offenbar entsprach ein solches Amt einem allgemeinen Bedürfnis; denn mit großer Bereitwilligkeit kamen die Regierungen aller nur irgendwie in Betracht kommenden Staaten dem durch die amtliche Vermittlung des Schweizer Bundesrat ihnen ausgedrückten Wunsch nach, dem Internationalen Arbeitsamt in Basel alles Material zu überweisen, das sich auf den Arbeiterschutz — im weitesten Sinne des Wortes — in ihren Ländern bezieht. Auch die Staaten, die nicht Landessektionen der Vereinigung besitzen, liefern ihre Beiträge, Großbritannien wie Rußland, Spanien wie Skandinavien, aber auch die australischen Staaten, die südamerikanischen Republiken. Kurz es entsteht hier eine Sammlung, ein Archiv für Gesetze und Verordnungen, parlamentarische Verhandlungen, Fabrikaufsichtsberichte, statistische Arbeiten, das wahrhaft international ist. Und diese Schätze haben nicht nur einen wissenschaftlichen Wert, sondern auch praktische Bedeutung: Jede Maßnahme der Regelung von Arbeitsverhältnissen kann nur dann fruchtbar und segensreich wirken, wenn sie nach genauester Untersuchung der Umstände und Zustände getroffen wird. Für solche Studien, seien sie amtliche oder private, stellt Basel ein Arsenal, das mit der Zeit schier unerschöpflich werden wird. Dazu liefert das Arbeitsamt auf Verlangen auch Auskünfte und Gutachten; verschiedene Regierungen haben hiervon bereits öfter Gebrauch gemacht, z. B. für Kinderschutz, Frauenarbeit. Endlich veröffentlicht das Amt periodische Bulletins über die Fortschritte des Arbeiterschutzes in allen Kulturstaaten, zunächst in deutscher und französischer Sprache, eine englische Ausgabe wird folgen. Diese Bulletins, die in

stattlichen Heften alle 2—3 Monate erscheinen, enthalten nach
einer einleitenden Übersicht die Gesetze und Verordnungen jedes
Landes im Wortlaut oder doch in erschöpfendem Auszug, dann
die Beschlüsse wichtiger Kongresse, Syndikate, Gewerkschaften
über Arbeiterschutzfragen, endlich eine reichhaltige Bibliographie.
Weitere Publikationen des Arbeitsamts bringen die Verhandlungen der Internationalen Vereinigung und die ihr erstatteten
Referate. Unter Leitung von Prof. Bauer hat das Arbeitsamt in Basel in kurzer Frist sich eine feste und ansehnliche
Position geschaffen.

Unterstützt von dem Arbeitsamt konnte auch die Internationale Vereinigung selbst ihre Tätigkeit bald entfalten. Am
27. und 28. September 1901 fanden sich die Delegierten der
verschiedenen Landessektionen zur konstituierenden Versammlung
in Basel ein. Unter den Vertretern der 8 Ländern waren
amtliche Regierungsdelegierte Frankreichs, Italiens, Hollands,
der Schweiz und außerdem ein Abgesandter des Heiligen Stuhls;
die meisten beteiligten sich lebhaft an den Beratungen im Plenum
und den Kommissionen. Das Bureau der Vereinigung wurde
ausschließlich aus Schweizern gebildet; man wollte damit zugleich
dem Lande eine Ehrung erweisen, das den Gedanken des Internationalen Arbeiterschutzes seit langen Jahren auf seine Fahne
geschrieben hat. Als nächste Aufgaben wurden in Angriff genommen: Es sei zu untersuchen, ob und wie eine Beseitigung
oder doch eine weitere Einschränkung der Nachtarbeit der Frauen
in der Industrie zu erreichen sei. Ebenso sei zu untersuchen,
wie die Gefahren für Leib und Leben der Arbeiter in solchen
Gewerben, die schädliche, giftige Stoffe verwenden, gebannt
werden könnten, und zwar insbesondere die Gefahren, die aus
der Verarbeitung von Phosphor und Blei entstehen. Die
Basler Tagung bot nicht nur ein harmonisches Bild der Ein-

mütigkeit in den Zielen, sondern auch hinsichtlich der Wege.
Wohl fehlte es nicht an Anregungen, das Gebiet der Arbeit
weiter und breiter zu erstrecken. Aber man war durch das
Schicksal der Berliner Konferenz gewarnt; wer zuviel umfassen
will, kann nichts festhalten, und gerade einer privaten Vereini=
gung mußte daran gelegen sein, für die Praxis den giltigen
Beweis zu erbringen, daß internationale Verständigungen zum
Schutze der Arbeiter wohl möglich seien. Darum die weise
Beschränkung auf ganz bestimmte, scharf umgrenzte Aufgaben.
Die Wirklichkeit zeigte bald, daß selbst hier die Schwierigkeiten
nicht gering sind, sobald man aus dem Beratungszimmer in
das harte Leben eintritt.

Als die Delegierten übers Jahr, am 26. und 27. Sept.
1902, abermals zusammentraten und zwar diesmal in Köln
konnte das Bureau der Vereinigung mit Befriedigung auf eine
Erweiterung der Grundlagen und eine Verstärkung des Baus
hinweisen. Zwar die Zahl der Landessektionen hatte sich nicht
vermehrt: es blieben 8, nämlich Deutschland, Österreich, Ungarn,
Frankreich, Belgien, Holland, Italien, die Schweiz; dazu kam
in gewissem Sinne als 9. Sektion die Vereinigung der Ar=
beitskommissäre in den Vereinigten Staaten von Amerika. Aber
der Mitgliederbestand dieser einzelnen Sektionen war erfreulich
gewachsen, ihre Tätigkeit wies manche Frucht auf. Und die
Beziehungen des Arbeitsamts zu den übrigen Staaten hatten
sich ausgebreitet und fester gestaltet. Besonders wichtig aber war
die Tatsache, daß die Teilnahme und die Unterstützung von
Seiten der Regierungen erheblich zugenommen hatte. Regel=
mäßige Staatsbeiträge zahlen jetzt Deutschland, Österreich,
Belgien, Frankreich, Vereinigte Staaten, Italien, Niederlande,
die Schweiz; sie fördern damit die Arbeiten des Internationalen
Arbeitsamts in verdienstlichster Weise und erkennen so dessen

Existenz und Tätigkeit als nützlich und notwendig an. Amtlich vertreten waren in Köln das deutsche Reich und mehrere
Bundesstaaten, voran Preußen, dann Österreich, Belgien, Frankreich,
Holland, Ungarn, Italien, Luxemburg, Niederlande, der Heilige
Stuhl, Schweden, und die Schweiz. Das Ergebnis der
zweitägigen Beratungen, die durch zahlreiche wissenschaftliche
Referate aus allen Industrieländern der Welt vorbereitet waren,
läßt sich kurz wie folgt zusammenfassen: Das allgemeine Verbot der Frauen-Nachtarbeit ist grundsätzlich gerechtfertigt; wie
diesem Verbot überall Geltung zu verschaffen ist, muß noch geprüft werden. Ebenso ist zu untersuchen, wie ein Verbot der
Verwendung des Phosphors und eine Beschränkung des Ge-
brauchs von Bleiweiß wegen der großen Gefahren dieser Stoffe
für die Gesundheit zu ermöglichen ist.

Beide Aufgaben wurden einer Kommission überwiesen,
die vom 9.—11. Sept. dieses Jahres in Basel getagt hat;
Deutschland war dabei durch Staatsminister Frhrn. v. Berlepsch
und den badischen Fabrikinspektor Dr. Fuchs vertreten. Man war
einig in der Überzeugung, daß es nicht möglich sei, auf anderem
Wege die Arbeiter gegen die Gefahren des weißen Phosphors,
der hauptsächlich in der Zündholzindustrie Verwendung findet,
zu schützen als durch ein gänzliches Verbot. Nachdem bereits
Dänemark, Finland, Holland, die Schweiz und jetzt auch das
deutsche Reich dahingehende Gesetze erlassen haben und Frankreich auf administrativem Wege in seinen Zündholzfabriken den
Phosphor beseitigt hat, kann der Zeitpunkt der Unterdrückung
dieses so unsägliches Unheil stiftenden Stoffes in allen Kulturländern als gekommen erachtet werden. Um dies Ziel zu
erreichen, beschloß die Kommission, an den Bundesrat der
Schweizer Eidgenossenschaft die Bitte zu richten, er möge die
Initiative zu einer internationalen Konferenz ergreifen, um auf

dem Wege einer internationalen Vereinbarung die Verwendung
des weißen Phosphors bei der Herstellung von Zündhölzern
zu verbieten. Ein anderer Weg wurde in Sachen der Blei-
gefahr beschritten. Hier beschränkte man sich zunächst darauf,
dem Bleiweiß, dessen verderbliche Wirkungen sowohl für die es
fabrizierenden Arbeiter wie für Anstreicher, Lackierer, Maler
nicht anzuzweifeln ist, zu Leibe zu gehen; aber man glaubte,
es würde genügen, wenn die Agitation für die Beschränkung
oder das Verbot der Verwendung von Bleiweiß in jedem einzelnen Lande gesondert einsetze. Des Weiteren sollen die Unter-
suchungen über die Gefahren, die sonst noch in anderen Gewerben aus der Verwendung von Blei entstehen und die
Mittel ihnen zu begegnen, fortgesetzt werden. Die wichtigste,
aber auch die schwierigste Frage betrifft das Verbot der Frauen-
nachtarbeit. Daß sie grundsätzlich zu beseitigen ist, darüber
war man sich allseitig einig. Aber die Mittel zur Durchführung
dieses Verbots sind nicht leicht zu ermitteln und festzulegen.
Hier soll nun wieder der Schweizer Bundesrat ersucht werden,
die Initiative zu einer internationalen Konferenz zu ergreifen
zu dem Zwecke, auf dem Wege einer internationalen Vereinbarung die gewerbliche Nachtarbeit der Frauen zu verbieten.
Das Bureau der Vereinigung soll eine Denkschrift ausarbeiten,
in der die Notwendigkeit dargelegt wird, der in gewerblicher
Arbeit stehenden Frauen aller Länder eine von abends bis
morgens ununterbrochene 12 stündige Arbeitsruhe zu sichern;
nur unter gewissen Umständen können hiervon Ausnahmen gemacht werden. Außerdem soll eine Enquête über die Heimarbeit
in den verschiedenen Ländern stattfinden. — Dies ist der gegenwärtige Stand der Beschlüsse, Arbeiten und Pläne der Internationalen Vereinigung für gesetzlichen Arbeiterschutz!

                    *
              *   *

So stehen wir am Schlusse dieses langen Weges, der fast durch ein Jahrhundert reicht, wieder vor dem Problem einer internationalen Konferenz mit ihrem ungewissen Ausgang. Und manche werden noch dazu sagen: Ist denn ein so großartiger Apparat der erstrebten Ziele wert? Phosphor und Blei sowie Nachtarbeit der Frauen — sind das nicht verhältnismäßig unbedeutende Dinge in dem Riesengebiet der Industrie? Darauf ist folgendes zu sagen: Wir haben uns zunächst als erste Maßnahmen auf diese Fragen aus zwei Gründen beschränkt. Erstens ist die Verderblichkeit dieser Giftstoffe in ihrer gewerblichen Verwendung und die Schädlichkeit der Frauennachtarbeit durch tausend Beweise festgestellt. Der weiße Phosphor wird zur Herstellung von Zündhölzchen benutzt: trotz aller Vorsichtsmaßregeln, an denen es der Gesetzgeber nicht hat fehlen lassen, ist er die Ursache jener furchtbaren Erkrankung, die unter dem Namen der Phosphornekrose Mark und Bein des Arbeiters zerstört und ihn nach langem Siechtum zum Tode führt. Hier kommen in der ganzen Welt etwa 70—80 000 Arbeiter in Betracht. Viel weiter ausgedehnt ist das Gebiet der Verwendung von Blei in der Industrie; in mehr als 100 Gewerben wird es als Hilfsmittel bei Erzeugung von Waren gebraucht, deren Benutzung dann vielfach die schädlichen Wirkungen in noch weitere Kreise trägt. Arbeiter und Verbraucher leiden so gleicherweise unter dem Gifte, das Blei für den menschlichen Organismus enthält. Daß die gewerbliche Nachtarbeit der Frau außer der leiblichen Schädigung der Arbeiterin auch noch schlimme sittliche Nachteile mit sich bringt, bedarf kaum eines Wortes mehr. Die Nacht ist die Zeit des Ausruhens von der Mühe des Tages; wird die Gattin und Mutter um diese Ruhe betrogen, so leidet nicht nur sie selbst, sondern die Familie, der Hausstand und damit die Volksgesundheit und die Volkskraft.

Aber diese Schäden sind zu beseitigen, wenn man nur ernstlich will. Der Phosphor in seiner giftigen Gestalt kann aus der Zündholzindustrie verbannt werden, da es ungefähr= liche Ersatzmittel gibt. Für Bleiweiß, mit dem sich die Fabrik= arbeiter ebenso wie die Anstreicher vergiften, kann man das harm= lose Zinkweiß verwenden. In zahlreichen Gewerben läßt sich das Blei entbehren, indem man andere Hilfsstoffe der Technik dienstbar macht. Und was die Nachtarbeit der Frauen betrifft, die in Deutschland in der Regel verboten, aber doch in vielen Ausnahmefällen erlaubt ist, so gibt es — mit ganz gering= fügigen Ausnahmen, z. B. bei der Verarbeitung schnell ver= derbender Stoffe wie Gemüse und Obst — keinen einzigen Fabrikationszweig, in dem sie notwendig wäre, während aller= dings auf Männerarbeit in manchen Gewerben, namentlich solchen die mit beständigem Feuer arbeiten müssen, zur Zeit noch während der Nachtstunden nicht verzichtet werden kann. Wenn gleichwohl viele Staaten, trotz der Einsicht in die Gefährlichkeit, sich nicht zu einem Einschreiten entschließen wollen, so sind da= bei vielfach handelspolitische Rücksichten maßgebend. In dem scharfen Wettkampf um die Ausfuhr nach andern Ländern hofft man durch die Billigkeit der Erzeugnisse den Vorrang zu be= haupten. Verlöre man diesen Absatz, so würden die bisher diese Ware herstellenden Arbeiter brotlos. Und so trägt man lieber das Risiko einer Schädigung ganzer Volksschichten an Leib und Seele, als daß man sie der Arbeitslosigkeit und da= mit dem Hunger überliefert. Hier nun kann in der Tat der internationale Vertrag über Arbeiterschutz eintreten: Wenn alle Industriestaaten gleicherweise auf die Anwendung gewisser giftiger Stoffe und schädlicher Arbeitsgebräuche verzichten, dann sind die Bedingungen der internationalen Konkurrenz gleich für alle. Und in diesem Sinne will die Internationale

Vereinigung für gesetzlichen Arbeiterschutz auf dem Wege des Vertrags wirken.

Dabei ist sie sich aber der Grenzen des Möglichen vollkommen bewußt. Niemals wird es gelingen, in einer allgemeinen Gleichmacherei eine generelle Regelung des Arbeiterschutzes durch internationale Verträge herzustellen. Das widerstreitet der Natur der Dinge. Ebenso wie die Verschiedenheiten der Produktionsbedingungen in den einzelnen Ländern für alle Zeiten bestehen bleiben werden, da sich die natürlichen Verhältnisse und die Menschen' nicht gleichen, ebenso muß auch das Vorgehen des einzelnen Staates zum Schutze seiner Arbeiter diesen Bedingungen sich eng anpassen. Man kann hier wohl umfassende Programme aufstellen, wie es die Berliner Konferenz von 1890 getan hat, aber jede Schablonisierung in der Ausführung muß zu Fehlschlägen führen, ganz abgesehen von den unvermeidlichen Beschränkungen der Hoheitsrechte des einzelnen Staats, in die jede Regierung nur schwer willigen würde. Wohl aber scheint erreichbar eine internationale Einigung, sei es durch Vertrag oder durch gleichlautende Individualerklärung, über Einzelfragen der Technik und der Hygiene der gewerblichen Arbeit, namentlich über solche, die im Konkurrenzkampfe auf dem Weltmarkt von Bedeutung sind oder welche mit Rücksicht auf den sozialen Frieden und im Interesse des nationalen Verkehrs zu treffen wären. Jedes dieser Spezialgebiete des Arbeiterschutzes muß, bevor die internationale Regelung es betritt, aufs Sorgfältigste in allen seinen Erscheinungen und Wirkungen untersucht werden. Insbesondere kann hier eine internationale Verständigung durch den Nachweis gefördert werden, daß die in einem einzelnen Staate bereits in Kraft stehende Maßnahme die Entwicklung der von ihr betroffenen Industrie nicht gehemmt, den Absatz ihrer Waren im Inland und im Aus-

land nicht eingeschränkt und der Arbeiterschaft erfreulichen
Nutzen gebracht hat.

Und hiermit komme ich auf ein weiteres Tätigkeitsfeld
der Internationalen Vereinigung, dessen Bedeutung ich noch
höher einschätze als die Vorbereitung und Vermittlung internationaler Verträge. Es ist die Aufgabe, dafür Sorge zu tragen,
daß jeder Fortschritt in einem Staate in den andern Ländern
in seiner vollen Tragweite anerkannt werde und dazu diene,
die dort in gleicher Richtung wirkenden Kräft zu stärken, sowie
selbst dafür zu arbeiten, daß der Arbeiterschutz im eigenen Staate
gefördert werde. Hierfür bestehen zwei Organe der Vereinigung.
Das eine ist das Arbeitsamt in Basel; wissenschaftliche Unter-
suchungen, literarische Veröffentlichungen, Erstattung von Gutachten und Auskünften sind seine Werkzeuge, mit denen es den
Boden ebnen, Vorurteile ausroden und die Wege zum Ziel ab-
stecken kann. Das andere Organ sind die Landessektionen.
Ihnen liegt die Pflicht ob, einer jeden in ihrem Lande, die
öffentliche Meinung zu gewinnen, die Volksvertretung und die
Regierung anzugehen und mit allen üblichen und erlaubten
Mitteln der Agitation die Ausdehnung und Verstärkung des
Arbeiterschutzes durchzuführen. Ein Verein von Männern aller
Berufe und Parteien, die Fühlung mit den gesetzgebenden
Faktoren, mit den gebildeten Schichten des Volkes und zugleich
mit großen Arbeitermassen halten, vermag in dieser Hinsicht
viel, wenn tiefinnere Überzeugung für die Notwendigkeit ihrer
Arbeit und nüchterne Vorsicht in der Taktik sich zusammen-
finden. Die Gesinnung, die in den Landessektionen der Internationalen Vereinigungen lebt, hat ihr Präsident Heinrich
Scherrer schon in Zürich 1897 in folgende Worte gefaßt: „Vergessen wir bei Erörterung der Fragen des internationalen Arbeiterschutzes nicht zu betonen, daß eine Hauptvoraussetzung

3

desselben die Weiterentwickelung des nationalen Arbeiterschutzes
ist. Wir arbeiten für unsere höheren Ziele, wenn wir mit
aller Energie, jeder in dem Staate, dessen Bürger er ist, für
die Ausgestaltung der Arbeiterschutzgesetze und deren kräftige
Durchführung eintreten. Wir schädigten aber diese Ziele schwer,
wenn wir mit den heimlichen Gegnern allen Arbeiterschutzes
sagen wollten, daß nur durch internationale Abmachungen der
Boden geschaffen werde, auf dem eine Fortbildung des nationalen Arbeiterschutzes möglich sei!"

So ist man im Kreise der Internationalen Vereinigung
— das darf ich wohl sagen — von der Hoffnung erfüllt, es
werde endlich — nach fast einem Jahrhundert heißer Wünsche,
redlicher Mühen, mancher Fehlschläge, aber unverzagter Arbeit
— auch die Zeit der Erfüllung kommen, in welcher kraft
der Befestigung des nationalen Arbeiterschutzes in den vorge-
schrittenen Industrieländern auch internationale Abmachungen
und Entschlüsse erreicht werden, die wiederum zu Maßnahmen
in den einzelnen Ländern Anstoß geben. Nationaler und internationaler Arbeiterschutz sind wie zwei Zahnräder, die mit ihrem
Ineinandergreifen das Werk bewegen. Und die Richtung, in
der es vorwärts getrieben wird, hat zum Ziel die Hebung der
Arbeiterklasse, den Fortschritt im Wirtschaftsleben, das Wohl
des Vaterlandes, die Veredelung der Menschheit. Das schnöde
Wort jenes Miethlings der Heiligen Allianz, die Volksmassen
müßten unwissend und arm erhalten werden, damit man sie
regieren könne, ist durch die Kundgebungen unserer deutschen
Kaiser abgelöst worden, daß die Schwachen, und das sind die Massen,
Anspruch auf Gleichberechtigung, auf größere Fürsorge des
Staates haben, als ihnen bisher zu Teil geworden ist. Diesem
Banner folgt auch die Internationale Vereinigung für gesetz-
lichen Arbeiterschutz, ohne Unterschied ihrer Landessektionen.

Möge uns Deutſchen beſchieden ſein, daß ſich vor Allem an unſerm Vaterlande das ſchöne Wort John Ruskins erfülle: Das Land iſt am reichſten, das die größte Zahl breitbrüſtige, helläugige, glückſelige Menſchen beſitzt! Dafür zu arbeiten, iſt wohl des Schweißes der Edlen wert.

Literaturnachweis.

Two Memorials on behalf of the working classes. By Robert Owen. 1817.

The Life of Robert Owen written by himself. 1857.

Mémoire d'un industriel des montagnes des Vosges (Le Grand). Strasbourg 1840.

Appel réspectueux adressé aux gouvernements (Le Grand). Strasbourg 1848.

Zur Geſchichte der Idee des Internationalen Arbeiterſchutzes. Von Oberſt E. Frey, Bern 1900.

Die geſchichtlichen Motive des internationalen Arbeiterſchutzes. Von Prof. Dr. St. Bauer. Leipzig 1903.

Die Protokolle der internationalen Arbeiterſchutzkonferenz in Berlin. Leipzig 1890.

Internationaler Kongreß für Arbeiterſchutz in Zürich. Amtlicher Bericht. Zürich 1898.

Congrès international pour la protection légale des travailleurs. Tenu à Paris. Paris 1901.

Satzungen der Internationalen Vereinigung f. geſetzlichen Arbeiterſchutz.

Veröffentlichungen des Internationalen Arbeitsamts in Baſel (Heraus= geber Prof. Dr. Bauer, Verlag von Guſtav Fiſcher, Jena): Die internationale Vereinigung f. geſetzl. Arbeiterſchutz (Verſammlung in Baſel); 1901. — Zweite Generalverſammlung des Komitees (Köln); 1903. — Bulletins, Jahrg. 1902 u. 1903. — Die gewerbliche Nachtarbeit der Frau; 1903. — Die geſundheits= gefährlichen Induſtrien; 1903.

Satzungen der Gesellschaft für Soziale Reform. Schriften der Gesell=
schaft für Soziale Reform Heft 1—11 (Jena 1901—1903).

Internationale Fabrikgesetzgebung; Volkswirtschaftl. Aufsätze von G. Cohn.
Stuttgart 1882.

Zur Geschichte der internationalen Fabrikgesetzgebung. Von K. Bücher.
Deutsche Worte, Jahrg. 1888.

Die Frage des internationalen Arbeiterschutzes. Von G. Adler. München
u. Leipzig 1888.

Geschichte der preuß. Fabrikgesetzgebung. Von G. K. Anton. Leipzig, 1891.

Der Arbeiterschutz u. seine Entwicklung im 19. Jahrhundert. Von
G. Evert. Berlin 1899.

Die Entwicklungen der Bestrebungen für internationalen Arbeiterschutz.
Von G. Cohn. Brauns Archiv XIV 1. u. 2. Heft, Berlin 1899.

Schriften des Vereins f. Sozialpolitik. Bnd. XXI. Leipzig 1882.

Die Arbeiterfrage. Von Dr. H. Herkner. 3. Auflage. Berlin 1902.

Handwörterbuch der Staatswissenschaften 2. Auflage. Jena. Artikel:
Arbeit, Arbeiterschutzgesetzgebung, Fabrikgesetzgebung.

Soziale Praxis. Jahrg. IX Sp. 785 ff. (Frhr. v. Berlepsch),
Jahrg. X Sp. 97 ff. (E. Francke), Jahrg. XII Sp. 1353 ff. (Fuchs).

Der internationale Arbeiterschutzkongreß in Paris. Von Prof. Dr.
M. Reichesberg. Bern 1900.

Über internationalen Arbeiterschutz. Vortrag von Dr. J. Landmann,
Berlin 1903.

L'office international de Législation de Travail. Par Victor Brants.
Louvain 1901.

Une conférence internationale du travail. Par P. Louis. L'Européen III
Nr. 99. Paris 1903.

Druck von Pöschel & Trepte in Leipzig.

Die Gelehrtenschulen und der Gelehrtenstand.

Vortrag

gehalten am 16. Dezember 1903

im staatswissenschaftlichen Praktikum der Gehe-Stiftung

von

Theodor Petermann,
geschäftsführendem Direktorialmitgliede der Gehe-Stiftung zu Dresden.

Dresden

v. Zahn & Jaensch

1904.

Vorwort.

„Die Gestaltung des Bildungswesens und der dafür bestehenden Anstalten ist keineswegs bloß eine Frage der Pädagogik. Sie berührt in gleichem Maße die Kirche, die öffentliche Gesundheitspflege und die Politik."

So lautete der erste der zum Anhalte für die Diskussion über den nachstehenden Vortrag aufgestellten Leitsätze. Er will das Bildungswesen nicht als die ausschließliche Domäne einer einzelnen Spezialwissenschaft gelten lassen, sondern reklamiert einen Anteil an demselben gewissermaßen für alle vier Fakultäten.

Die nachfolgenden Ausführungen haben nur einen Sector des Gesamtbildes zum Gegenstand. Sie behandeln das Bildungswesen, und zwar vornehmlich das höhere, lediglich in seinem Zusammenhange mit der Politik und in seiner Abhängigkeit von der Entwickelung der herrschenden Stände, ein Zusammenhang, der ebensowenig als das Dasein dieser Stände selbst ausschließlich der Vergangenheit angehört. Man verwechselt, wenn man dies annimmt, die allerdings zum großen Teile aufgehobenen Ständeprivilegien mit den Ständen selbst, Rechtsvorschriften mit Tatsachen, die durch die Gesetzgebung gar nicht aus der Welt geschafft werden können.

Freilich hat die geänderte Rechtsordnung die scharfen Grenzen beseitigt, welche ja auch die politische vor der physikalischen Geographie voraus hat. Aber es wird niemand der letzteren, weil sie jener ermangelt, das Recht bestreiten: Tiefland, Gebirgsland u. s. w. zu unterscheiden. Die bloß tatsächlichen Stände zeigen freilich allmähliche Übergänge, die es für die juristischen nicht gab, und überdem haben auch die realen Verhältnisse Umbildungen erlitten, welche nur durch Aufhebung der Gebundenheit möglich wurden. Corpora non agunt, nisi fluida!

Aber aus diesem Flusse der Dinge heben sich neben den z. Z. wenig alterierten alten, neue Bildungen hervor. So vor allem der wohlorganisierte und selbstbewußte Arbeiterstand, den kein Mensch mit dem Apell an die vermeintliche Aufhebung aller Stände ins Nichts zurückschleudern wird.

Mit letzterer verhält es sich genau so, wie mit ihrer Schwester, der Abschaffung der Nationen zum besten des Nurmenschentums, zwei Zwillingskindern der französischen Revolution, von denen das letztere schon bei dem Versuche, es in dem napoleonischen Weltreiche zu verwirklichen, schmählich Schiffbruch litt und das erstere jetzt durch das demokratische Gegenbild desselben auf die Probe gestellt wird.

Gilt diese Probe auch in erster Linie der Stiefschwester des Arbeiterstandes, der ebenfalls modernen Bourgeoisie, so werden doch auch die älteren Stände dabei in Mitleidenschaft gezogen und ernstlich vor die Frage gestellt, ob sie noch existieren und durch welche Mittel sie ihr Dasein zu dokumentieren und fortzusetzen vermögen.

Diese Frage betreffs des Gelehrtenstandes zu beantworten, ist die Aufgabe der nachfolgenden Blätter.

D. B.

Bildung ist nicht ausschließlich das Produkt der Bildungs=
anstalten. Der denselben entwachsene Mensch bildet sich weiter
durch eigenen Lerntrieb, namentlich Lektüre. Außerdem wirken
auf ihn ungesucht die Erfahrungen des Lebens. So kommt es,
daß nach zehn, zwanzig Jahren die einst auf annähernd gleiches
Schulziel Gerichteten als sehr verschiedenartig gebildete Menschen
dastehen. Sie haben häufig einen Teil ihres gleichmäßigen
Schulwissens eingebüßt, dafür aber an Verschiedenem unver=
gleichlich viel mehr hinzugelernt, ein Umstand, den Keiner außer
Acht lassen darf, der belehrend zu Erwachsenen sprechen will und
der häufig gerade von Lehrern außer Acht gelassen wird.

Das Schulwissen gleicht einem skizzenhaft über die ganze
Fläche verteilten Grundrisse, von dem durch das Leben ein Teil
mehr oder minder verwischt, ein anderer aber je nach Lebensart
und Lebensgang mehr ins Detail ausgeführt worden ist. Und
das ist ein Glück, denn andernfalls würden wir nicht Menschen,
sondern Bildungsmaschinen erziehen.

Ein nur gleichmäßig elementar ausgebildetes Volk gliche
einem Tieflande ohne die geringsten Niveauunterschiede, ohne
Windbrechung, ohne die anregende Wirkung klimatischer Unter=
schiede, ohne belebenden Wasserlauf der Stagnation verfallen.

Das geographische Bild leitet schon darauf hin, daß wir
nicht nur mit individuellen Verschiedenheiten, sondern mit ver=
schiedenen Bildungsschichten zu rechnen haben. Das verstößt
gegen die demokratische Forderung der absoluten Gleichheit. In
der Tat ist man bald genug dahinter gekommen, daß es mit

der formellen Rechtsgleichheit nicht getan ist. Die Sozial=
demokratie hat deshalb die Gleichheitsforderung dahin erweitert,
daß keiner mehr haben dürfe als der andere, und die letzte
Konsequenz würde zu der Forderung führen, daß auch keiner
mehr wissen dürfe, als der andere.

Scheut man sich auch, dies offen herauszusagen, so ist doch
ein gewisses Mißbehagen den Bildungsunterschieden gegenüber
in demokratisch denkenden Kreisen nicht zu verkennen. Man be=
mängelt die großen Kosten der höheren Bildungsanstalten. Man
rechnet vor, wie viel mehr ein sie Benutzender dem Staate koste,
als ein Volksschüler; aber man drückt sich gemeiniglich um die
letzte Konsequenz: Abschaffung aller höheren Lehranstalten![1]) mit
der Forderung herum, daß auch ihr Besuch Allen unentgeltlich
zugänglich sein müsse, ohne zu bedenken, daß doch in diesem Falle
der auf den einzelnen Hochschüler zu rechnende Kostenbetrag noch
größer, der Unterschied gegen den durch einen Elementarschüler
verursachten Aufwand aus öffentlichen Mitteln also noch be=
deutender ausfallen müßte!

In Wahrheit wird von dem Neide auf den Besitz höherer
Bildung ein wichtiger Umstand ganz übersehen: die unbe=
schränkte Teilbarkeit der geistigen Güter! Wer von
seinem materiellen Besitze einem andern etwas abgibt, wird da=
durch um ebensoviel ärmer, als er jenen bereichert. Bei der
Mitteilung geistiger Güter ist dies nicht der Fall. Es kann
sogar das Entgegengesetzte eintreten, denn docendo discimus!

Dazu kommt noch ein Zweites. Nur ein sehr dürftiges
Mehrwissen läßt sich dergestalt in ein Reservoir einschließen, daß
niemandem außer den Hütern etwas davon zugute kommt. Heutzu=
tage fließen die Quellen unserer höheren Bildung so stark, daß sie
unaufhaltsam von den höheren auf die unteren Regionen befruchtend
niederrieseln müssen. Ja, sie lassen sich nicht einmal in die

Landesgrenzen bannen, sondern ergießen sich schließlich in den
Ozean kosmopolitischer Bildung, aus dem ihnen durch eine Art
geistigen Regens immer neue Nahrung zuteil wird.

Diese internationale Seite der höheren Bildung entspricht
der internationalen Aufgabe der Volksschichten, in denen sie
heimisch ist. Wir können deren heutzutage drei unterscheiden:
den Adel, das Gelehrtentum und den höheren Bürgerstand, die
Bourgeoisie, und wir werden uns demnach darauf gefaßt machen
müssen, daß wir mit drei verschiedenen Typen des höheren
Bildungswesens zu rechnen haben.

Der Adel ist, auch wo ihm keine Privilegien zur Seite
stehen, in den monarchischen europäischen Ländern, die nicht
durch die Revolution von Grund aus umgestürzt worden sind,
der in Staat und Armee dominierende Stand geblieben. Dazu
gehört nicht, daß alle oder auch nur die Mehrzahl der Offiziers-
und Beamtenstellen mit Adligen besetzt seien. Auch die Ritter-
güter sind zum guten Teile nicht mehr in adligen Händen;
aber im Großgrundbesitze, wie in der Armee bildet der Adel
mit seinen Traditionen, selbst da wo er numerisch weitaus in
der Minderzahl ist, unleugbar das tonangebende Element.
Am stärksten macht sich dies geltend, wo der Einzelne mit seiner
Person mehr oder minder selbständig dem Auslande, bezw. dem
Feinde gegenübertritt, in der Diplomatie und den höheren Kom-
mandostellen. Die französische Revolution hat freilich auch einer
standesmäßigen Vorbildung ermangelnde erfolgreiche Heerführer
und Diplomaten hervorgebracht. Im allgemeinen aber hält man
es doch für gewagt, sich auf diesen Glücksfall zu verlassen und
mit Bestimmtheit darauf zu rechnen, daß aus der bloßen Re-
krutenschule große Generale hervorgehen. Es unterhalten vielmehr selbst republikanische Staaten vorsichtigerweise besondere
Militärbildungsanstalten, die, im Widerspruche mit dem demo-

kratischen Gleichheitsprinzipe, zu Befehlshabern vorgebildete Männer liefern sollen.

Das Gelehrtentum nach europäischem Zuschnitte, welches aus der mittelalterlichen Kirche hervorgegangen ist, hat noch viel tiefer in die Vergangenheit zurückreichende Wurzeln, als der durch die Umbildung der Völkerscharen, welche das weströmische Reich überfluteten und eroberten, in einen Stand von Lehnsträgern hervorgegangene Adel. Seine Internationalität hat er von der Kirche geerbt und vordem auch in einer internationalen Gelehrtensprache, von der noch weiter zu reden sein wird, betätigt. Jetzt müssen Mehrsprachigkeit und Übersetzungskunst das durch den Untergang der allgemeinen Gelehrtensprache*) zerrissene Einheitsband weiter zu knüpfen suchen und um diese alten und neuen Bindeglieder dreht sich ein Teil der Kämpfe, die jetzt bezüglich der Gelehrtenschulen ausgefochten werden.

Ganz das Gegenteil dieses ältesten bevorzugten Standes ist der jüngste, die Bourgeoisie, die, von vereinzelten Vorläufern abgesehen, erst als ein Kind der letzten zwei Jahrhunderte gelten darf; denn erst die Umbildung der Industrie zum Fabrikbetriebe, wie sie mit Hilfe der neuentstehenden Technik, vom Merkantilismus gefördert, sich seit dem Ende des 17. Jahrhunderts durchzusetzen begann, hat die früher als isolierte Erscheinungen dastehenden Repräsentanten des Kapitalismus zu einem großen, mächtigen Stande anwachsen lassen. In dem Maße als die Großindustrie sich entwickelte, trat die Abhängigkeit vom lokalen Markte zurück, die Gewinnung weiterer, selbst ausländischer Absatzgebiete in den Vordergrund, und dies gab auch dem gewerblichen Unternehmerstande einen Zug ins Internationale, dessen der Kleinbürgerstand ebenso entbehrt, wie der Bauernstand. Bei dem jüngsten, dem Arbeiterstande, dessen Selbstbewußtsein bei den anderen erst die Erkenntnis auch ihres

von Privilegien (die jener nie besaß) unabhängigen Fortbe=
stehens neu geweckt hat, ist das Streben nach Internationa=
lität nur Reflex der internationalen Verflechtung der Unter=
nehmerinteressen.

Im großen und ganzen läßt sich wohl sagen, daß die
letztgenannten drei Stände zwar von internationalen Vorgängen
und deren Rückwirkungen auf den heimischen Markt betroffen
werden, nicht aber, daß ihnen in dem Durchfechten des inter=
nationalen Wettkampfes zur Zeit eine führende Rolle beschieden sei.

Wenden wir unser Interesse nun speziell den führenden
Ständen zu, so dürfte wohl kaum zu bestreiten sein (betreffs
des Militärs ist der Beweis ja tatsächlich schon erbracht), daß
ihre besondere Aufgabe eine besondere, über das obligatorische
Niveau der allgemeinen Volksbildung hinausführende Vorbe=
reitung erfordere. Aber das Maß dieses Erfordernisses wird
bei den genannten drei Ständen ein je nach der Besonderheit
ihrer Aufgabe verschiedenes sein müssen. Die Vorbildung soll
nicht nur Kenntnisse verleihen, sondern auch Eigenschaften ent=
wickeln, die bei den mehrerwähnten drei Ständen auf verschiedene
Wege weisen.

Unter diesen Eigenschaften steht beim Offizier wie beim
Kaufmann in vorderster Reihe die Tatkraft. Ein Erziehungs=
system, welches diese verkümmern läßt, ist für sie von vornherein
zweckwidrig, während bei der Gelehrtenerziehung dieser Gesichts=
punkt keineswegs von hervorragender Bedeutung ist.

Nun entwickelt sich die Tatkraft vorzugsweise in den
Jünglingsjahren und es ist deshalb für den Offizier wie für
den Kaufmann von gleicher Wichtigkeit, daß dieser kostbare
Lebensabschnitt nicht verstreiche, ohne daß der junge Mann seinen
künftigen Beruf auszuüben auch nur begonnen habe, denn die
beiden zur praktischen Betätigung zugemessene Zeit ist kurz; er=

heblich kürzer als beim Gelehrten, der noch bis ins Greisenalter hinein mit Erfolg wirken kann.

Der Kadett muß tunlichst mit 20 Jahren Leutnant wer= den, denn sein Beruf erfordert eine körperliche Rüstigkeit, die mit 50 Jahren abzunehmen pflegt. Dann steht er an der Majorsecke, mit anderen Worten, vor der Notwendigkeit, wenn er nicht zum Stabsoffizier avanciert ist — ein doch nur für einen kleinen Teil erreichbares Ziel — in den Ruhestand zu treten.

Und vom Kaufmanne gilt das Sprichwort: Wer mit 20 Jahren nichts kann, mit 30 Jahren nichts ist und mit 40 Jahren nichts hat, der lernt nichts und wird nichts und kommt zu nichts! Wie der angehende Leutnant das Kadettenhaus, so muß er tunlichst mit 20 Jahren nicht nur die allgemeine Vor= bereitung, sondern auch die Fachbildung, in seinem Falle die Lehre, hinter sich haben.

Anderes gilt natürlich für die Sprößlinge großer Häuser, die sich nicht erst eine Existenz zu begründen brauchen, sondern auf die ein gemachtes Bett wartet, in das sie sich legen können. Die mögen die soziale Seite ihrer Stellung über die geschäft= liche setzen, die Erhaltung der letzteren wesentlich tüchtigen und zuverlässigen Mitarbeitern überlassend. Aber bei ihnen tritt die Stellung in der erwerbenden Klasse schon halb und halb zurück hinter der in der besitzenden, die ihren Mitgliedern eine freie gesellschaftliche Position, ähnlich derjenigen der Ren= tiers[3]), ermöglicht. Diese Fälle sind doch immer nur Aus= nahmefälle gegenüber denjenigen, in welchen der junge Geschäfts= mann erst Karriere machen will, und auf letzteren müssen daher die typischen Bildungseinrichtungen zugeschnitten werden.

Ganz abweichend gestaltet sich die Sachlage bei den ge= lehrten Berufsarten und besonders bei denjenigen mit sozialem Charakter. Die, welche die physikalischen und technischen Wissenschaften kultivieren, mögen eine Ausnahme bilden. Hier mag die Klage einer Dresdner Rektoratsrede[4]) berechtigt sein: die Studenten kämen zu spät zur Hochschule. In denjenigen Wissenschaften aber, welche den Menschen zum Objekte haben, — ein kranker Mensch ist doch kein bloßes physikalisches Problem! — ist eine praktische Tätigkeit im Jünglingsalter ausgeschlossen, weil hier nicht nur Kenntnisse, sondern auch eine gewisse Charakterreife und Lebenserfahrung erforderlich sind. Zwanzigjährige Seelsorger, zwanzigjährige Richter, zwanzigjährige Ärzte wird niemand wollen. Daß zwanzigjährige Leutnants möglich sind, hat seinen Grund in den ganz exzeptionellen Verhältnissen ihrer Charge, infolge deren sie zumeist Altersgenossen unter sich haben, ihre Funktion eine dienstlich eng begrenzte und ihr eigenes Verhalten durch die strenge militärische Dienstordnung genau geregelt ist.

Alles dies liegt bei den Gelehrten der sogenannten drei oberen Fakultäten[5]) ganz anders. Sie verlieren nichts an Zeit, wenn sie der Vorbereitung auf ihr Fachstudium längere Jahre widmen und dieses erst beginnen in einem Alter, wo angehende Militärs und Kaufleute dasselbe in der Regel schon beendigt haben. Für sie lohnt es sich, wie Willmann es schön ausdrückt, um für das Leben zu lernen, auch einige Jahre für das Lernen zu leben.

Dadurch ist für die gelehrten Fächer die Möglichkeit einer Mittelschule gegeben, welche die Schüler bis zum 19. oder 20. Jahre auf der Schulbank festhält. Aber es bleibt zu untersuchen, wie diese am zweckmäßigsten zu gestalten und ob insbesondere eine gleichmäßige Vorbereitung der doch auf naturwissenschaftlicher Basis stehenden Ärzte[6]) mit den künftigen Theologen und Juristen auch in Zukunft am Platze sei?

Die Franzosen haben diese Frage prinzipiell verneint. Bei

ihnen gibt es ein besonderes Baccalauréat ès sciences für die
künftigen Naturforscher und Ärzte neben dem ès lettres für
die Aspiranten der philosophischen, philologischen und juristisch-
politischen Fächer (die Theologie ist bekanntlich dort aus der
Reihe der Staatsfakultäten ausgeschlossen), und dementsprechend
eine obligatorische Bifurkation der Mittelschulbildung. Wir lassen
bei unserer Untersuchung die reinen Naturwissenschaften außer
Betracht und berücksichtigen, wie schon bemerkt, bei der Medizin
in erster Linie den sozialen Charakter.

Von dem Übersehen desselben kommt die schiefe Lage, in
welcher sich der Ärztestand im deutschen Reiche zur Zeit befindet.
Die Verkennung der Sachlage macht sich schon in der Unter-
stellung der Ärzte unter die Gewerbeordnung bemerklich. Dadurch bekundete man, daß man in dem Arzte im Gegensatz zum
Geistlichen und Juristen, die eine im öffentlichen Interesse
liegende Funktion ausüben, nichts sah als den Heilgewerb-
treibenden, genau wie im Bader, Quacksalber[7]). Daß der
Arzt, um leben zu können, für seine Tätigkeit in den meisten
Fällen ein Entgelt verlangen muß, ist ja richtig, aber noch keineswegs ausreichend, um derselben einen gewerblichen Charakter
aufzuprägen. Der Rechtsanwalt und Notar befindet sich mit
dem Arzte in gleicher Lage und wird doch nicht zum Gewerbetreibenden zugerechnet[8]). Übrigens wird auch von vielen Ärzten,
die nicht in der Lage sind, wie Herzog Karl Theodor in Bayern
mit unentgeltlicher ärztlicher Hilfe im Großen als öffentliche
Wohltäter aufzutreten, die ärztliche Tätigkeit den Patienten
gegenüber von amtswegen, also, wie die juristische seitens der
Richter, ohne direkte geschäftliche Beziehung, ausgeübt. Die
Zurechnung der Ärzte zu den Gewerbetreibenden beruht also
von vornherein auf einer verkehrten Auffassung der Sachlage.
Aber von dieser falschen Auffassung ausgehend hat man dann

weiter geschlossen, daß sie als Gewerbetreibende auch getrennt von den künftigen Gelehrten und mit künftigen Gewerbetreibenden vorgebildet werden müßten.

Vordem bildete die philosophische Fakultät, die **Facultas artium**, die von Allen absolviert sein mußte, ehe sie sich den Fachstudien widmeten, das einigende Band für den Gelehrtenstand. Jetzt ist diese gemeinsame Grundlage in die Mittelschule verlegt. Was früher die Unterstufe der Universität, die deshalb zu jener Zeit in weit jugendlicherem Alter bezogen werden konnte als jetzt, ist gegenwärtig zur Oberstufe des Gymnasiums geworden, das im wesentlichen jene Bildungsstoffe darbietet, über welche der Meister der freien Künste verfügen mußte. Es wäre deshalb ganz angemessen, auch bei uns wie in Frankreich, den mit dem Maturitätszeugnisse Abgehenden durch eine geeignete Bezeichnung ein Certifikat über den erworbenen wissenschaftlichen Besitz auszustellen, statt sie mit einer Expektanz auf den zu erwerbenden abzufinden, die sie bloß dem albernen Mulus-Spotte aussetzt. In jedem Falle hängt an der Einheit der Vorbildung die Einheit der Universität, dieser kräftigsten Vertreterin des Gelehrtenstandes, eine Einheit, welche die Franzosen folgerichtig durch Auflösung derselben in isolierte Facultés aufgegeben und unter der Konkurrenz der katholischen freien Universitäten nur notdürftig und rein äußerlich hergestellt haben, so daß nicht einmal das Conseil des Facultés im „Rektor" seine autonome Spitze hat, denn der Recteur ist in Frankreich etwa das, was bei uns der Provinzialschulrat.

Diesem französischen Vorbilde zuzustimmen hat für deutsche Gelehrte wahrlich nichts Verlockendes und deshalb muß die getrennte Vorbildung für die verschiedenen Fakultäten prinzipiell verworfen werden. Man denke an die Fabel vom Bündel Pfeile!

„Aber, könnte man einwenden, muß denn die gemeinsame

Vorbilduug der Gelehrten durchaus auf dem Gymnasium gesucht werden? Sind die realistischen Anstalten dazu nicht ebenso tauglich? Bekundeten nicht schon die alten Glossatoren die Entbehrlichkeit des Griechischen für den Juristen in dem betreffs der griechischen Stellen des Corpus juris gebräuchlichen Satze: „Graeca sunt; non leguntur⁹)?"

Wenn man den Unterricht der Juristen auf das Niveau der Glossatorenschulen zurückschrauben will, so mag der Einwand seine Berechtigung haben. Aber was fangen wir mit den Theologen an, unter denen die evangelischen doch besonders stolz darauf sind, daß sie sämtlich die heiligen Schriften in den Ursprachen, nicht, wie die Mehrzahl der katholischen, bloß in der lateinischen Übersetzung zu lesen verstehen?

Das einfachste wäre natürlich, die theologischen Fakultäten aus der Universität ganz hinauszuwerfen und die Geistlichen sämtlich „in Priesterseminaren zu züchten" (wie Baumeister es nennt), aus deren Enge auch die katholischen zu befreien, bisher doch gerade als Hauptaufgabe einer erleuchteten Hochschulpolitik gegolten hat. Mögen einer solchen Lösung der Frage Diejenigen zujubeln, welche der Meinung sind, daß Religion und Wissenschaft überhaupt nichts miteinander zu tun haben. Aber auch sie werden zugeben müssen, daß eine Frage von solcher Tragweite nicht als bloßes Corollarium der Mittelschulpolitik behandelt werden kann, und daß vernünftigerweise die Vorbereitungsanstalten nach dem Ziele eingerichtet werden müssen, für welches sie vorbereiten sollen, nicht umgekehrt.

Mit der Ablehnung der gegen die gleichmäßige gymnasiale Vorbildung für alle drei Fakultäten erhobenen Einwendungen ist es jedoch nicht getan. Es gilt vielmehr die Urquelle dieser Vorbildung aufzuzeigen, den durch die geschichtliche Entwicklung bedingten Modifikationen nachzugehen und schließlich die gelehrte

Bildung der Gegenwart mit der halberloschenen Sonderbildung
des Adels und der des sich unaufhalsam weiter entwickelnden
Bürgertums in Parallele zu stellen.

Das Bildungswesen der Neuzeit ist von demjenigen des
Altertums durch eine breite Kluft getrennt. Der Zusammenbruch
des römischen Reichs unter den Stürmen der Völkerwanderung
hat diese Kluft geschaffen. Nur eine schmale Brücke führt über
die Kluft und diese Brücke wird gebildet durch die römische
Kirche, welche den römischen Staat überdauert hat und gewisser=
maßen eine geistige Fortsetzung des letzteren in die Folgezeit
darstellt. Ja, ihre Vertreter wurden in der Zeit der Volks=
rechte sogar als eine Art Ausläufer des römischen Volks an=
gesehen und deshalb nach römischem Rechte beurteilt.
Mehr als dieses kommt für unsere Zwecke die römische
Sprache in Betracht, welche zu jener Zeit das lebendige Ver=
ständigungsmittel der westeuropäischen Christenheit war. Man
hat es der römischen Kirche zum Vorwurfe gemacht, sie habe
durch die lateinische Kirchensprache dem Volke das Verständnis
des Gottesdienstes und der heiligen Bücher verwehrt. Gerade
das Gegenteil ist für jene Zeit zutreffend! In der Sprache,
in welcher die letzteren aus dem Oriente zu uns kamen, waren
sie dem größten Teile der westeuropäischen Bevölkerung unver=
ständlich. Dieser hat die Übersetzung in das ihr geläufige Latein
damals deren Verständnis erst erschlossen und der Bearbeiter
der Vulgata, der heilige Hieronymus, bezw. sein Vorgänger in
der Itala, hat sich um die abendländische Welt des vierten Jahr=
hunderts (die außerhalb der römischen Grenzen lebenden Heiden
kamen zur Zeit nicht in Betracht) nicht minderes Verdienst er=
worben, als Luther und seine Mitarbeiter im 16. Jahrhundert
um das deutsche Volk, dem diese die erste, wenn auch nicht

fehlerfreie, so doch von vielen Fehlern stümperhafter Vorgänger gereinigte und wirklich lesbare deutsche Übersetzung der Bibel darboten. Natürlich war die Vulgata in der Redeweise jener Zeit gehalten, dem von allen weströmischen Nationen verstandenen Vulgärlatein, wie es ja Luther auch von niemand zum Vorwurfe gemacht wird, daß er seiner Übersetzung nicht den schönsten deutschen Dialekt (vielleicht das Mittelhochdeutsch der Minnesänger), sondern die zu seiner Zeit am weitesten verstandene Kanzlei- und Verwaltungssprache zugrunde gelegt hat. In solchen Fragen hat nun einmal die lebende Gegenwart ihr unabweisbares Recht.

Schwere Not machte es natürlich, den Priestern aus den Stämmen der bekehrten Germanen außer der Kirchenlehre auch noch die Kirchensprache der römischen Christenheit beizubringen. Wie schlimm es in dieser Beziehung stand, läßt sich ermessen, wenn ein Bischof wie Fredegar schreiben konnte (ich zitiere nach dem Gedächtnisse): „Rex venit Parisius" oder „et inde de solamine ejus nimia strages fitur", oder wenn, wie erzählt wird, den unwissenden fränkischen Geistlichen das Kauderwelsch: „Baptizo te in nomine de patria, de filia et de spiritua sancta!" als gültige Taufformel nachgelassen werden mußte. Man hoffte wahrscheinlich, der liebe Gott werde sich an der frommen Absicht der gläubigen Herzen genügen lassen und über das sinnlose Gestammel der ungeschickten Lippen hinwegsehen.

Mit der Zeit machte sich die Sache übrigens von selbst. In ihrer weiteren Entwickelung gelangte die mit Barbarismen durchsetzte Sprache völlig über die Grenzen des Lateins hinaus. Es bildeten sich neben demselben neuromanische Sprachen und das Kirchenlatein konnte seiner Tradition treu bleiben.

Zu den wichtigsten Aufgaben des letzteren gehörte es, die Neophyten an das Band der Schrift zu gewöhnen. Zwar waren

die Germanen keine vollständigen Analphabeten; aber die Kenntnis der Runen beschränkte sich auf einen sehr kleinen Kreis und
den Runensprüchen wurden geheimnisvolle magische Wirkungen
nachgesagt. Dadurch erschien das Ganze eng verknüpft mit
heidnischem Zauberwesen und war mithin für die christliche
Kultur nicht zu gebrauchen. Aber es war keine leichte Sache,
Ersatz zu schaffen! Das lateinische Buchstabenmaterial langte
für die germanischen Laute nicht aus, und frischweg neue Zeichen
zu den vorhandenen hinzuzuerfinden, wie es die Apostel der
Slawen taten, getraute man sich nicht.[10]) Also was tun? Man
übersetzte das Deutsche ins Lateinische, um die darin ausgedrückten
Gedanken überhaupt in Buchstaben festzuhalten.

Dabei erreichte man einen weiteren Vorteil! Das Deutsche
war und ist noch heute mundartlich in viele Dialekte zerspalten,
die bis zur wechselseitigen Unverständlichkeit voneinander ab-
weichen und ohne das Mittelglied der angelernten Schriftsprache
den mündlichen und schriftlichen Verkehr unter verschiedenen
Stämmen deutscher Zunge fast unmöglich machen würden. Solange dieses Mittelglied nicht bestand, half über alle diese
Schwierigkeiten am leichtesten die lateinische Übersetzung hinweg.
Deren Sinn konnte jeder Lateinkundige, Deutsche wie Nichtdeutsche,
mit größter Leichtigkeit und Sicherheit feststellen. Wie hoch dieser
Umstand geschätzt wurde, beweist die Tatsache, daß man noch
Jahrhunderte lang nach dem Aufkommen deutscher Manuskripte
die Urkunden in lateinischer Sprache abfaßte.

Heute lernen wir erst Lesen und Schreiben ehe wir uns
ans Studium des Lateinischen machen. Vor tausend Jahren
aber mußte man Latein lernen, um lesen und schreiben
zu können![11])

Mit der Herausbildung der verschiedenen romanischen
Sprachen und der Hereinziehung der germanischen und west-

2

slawischen Völker in den christlich abendländischen Kulturkreis
hatte das Latein aufgehört, die Rolle zu spielen, die es im weströmischen Reiche spielte, nämlich die der allgemeinen Verkehrs-
sprache. Es war zur internationalen Sprache eines bestimmten Standes, des geistlichen Standes, geworden. Dieser
Stand umfaßte Jahrhunderte lang alles, was von Gelehrsamkeit in Westeuropa überhaupt existierte. Nicht nur die Theologie, auch die Astronomie und Chronologie, die Historiographie,
die Poesie lag in den Händen der Geistlichen. Geistliche standen als Kanzler an der Spitze der Staatsverwaltung; Geistliche
pflegten und heilten, so gut sie es vermochten, die Kranken.
Hiernach verstand es sich ganz von selbst, daß die Sprache der
Wissenschaft die lateinische war. Daran änderte sich selbst dann
nichts, als zu Anfang des zweiten Jahrtausends in Bologna eine
juristische und in Salerno eine medizinische Wissenschaft sich
zu regen begann, denn beide fußten noch mehr auf den Traditionen des klassischen Altertums. Übrigens trug die Kirche Sorge,
diese neubelebten Wissenschaften durch das Band der Philosophie,
das auch der heutige Ersatz der facultas artium, das Ober-
gymnasium, nur schwer missen kann, im studium generale
aufs engste mit der Theologie zu verknüpfen. Die bis zum
Ende des Mittelalters unter dem Schirme der Kirche sich mehren-
den Universitäten setzten also naturgemäß die Tradition der lateinischen Gelehrsamkeit fort, denn der Quell der Wissenschaft
sprudelte doch nur in einem, im Vergleich mit heute dünnen
Strahle, und es diente dem allgemeinen Besten, wenn nichts
davon unbemerkt versickerte, ein Schicksal, wovon gegenwärtig die
literarische Produktion der Völker mit nur in engerem Kreise
verstandener Sprache bedauerlicherweise bedroht ist.

Trotz ihrer Internationalität trug übrigens die lateinische
Gelehrsamkeit des Mittelalters einen wesentlich anderen Cha-

rakter als jene, deren letzte Ausläufer bis auf die Gegenwart
herabreichen. Während wir uns lateinische Schulen und alles,
was damit zusammenhängt, gar nicht anders denken können als
in engster Anlehnung an das klassische Altertum, war davon
in dem betrachteten Zeitraume blutwenig die Rede. Wohl
wurden die schriftlichen Überbleibsel aus der großen Zeit des
alten Roms in stillen Klosterzellen nicht nur treulich gehütet
und durch Abschreiben erhalten (wir verdanken es ja nur dieser
Vermittelung, daß wir sie überhaupt noch besitzen); wohl vertief=
ten sich gelehrte Mönche und Bischöfe auch in das Studium der
alten heidnischen Autoren. Aber die Grundbedingung der Wissen=
schaft und die eigentliche Aufgabe des gelehrten Studiums bil=
deten die tonangebenden Schriftsteller des christlichen Mittel=
alters.

Das wurde anders als nach tausendjährigem Schlummer
das alte Rom eine Auferstehung feierte in der Renaissance.
Nun erschien auf einmal alles, was die Zwischenzeit, auf den
Überresten des Altertums in eigenem Geiste fortbauend,
in Literatur und Kunst geschaffen hatte, als Verfälschung und
Verschlechterung. Mochten es die Humanisten vorausgesehen
haben oder nicht, die Anklage mußte auf die Kirche zurück=
fallen, unter deren Händen sich doch diese Umgestaltung voll=
zogen hatte.

Die deutschen Reformatoren erhoben ja zum Teil ent=
gegengesetzte Beschwerden. Sie machten es den medicäischen
Päpsten zum Vorwurf, daß sie es der Renaissancekunst zu
Liebe mit dem Christentume nicht ernst genug nähmen. Gleich=
viel, die kirchliche Autorität erhielt von allen Seiten Stöße
und konnte vorerst auf die weitere Entwickelung der Dinge
nur noch beschränkten Einfluß ausüben.[12]

Das Resultat der letzteren auf dem Gebiete des Bildungs=

2*

wesens, das uns hier allein angeht, war zunächst folgendes:
Die Humanisten setzten in der Hauptsache ihren Willen durch.
Das Mönchslatein[13], immerhin bis dahin noch eine lebende
Sprache, war abgetan; das klassische sollte in Zukunft allein
berechtigt sein. Da jedoch die Ausdrucksformen und der Wort-
vorrat desselben trotz allen Bemühens der Neulateiner den Be-
dürfnissen der Neuzeit nicht genügten, würde diese Reform den
Lebensfaden des Lateins zuletzt rascher abgeschnitten haben, als
er von selbst zu Ende gegangen wäre, wenn die auf antiker
Basis ruhende Bildung nicht gleichzeitig einen bedeutenden Zu-
fluß an Lebenssaft erhalten hätte durch die Hereinziehung des
Griechischen.[14]

Das Griechische ist ohne Zweifel der wertvollste Teil der
Hinterlassenschaft des klassischen Altertums. Dankt doch die
ganze römische Kultur ihr Ansehen als klassische größtenteils
dem Einschusse an Griechischem, der darin enthalten ist. Das
eroberte Griechenland rächte sich an seinem Bezwinger, wie das
Chinesentum an den siegreichen Mandschus. Mit physischer
Gewalt erobert, machte es sich zum geistigen Herrn des Siegers.
Die vor der Gräcisierung Roms zurückliegenden lateinischen
Schriftwerke, wie die Bücher de re rustica des alten Griechen-
feindes Cato, sind für uns so gut wie nicht vorhanden. Dagegen spielte bis tief in die Neuzeit hinein im humanistisch
gestalteten Bildungswesen eine erste Rolle der Imitator des
Menander, Terenz, der sich nicht einmal die Mühe gab, durch
Belegung der Personen seiner Lustspiele mit lateinischen Namen
seine Quelle zu verdecken[15]. Die sapphischen und alcäischen
Oden des Horaz, seine choriambischen und asklepiadeischen Dich-
tungen verraten gleichfalls schon durch ihre Bezeichnung die
Anlehnung an griechische Vorbilder. Und welchen tiefen Blick
in die Zweisprachigkeit der gebildeten römischen Welt des ersten

Jahrhunderts vor Christus eröffnen die letzten Worte, die
beim Erblicken des Brutus unter den Verschworenen von den
Lippen des unter deren˙ Dolchstößen zusammensinkenden Cäsar
kamen: καὶ σὺ τέκνον!

Wer Ciceros Verdienste um die römische Literatur in
vollem Umfange würdigen will, muß vor allem sein Bemühen
um die Befreundung seiner Landsleute mit der griechischen
Philosophie ins Auge fassen. Und das zum Weltrecht ge-
wordene römische Recht, ist denn das etwa das nationale und
formulistische Recht der zwölf Tafeln und nicht vielmehr die
Schöpfung hochgebildeter, über die Schranken des Römertums
hinausschauender Prätoren und mit stoischer Philosophie durch-
tränkter Prudentes, unter deren Händen es zur Raison écrite
geworden ist?

Wenn man bei dem Ausdrucke „klassisch = römische Bildung" nicht an die lateinische Grammatik denkt, so ist derselbe gar nicht zu verstehen ohne die Herbeiziehung des griechischen Originals. Dadurch, daß sie auf dieses zurückgingen,
haben die Humanisten die Herrschaft der antiken Tradition über
die moderne Gelehrsamkeit sicher um zwei Jahrhunderte ver-
längert.

Aber selbst eine sprachliche Neubelebung haben sie zu
stande gebracht. Der lateinische Wortschatz erweist sich der erforderlichen Weiterbildung gegenüber als ebenso sprödes Material
wie der deutsche. Ganz anders der griechische. Er hat uns
im Wesentlichen die unzähligen neuen Kunstausdrücke[16]) geliefert,
welche die fortschreitende Wissenschaft, die Entdeckungen und
Erfindungen auf dem Gebiete der Naturwissenschaft nötig machten,
und welche die letzteren gar nicht entbehren mag, weil sie andernfalls ein höchst wichtiges internationales Verständigungsmittel
verlieren würde.

In der Tat ist es einzig dieser schwer zu missende Rest der einstmaligen allgemeinen Gelehrtensprache, die internationale wissenschaftliche Terminologie, welche auch heute noch die Meisten von einem völligen Bruche mit dem klassischen Altertume zurück= hält. Weil diese Kunstausdrücke zumeist mit lateinischen Buch= staben geschrieben werden, soll wenigstens auf eine gewisse Kennt= nis des Lateinischen nicht verzichtet werden. Aber wie einst bei der Einführung der Goldwährung im deutschen Reiche be= treffs der künftigen Reichssilbermünzen treffend gesagt wurde: „Dieses Silber ist Gold," so könnte man vom größten Teile jener internationalen wissenschaftlichen Terminologie sagen: „Dieses Latein ist Griechisch." Ohne Kenntnis des Griechi= schen wird es zum nichtsbedeutenden Klingklang.

Der bleibende Wert des Lateins besteht weniger in dem, was es uns aus dem klassischen Altertum bietet als darin, daß es uns mit unserer eigenen gelehrten Vergangenheit ver= knüpft. Für die modernste unserer Fakultätswissenschaften, die Medizin, fällt dieser Umstand weniger ins Gewicht und darum könnte sie, wenn überhaupt eine von den alten Sprachen, eher das Latein, als das Griechische missen. Der Hokuspokus der lateinischen Rezeptur, den Engländer und Franzosen längst ab= geschafft haben, kann dabei doch nicht ins Gewicht fallen, zu= mal er ohnehin in Widerspruch steht mit dem „deutschen Arznei= buche", durch welches wir die Pharmacopoea Germanica er= setzen zu müssen glaubten.

Also es ist streng genommen kein reines Latein mehr, für das die Humanisten fortdauerndes Geltungsrecht erstrebt haben, sondern ein durch die Neuzeit immer mehr nach griechi= scher Seite hin entwickeltes Gräcolatein. Dieses Latein hat noch Jahrhunderte lang unsere höchsten Bildungsanstalten und unsere wissenschaftliche Literatur beherrscht und dieses muß man

vor Augen haben, um einzusehen, daß man bis ins 18. ja
bis ins 19. Jahrhundert Latein lernen mußte, um über=
haupt studieren zu können.

Aber dominierende Sprache der allgemeinen Bildung
war das Latein schon lange nicht mehr. Hatte die latei=
nische Sprache das Monopol der Wissenschaft behauptet, so
hatte sie schon im Mittelalter das Monopol der Literatur ver=
loren. Die Sprache des Herzens, die Poesie emanzipierte sich
zuerst von dem Umwege über das Latein. Sie versuchte zu
singen, wie ihr der Schnabel gewachsen war, und die Gebil=
detsten unter den Laien brachten ihre Erzeugnisse auch in Kunst=
form und zu Papier. Es beginnt die Zeit der Ritterpoesie
die zuerst an den französischen Höfen blühte und auch außer=
halb Nachahmung fand. Reicher an ererbter Kultur als Deutsch=
land, nicht heimgesucht von muhamedanischer Überflutung, wie
Spanien, oder politischer Zerrissenheit und Fremdknechtschaft
wie Italien, das von den Herzögen der Normandie eroberte
England zu einem Spiegelbilde seiner selbst machend, stand das
französische Königs= und Rittertum im 12. Jahrhundert an der
Spitze der weltlichen Bildung in Europa, analogen Entwicke=
lungen sein Gepräge, bez. seine Spache aufdrückend. Letzteres
machte sich sogar bei den geistlichen Ritterorden geltend, die in=
folge des hervorragenden Anteils der Franzosen an den Kreuz=
zügen, ebenso wie das kurzlebige Königtum Jerusalem einen
vorwiegend französischen Charakter erhielten und in ihren bis
auf die Gegenwart geretteten Trümmern z. T. noch bis auf
diesen Tag bewahrt haben.
    Wohl hat nachmals, zum Heile des zerrütteten Deutsch=
lands, der furchtbare hundertundfünfzigjährige Existenzkampf,
den die französischen Könige mit ihren ihnen über den Kopf

gewachsenen Vasallen, den englisch=normannischen König=Her=
zögen führen mußten, das politische Übergewicht des früh
erstarkten französischen Königtums lange Zeit in lähmende
Fesseln geschlagen. Aber die tonangebende Bedeutung Frank=
reichs in allem, was adlige Sitte und Bildung anlangt, stammt
nicht erst aus der Zeit des Sonnenkönigs, sondern geht bis auf
die Zeit der Troubadours zurück.

So haben wir denn seit dem 12. Jahrhundert einen
zweiten Typus höherer Bildung neben dem gelehrt=lateinischen,
den höfisch = französischen. Er gewann eine zunehmende Bedeu=
tung durch das Sinken der politischen Macht der Geistlichkeit, die
sich, von der Reformation bedroht, vielerorten nur durch ein Kom=
promiß mit ihren alten Rivalen, durch Hingabe der Domherrn=
stellen und Bischofssitze an den Adel in ihrem geistlichen Besitz=
stande erhalten konnte, wie schon im frühen Mittelalter der päpst=
liche Stuhl, wenn ohne Stütze von außen, oft genug zur Beute
des römischen Adels geworden war. Aber es war nicht mehr
der alte Feudaladel (gegen den ja das Fürstentum, nachdem
er ihm militärisch entbehrlich geworden war, politisch mit Er=
folg die Juristen aufgeboten hatte), es war der Hofadel, dessen
starkes Hervortreten sich nun auch im Bildungswesen bemerk=
bar machte.

Wiederum war es Frankreich, das den Reigen anführte.
Aus der englischen Umstrickung durch säculare Kämpfe befreit,
vor der Erdrückung durch die spanisch=deutsche Weltmonarchie
seit deren Teilung gesichert und im Innern siegreich über den
konfessionellen und feudalen Hader ward es das Vorbild eines
modernen Großstaates. Höfisch=französische Bildung trat aufs
neue in Wettbewerb mit der geistlich=lateinischen und gewann
ihr seit dem westfälischen Frieden auch auf internationalem Ge=
biete die Partie ab. Die Sprache des Völkerrechts, der Diplo=

matie war von da ab nicht mehr die lateinische, sondern die
französische.

Aber auch im Innern triumphierte mehr und mehr die
ablige Bildung über die gelehrte. Den Vertretern der Wissenschaft fehlte größtenteils der weltmännische Schliff, den die Leute
haben mußten, die das Getriebe der Höfe beherrschen wollten
und in dem die Franzosen tonangebend waren. Kein Wunder,
daß der Adel Bedenken trug, seine Kinder in die lateinischen
Stadtschulen[17]) zu schicken, wo sie mit Kindern aus den unter-
sten Ständen zusammenkamen, denn wie vor Gott, so galt prinzipiell im Reiche der Wissenschaft kein Ansehen der Geburt.
Das Gelehrtentum stellte sich also, wie die Kirche in ihrer
besten Zeit, auf einen Standpunkt, der dem des Adels diame-
tral entgegengesetzt war.

In katholischen Ländern haben die Jesuiten, welche im
Gegensatze zu den Bettelmönchen den oberen Schichten der Gesellschaft besondere Beachtung schenkten, es fertiggebracht, gelehrte
Erziehungsanstalten einzurichten, welche auch den sozialen Bedürfnissen des Adels genügten. In den lateinischen Schulen
der protestantischen Städte hingegen lebte der demokratische
Geist der alten Kirche fort, welcher es als seine Aufgabe ansah,
die befähigten Elemente aus allen Ständen zum Dienste Gottes
und der Wissenschaft heranzuziehen. Die Armut durfte kein
Hindernis bilden. Es war ein Gott wohlgefälliges Werk, ihr
durch Benefizien, Befreiung von Lasten, den Weg tunlichst zu
ebnen!

Aus den Biographien von Gelehrten des 18. Jahrhunderts
ist zu ersehen, daß die städtischen Gymnasien einen Charakter
angenommen hatten, der sie den aus höheren Schichten Hinein-
kommenden leicht als Tummelplätze des Pöbels erscheinen ließ.
Mindestens war das Publikum ein sehr gemischtes[18]). In die

ständischen Begriffe des 17. und 18. Jahrhunderts paßte ein
solches Durcheinander ganz und gar nicht. Darum ließ der
Landadel lieber seine Söhne von Informatoren zuhause erziehen,
oder er suchte sie mit Standesgenossen in eigenen geschlossenen
Anstalten zu vereinigen und ihnen dort zugleich die nötige
Fertigkeit in den unentbehrlichen adligen Künsten: Tanzen, Reiten,
Fechten, Schwimmen ꝛc. beibringen zu lassen, welche in den an
klösterlichen Zuschnitt festhaltenden bürgerlichen Anstalten, die den
Zöglingen höchstens ausnahmsweise ein „gesittetes Lustwandeln"
gestatten wollten, als ebensoviele Todsünden betrachtet wurden.[19])

Aber auch auf der Universität setzte sich der Gegensatz
zwischen abliger und bürgerlicher Denk-, Lebens- und Bildungs-
weise fort. Die Anschauung, welche Kollegienbesuch als kom-
mentwidrig erklärt, kann sich eines ehrwürdigen Alters rühmen.
Man mochte eben nicht mit dem Pöbel zusammenkommen; darum
setzte man bei den Professoren, welche Kollegien halb wie Privat-
stunden in ihren Wohnungen abhielten, Extrastunden durch, ein
Gebrauch, der sich beim Prinzenstudium noch bis ins 19. Jahrhundert erhalten hat, oder man begnügte sich mit dem Einpauker,
der den Herren nach ihren Wünschen aufwartete.

Man muß entschuldigend in Betracht ziehen, daß für
einen guten Teil der Adligen das Studium nur eine wider-
willig betriebene Sache war. Haben die Universitäten auch von
ihrer Gründung an, wo kein Zwang die Menschen zu ihnen
trieb, viel begeisterte Hörer adligen Standes angezogen, so änderte
sich dies, als das Studium sozialer oder gesetzlicher Zwang wurde.
Das Gros des Adels hat zu allen Zeiten an den Waffen mehr
Geschmack gefunden, als an der lateinischen Grammatik, und es
kann daher ebensowenig wunder nehmen, daß viele zum Studium gezwungene junge Adlige auch auf der Universität das
Turnieren und Bankettieren dem Kollegienbesuche vorzogen, wie

daß die als überzählige Nachgeborene zum geistlichen Stande
Verurteilten diesem Stande nicht mit besonderer Hingebung
angehörten[20]).

Am liebsten hätte sich der Adel im 18. Jahrhundert von
dem ganzen lateinischen Bildungswesen emanzipiert, und es
fehlte nicht viel daran, daß ihm dies gelungen wäre. Wie die
Gymnasien in den Adelsschulen, Pagerien, Kadettenkorps zc., so
erhielten die Universitäten in den Ritterakademien — der hohen
Schule Herzog Karls in Stuttgart nicht zu vergessen! —
Konkurrenzinstitute. Auch die von den Fürsten als gelehrte
Prunkinstitute gegründeten Akademien der Wissenschaften mit
ihren französischen Publikationen, trugen dazu bei, die Univer=
sitäten, die mit Ausnahme der neugegründeten und zum Teil
modernen Bedürfnissen dienenden, Halle und Göttingen im
18. Jahrhundert auf ihren äußersten Tiefstande angekommen
waren, zu degradieren.

Da kam ihnen, wie ein erlösender Donnerschlag die Re=
volution zu Hilfe, welche die französisch=höfische Bildung an
ihrem Ur= und Hauptsitze wurzellos machte. Die geistreich
höfische Gesellschaft hatte sich ihr Grab selbst gegraben. Der
Enzyklopädismus hatte nicht nur die Perrücken der Gelehrten
versengt, sondern das ganze Haus in Brand gesetzt. Französisch
war seit der Marseillaise die Sprache der Revolution ge=
worden. Ein gewaltiger Rückschlag gegen die Vorliebe für das
Französische in den oberen Schichten mußte die Folge sein, wofür
der Wiedergewinn der Sympathie in den mittleren, während der
Zeit des konstitutionellen französischen Musterkönigtums keinen
Ersatz bot. Mit jedem zusammenstürzenden Throne mehr sank
ein weiterer Stützpunkt französischer Kultur und Sprache im
Auslande zusammen. Die französische Universalrepublik, auf welche
die Männer der großen Revolution rechneten, wollte nicht kommen

und sie wird nie kommen, weil die physischen Kräfte Frankreichs nicht mehr stark genug sind, den anderen europäischen Kulturvölkern den Willen, das Wesen und die Sprache Frankreichs aufzuzwingen.

———

Die nationale Bewegung, welche in Deutschland durch die langwierigen Kämpfe mit den Franzosen entfacht wurde, fand ihren geistigen Rückhalt nicht nur in der inzwischen erblühten klassischen deutschen Literatur und Philosophie, durch welche die französische Suprematie auch auf diesen Gebieten gebrochen wurde, sondern auch an einer, diesen zum Rückhalt dienenden im Laufe des 18. Jahrhunderts sich langsam entwickelnden nationalen Bildung des Mittelstandes. Mit ihr tritt ein neuer Typus des Bildungswesens in Aktion, der Typus der bürgerlichen Bildung.

Ihr Vorläufer war das in den letzten Jahrhunderten sich langsam und kümmerlich entwickelnde deutsche Schulwesen. Im Mittelalter hatte für die meisten Menschen ein Bedürfnis selbst der elementarsten Schulbildung gar nicht bestanden. Die nötigste moralische Erziehung besorgte die Geistlichkeit durch mündliche Unterweisung. Zum Eindringen in die Geheimnisse der lateinischen Bücherwelt hätte das bloße Lesenlernen nichts genützt. Was draußen in der Welt vorging, war den meisten Menschen, deren Interessen sich in engstem Kreise bewegten, ziemlich gleichgültig. Einiges erfuhr man durch die Wandernden, zu denen der junge Handwerker ja selbst eine Zeitlang gehörte. Beziehungen in die Ferne, welche eine Korrespondenz nötig gemacht hätten, waren für die meisten Menschen nicht vorhanden, und kam einmal außerordentlicherweise etwas derartiges vor, so nahm man die Hilfe des Schreibers in Anspruch, wie wir etwa heutzutage die Hilfe des Telegraphen. Der bar ab-

gewickelte Lokalverkehr erforderte weder Rechnung noch Buchfüh=
rung und im Notfalle genügte das Kerbholz.

Das wurde anders durch die Reformation. Der katho=
lische Geistliche brauchte wohl einen Ministranten und einige
Chorknaben als Respondenten bei der Messe. Aber daß alle
Kinder Lesen lernten (vom Schreiben und Rechnen ganz zu
schweigen) dafür lag kein unbedingtes kirchliches Bedürfnis vor.
Bei den Protestanten hingegen sollte die ins Deutsche übersetzte
Bibel auch tunlichst vom ganzen Volke gelesen werden. Auch
der Gemeindegesang wirkte im gleichen Sinne, denn der fromme
Fleiß der dichtenden Pastoren mehrte die Zahl der Kirchenlieder
bald so, daß kein Mensch sie mehr im Kopfe behalten konnte,
sondern dickleibige Gesangbücher nötig wurden, die in den Augen
des Volkes an Wert der Bibel nur wenig nachstanden. Hier
also hat das jetzt so scheel angesehene kirchliche Bedürfnis den
elementarsten Anfängen einer allgemeinen Volksschulerziehung
die Bahn gebrochen.[21])

Mit dem Schreiben und Rechnen war es eine andere
Sache. Der Besitz dieser Fertigkeiten gehörte zwar auch zu den
Grundforderungen des evangelischen Volksschulwesens; aber da
kein bringendes kirchliches und auch kein evidentes soziales Be=
dürfnis dafür vorlag, war es mit der Durchführung dieser
Forderungen oft schwach bestellt. Insbesondere im Unterrichte
der Mädchen, der ja immer hinter dem der Knaben zurückstand,
galt das Schreiben noch vor hundert Jahren tatsächlich häufig
als ein angenehmer Luxus (mehr noch als heute das Zeichnen),
den sich keineswegs alle erlaubten.[22])

Man darf sich durch die schönen Schulordnungen aus dem
17., ja 16. Jahrhunderte, nicht über den wirklichen Zustand
täuschen lassen. Diese zeigen uns ein Ideal, dem die Wirk=
lichkeit sehr wenig entsprach, weil es an den Mitteln und den

Menschen fehlte, um es in diese umzusetzen. Wo sollten vor allen Dingen die vielen Tausende und Abertausende tüchtiger Schulmeister herkommen, deren ein ordentliches Volksschulwesen bedurft hätte, wenn man gar keine ausgiebigen Veranstaltungen traf, um sie in der erforderlichen Zahl heranzuziehen? Und diese ausgiebige Entwickelung des Seminarwesens ist bekanntlich erst ein Kind des 18. Jahrhunderts.

Aber schon ein paar Menschenalter früher hatten Bemühungen eingesetzt, welche darauf abzielten, der Jugend aus dem höheren Bürgerstande eine ihrer Lebensaufgaben entsprechende, über das elementare Gebiet hinausreichende Spezialbildung zu verschaffen. Drei Städte, nicht weit voneinander, fast in der Mitte des damaligen heiligen römischen Reichs deutscher Nation gelegen, waren es, wo fast gleichzeitig Versuche in dieser Richtung gemacht wurden. In Halle, dem Ausgangspunkte so mannigfacher Reformen auf dem Gebiete des Unterrichtswesens, machte Semmler den ersten Versuch mit einer Realschule. Er wurde mehrfach ohne dauerndes Resultat wiederholt. Erst 1747 gelang es Hecker in Berlin eine Anstalt mit diesem Namen (eigentlich mehr eine Art Universalschule) zu dauerndem Bestande zu bringen. Sie existiert heute noch, aber als Realgymnasium. Neben ihr verzeichnen die letzten Jahrzehnte des 18. Jahrhunderts noch verschiedene Versuche mit realistischen Bildungsanstalten.

Wenige Jahre nach Semmlers erstem Versuche war der Polyhistor Marperger in Dresden für die Gründung einer Handelsakademie tätig.[23]) Die Anregung hatte weder hier noch in Leipzig Erfolg. Ein daselbst ein halbes Jahrhundert später gemachter Versuch, elementare kommerzielle Nebenkurse an die Nikolaischule anzugliedern, wurde bald wieder aufgegeben. Erst Büschs Handelsakademie in Hamburg brachte es zu dreißigjährigem Bestand, erlosch aber mit dem Tode ihres Gründers am Schlusse des Jahrhunderts.

Mit einer Pflegestätte der neugebornen Technik versuchte man es zu Anfang des 18. Jahrhunderts zuerst in Prag, nachdem schon ein Jahrhundert früher ein Vorstoß in dieser Richtung gemacht worden sein soll, welcher noch auf die durch Kaiser Rudolf II. gegebenen Anregungen zur Förderung der physikalischen Wissenschaften zurückweisen dürfte. Jedenfalls war dieser Anlauf ohne nachhaltigen Erfolg. Dagegen ist die zu Beginn des 18. Jahrhunderts von den böhmischen Ständen ge= gründete Ingenieurschule die Basis des 1803 in Prag errichteten und 1806 faktisch eröffneten polytechnischen Instituts geworden.²⁴)

Die Universitäten, denen nach Leibnitzens Zeugnis in seinem Essai sur l'entendement du genre humain die Frage der Aufnahme der technischen Wissenschaften in eine von den Poly= historen befürwortete fünfte, kameralistische Fakultät — heute könnte man an eine pädagogische denken — nahe gelegt war, ver= hielten sich ablehnend, teils aus Abneigung, aus ihrem ge= wohnten Zirkel herauszugehen, teils wohl auch aus Mangel an Mitteln, welche die Erweiterung in reichem Maße erfordert hätte.

Eine innere Verwandtschaft der Zwecke hätte auf einen Anschluß der höheren bürgerlichen Bildung an die gleichfalls modernen Bedürfnissen dienenden Ritterakademien hingewiesen. In der Tat hatte die Erziehung, welche große Kaufleute schon seit Jahrhunderten ihren Söhnen angedeihen ließen, viel Ähn= lichkeit mit derjenigen der jungen Adligen. Auch bei ihnen spielte die Aneignung feiner Manieren eine wichtige Rolle, ebenso die Kenntnis moderner Sprachen und fremder Kultur= länder, durch deren Besuch womöglich in beiden Fällen die Er= ziehung ihren Abschluß erhielt. Aber einer Vereinigung in gemeinsamen Erziehungsanstalten, wie sie in England möglich war, wo eine scharfe Scheidung zwischen Adel und Bürgertum nicht existierte, stand in Deutschland der politische Gegensatz zwischen beiden hindernd im Wege. Mit dem Gelehrtentume, mit dem er in der Staatsverwaltung zusammenarbeiten mußte, war der Adel zu einer Art modus vivendi gekommen. Den landesherrlichen Räten wie den bürgerlichen Offizieren wurde für ihre Person eine gewisse Gleichstellung mit dem Adel eingeräumt. Zum Bürgerstande führte keine derartige Brücke. Darum betrachtete der letztere doch den Gelehrtenstand als ihm sozial näher stehend und darum blieb ohne innere Nötigung Latein auf dem Programme der bürgerlichen Bildungsanstalten stehen.

Noch inniger wurde die Beziehung zwischen Gelehrtentum und Bürgertum in den ersten Jahrzehnten des 19. Jahrhunderts, wo beide sich zu jenem systematischen Angriffe auf die Position des Adels verbanden, der unter dem gemeinsamen Banner des Liberalismus unternommen wurde und dessen Beginn gerade in eine Zeit fiel, wo durch das Auftreten großer Philologen die Pflege der alten Sprachen eine zweite Renaissance erlebte, die natürlich das ganze Erziehungswesen mit beeinflußte und das Griechische erst in seine vollen Rechte einsetzte. Es kann daher nicht wundernehmen, daß auch in den bürgerlichen Erziehungsanstalten die aus dem 18. Jahrhundert gewohnheitsmäßig fortgeschleppte Pflege des Lateins stärker als zuvor betont und besonders in Preußen die Kenntnis dieser Sprache zum unerläßlichen Erfordernisse sowohl des Einjährig-FreiwilligenDienstes, wie zur Vorbedingung der Zulassung zum Post-, Zoll- und Steuerdienste gemacht wurde.

Aber die Voraussetzung dieser Bevorzugung erlitt einen Stoß, als das Bündnis zwischen Gelehrtentum und Bürgertum im letzten Drittel des Jahrhunderts sich mehr und mehr lockerte. Große und segensreiche Umgestaltungen auf allen Gebieten der

Verwaltung, Reformen, die heutzutage niemand rückgängig machen könnte oder wollte, waren die Frucht dieses Bündnisses gewesen. Das politische Hauptziel jedoch, die völlige Demolierung der Position des Adels und die Reduktion der monarchischen Gewalt, soweit man ihr Fortbestehen überhaupt für notwendig erachtete, auf ein parlamentarisches Scheinkönigtum, ist bekanntlich total verfehlt worden. Die veränderte Weltlage, welche den militärischen Interessen eine ausschlaggebende Bedeutung verliehen hat, ist der Stärkung der monarchischen Gewalt und der Erhöhung der Position des Adels, der in diesen Dingen einen tausendjährigen Vorsprung besitzt, ungemein zu statten gekommen. Das Gelehrtentum hat sich in der Hauptsache von politischen Parteikämpfen zurückgezogen. Politisierende Professorenkörper und konspirierende Studentenschaften, die den Regierungen in der ersten Hälfte des Jahrhunderts soviel zu schaffen machten, sind im deutschen Reiche zur Mythe geworden. Der Ablegung des Adels, die vor 50—60 Jahren zur Betätigung liberaler Gesinnung vielfach vorkam, ist ein Streben nach Nobilitierung gefolgt. Ein Teil des Bürgertums hat mit dem Adel seinen Frieden gemacht, ein anderer, der den Kampf fortsetzt, sieht mit Recht keinen Grund mehr, das lateinische Joch zu tragen. Lateinfreie Real- und Oberrealschulen haben ihren Zöglingen das Recht zum Einjährig-Freiwilligen-Dienste erstritten. Eine reinliche Scheidung des gelehrten und bürgerlichen Bildungswesens ist eingeleitet.

Typisches Merkmal der letzteren ist die Verlegung des Schwerpunktes des Unterrichts in die sogenannten Realien und die modernen Sprachen. An der Spitze der letzteren steht für den heutigen Bürgerstand das Englische[25]), die Weltsprache des modernen Verkehrs, die von dreimal soviel Menschen gesprochen wird, als das Französische, die in zwei Großmächten als National-

sprache gilt und selbst auf diplomatischem Gebiete dem Franzö=
sischen den Rang abzulaufen beginnt. Die Verhandlung, die
zwischen dem deutschen Reiche und Venezuela vor dem inter=
nationalen Schiedsgerichte in Haag auf englisch geführt wird,
bezeichnet einen ebenso bedeutenden sprachlichen Wendepunkt in
der Diplomatie, als seinerzeit der westfälische Friede.

———

Ziehen wir das Fazit aus der vorstehenden Betrachtung,
so bleiben uns als Typen höherer Bildung (um dieselben
nach den von ihnen gepflegten charakteristischen Fremdsprachen zu be=
zeichnen) neben einem in den letzten hundert Jahren stark ver=
blaßten adlig-französischen, der den größeren Teil seiner spezifischen
Bildungsanstalten verloren hat, ein auf einen breiten Besitz
ererbter gräcolateinischer Schulen gestützter, gelehrter und ein
um den Besitz moderner ringender englisch=bürgerlicher Bil=
dungstypus.

Der letztere ist betreffs des Zeiterfordernisses bedeutend im
Vorteile. Viertehalbtausend lateinische und reichlich fünfzehn=
hundert griechische Lehrstunden weniger, das bedeutet eine Zeit=
ersparnis von vier Schuljahren!

Die realistischen Lehrfächer unterscheiden sich dem Wesen
nach nicht von denjenigen, die heutzutage einen Gegenstand des
allgemeinen Elementarschulunterrichts ausmachen. Eine realistische
Bildungsanstalt läßt sich deshalb ganz wohl als ein Anbau an
eine Bürgerschule oder dgl. denken, deren Aufgabe, von den
Fremdsprachen abgesehen, nur weiter geführt wird. Wer nicht
bis in das obere Stockwerk gelangt, hat in den unteren nichts
verloren, was diesem Lebensalter sonst geboten wird. Die Zahl
der den lebenden Fremdsprachen zu widmenden Stunden braucht
ja nicht notwendig so groß zu sein, daß der ganze innere

Bau des Elementarlehrplanes aus dem Gefüge gebracht werden
muß, weil man bei ihnen mit der Annahme einer Fortsetzung
des Studiums im praktischen Leben wohl nicht fehl geht.

Ganz anders bei den alten Sprachen, wo diese Voraussetzung heutzutage nicht mehr zutrifft.   Hier muß die Schule,
was von ihnen dem Schüler überhaupt gegeben werden soll,
ganz geben und darum ist ein Einsetzen mit nicht weniger als
acht bis zehn Stunden, selbst solange es sich nur um eine tote
Sprache handelt, unvermeidlich.   Daneben kann ein Elementarunterricht in dem Umfange wie er sonst dem schulpflichtigen
Alter zukommt, nicht bestehen.   Es ist deshalb nicht richtig zu
sagen: „Was schadet es denn dem Jungen, der statt einer
ordentlichen Elementarschule ein paar Jahre lang lateinischen
Unterricht genießt?"[26] Ein paar Stunden wöchentlich als Zu-
gabe, ein Unterricht, wie er auf den lateinischen Stadtschulen zu
haben war, deren Rektor, der einzig studierte unter den Lehrern,
in der Lage war, auch Lateinisch zu lehren,[27] — ein solcher
Unterricht kann allerdings ebensowenig viel schaden als viel
nützen.   Bei Lateinunterricht in gymnasialer Ausdehnung aber
muß man nicht nur nach dem damnum emergens, sondern
auch nach dem lucrum cessans fragen und das letztere ist
wohl kaum zu bestreiten.

Es ist deshalb durchaus nicht wünschenswert, daß die
Jungen, bloß damit sie nichts versäumen, falls sie etwa studieren sollten, nach kaum begonnenen Unterrichte, der Elementarschule entrissen und dem Gymnasium zugeführt werden, das,
als wenn es nicht so schon genug zu tragen hätte[28], durch die
Rücksicht auf diese jugendlichen Elemente auch noch mit einem
großen Teile der Aufgaben der Volksschule bepackt wird.   Eine
klare Abgrenzung der beiderseitigen Aufgaben, wie sie der Universität gegenüber stattgefunden hat, wäre auch hier dringend zu

wünschen. Sie würde nebenbei der Disziplin zu gute kommen, die eine sehr schwierige wird, wenn dieselbe Anstalt bärtige, mündige Männer und kleine Knaben, die noch unter der Rute stehen sollten, zu einem Ganzen vereint. Endlich würde das Mißverhältnis zwischen der Dauer des Vorbereitungs- und des nachfolgenden Fachunterrichtes beseitigt, von denen der erstere fast das zwei- und dreifache der dem letzteren vergönnten Zeit beansprucht.

Das Gymnasium ist heute nicht mehr das Mädchen für alles im höheren Bildungswesen, als welches es in Ermangelung anderer Bildungsanstalten früher wohl dienen mußte. Es hat nur noch Berechtigung als Gelehrtenschule. Alle anderen Aufgaben soll es ruhig den dafür jetzt in reicher Auswahl bestehenden Bildungsanstalten überlassen. Dafür darf es aber auch beanspruchen, daß man es ganz und ausschließlich seinen Zwecken dienen lasse.

Unter dieser Voraussetzung ist eine vollständige Aneignung der klassischen Vorbildung für das Studium in fünf bis sechs statt in neun und häufig noch mehr Jahren ganz wohl denkbar. Der neusprachliche Unterricht, der beim Gelehrten ja seinen Zweck in der Regel schon erfüllt, wenn er ihn befähigt, Bücher zu lesen, während der praktische Geschäftsmann das Sprechen und Schreiben als Ziel im Auge hat, wird allerdings, wenn die Eintretenden mit 14 Jahren, in diesem Punkte präsumtiv sehr ungleichmäßig vorbereitet[29] hereinkommen, ganz anders als jetzt betrieben werden müssen, nämlich nicht als integrierender Bestandteil des Klassenpensums, sondern als Aufgabe besonderer nach dem Können der Schüler in der betr. Sprache gebildeten Abteilungen, analog den Singklassen. Es ist gar nicht nötig, zur Vermeidung der Überfüllung, sogar nicht einmal wünschenswert, daß Alle daran teilnehmen, denn der

Erfolg im Betriebe lebender Sprachen, der von Ohr zum Munde, weniger vom Auge zur Hand gehen soll, ist um so größer, je Wenigere daran teilnehmen, am liebsten nicht mehr, als um einen Tisch herum Platz haben, wie in der Berlitz School. Obligatorisch braucht der Unterricht in der lebenden Fremdsprache auf den Gymnasien überhaupt nicht zu sein. Ein äußerer Zwang von der entscheidenden Stelle liegt ja nicht vor, denn zur Freiwilligenreise gehört nur die Beherrschung zweier Fremdsprachen, Latein und Griechisch, oder Französisch und Englisch. Wenn man befürchtet, ohne den Zwang der Schule werde das Erlernen der modernen Sprachen am Ende ganz unterbleiben, so unterschätzt man die Macht des gesellschaftlichen Zwanges. Instrumentalmusik steht auch nicht im Schulprogramme und doch wie wenige sind es, die nicht irgend ein Instrument handhaben lernen! Auch das Tanzen wird heutzutage von den Gymnasien im allgemeinen höchstens als ein notwendiges Übel geduldet und nicht, wie in den Adelsgymnasien, programmgemäß betrieben. Und doch, wer lernt es nicht![80])

Eine dankenswerte Unterstützung findet die Tendenz, den Beginn des altsprachlichen Unterrichts bis ans Ende der Elementarschulpflicht hinauszuschieben und mit dem neusprachlichen zu beginnen, in dem an mehreren Orten beifällig aufgenommenen und nachgeahmten Frankfurter Reformgymnasium. Im Interesse der historischen Gerechtigkeit sei hier nur eingeschaltet, daß die Idee durchaus nicht neu, ein ähnlicher Versuch vielmehr schon vor 50 Jahren[31]) gemacht worden ist durch den Leipziger Privatschuldirektor Dr. Hauschild, der in seinem „Modernen Gesamtgymnasium" in den ersten zwei Jahren Englisch, (die „Kleinkindersprache"), zwei Jahr später Französisch so massenhaft betrieb, daß diese Sprachen nachher teilweise als Unterrichtssprachen gebraucht werden konnten, und dann erst mit dem lateinischen, wieder zwei Jahre später aber mit dem griechischen Unterrichte beginnen ließ.

Es hat keinen Zweck, darüber zu streiten, ob wirklich die Kenntnis des Französischen zur notwendigen Voraussetzung der Erlernung des Lateinischen gemacht werden muß, denn es wird wohl keinem Lehrer einfallen, auf dem Wege der „rückwärts= schreitenden Geschichte" (wie Baumeister es treffend nennt), die Schüler vom Französischen zum Lateinischen zurückzuführen. Die Umwege durch das Altfranzösische wären ja viel weitläu= figer und verwirrender als das einfache Memorieren der jetzt gebräuchlichen Form in Verbindung mit der Bedeutung im Deutschen[32]). Aber der Vorteil ist willkommen zu heißen, den dieser Betrieb gewährt, insofern er den Beginn des altsprach= lichen Unterrichts soweit hinausrückt, daß eine schließlich völlige Abtrennung von der Elementarschule keine Schwierigkeiten hat.

Treiben wir die alten Sprachen in der Hauptsache, nur um die alten Klassiker nicht als unübertreffliche Muster zu stu= bieren, (in diesem Wahne hat sich Mancher seinen deutschen Stil durch sklavische Nachahmung der mit ganz anderen sprach= lichen Mitteln operierenden Alten verdorben), sondern um sie als lebendige Zeugen einer vergangenen, aber noch heute welt= geschichtlich bedeutenden Zeit zu uns reden zu lassen[33]), dann muß doch alle Kraft der Lektüre gewidmet werden, bei der unter dieser Voraussetzung allein noch etwas Erkleckliches herausspringen kann. Und es wird um so mehr herausspringen, je mehr man es mit der reiferen Jugend zu tun hat, während es jetzt gerade= zu ein Jammer ist, zu sehen, wie die Schriften des großen Staatsmannes und Heerführers Cäsar, dessen Name einen Wendepunkt in der römischen, ja man kann sagen in der Welt= geschichte bedeutet, 12—13jährigen Jungen vorzugsweise dazu bienen müssen, sich im Zusammensuchen der Bestandteile der

oft langen und verwickelten Sätze zu üben! Vollkommen mit
Recht sucht man den eigentlichen bildenden Wert des Gym=
nasiums vorzugsweise in den Oberklassen, deren reifere In=
sassen allein der Erkenntnis des Wertes jener Dinge zugäng=
lich sind, denen zu Liebe wir uns der Mühe mehrjähriger Sprach=
studien unterziehen[34]).

Man könnte freilich, unter Anerkennung des Zweckes, die
Notwendigkeit dieses mühsamen Mittels anfechten und das Lesen
der alten Klassiker in guten Übersetzungen empfehlen, wo=
durch mit weniger Mühe in derselben Zeit ein weit größerer Teil
der wertvollen literarischen Hinterlassenschaft des klassischen Alter=
tums bewältigt werden könnte. Hier hilft vielleicht ein Ver=
gleich mehr, als lange Auseinandersetzungen.

In früheren Zeiten gab es kein anderes Mittel, eine An=
schauung von fremden Ländern zu gewinnen, als die persönliche
Bereisung. Inzwischen hat die Kunst der Abbildung ungeheure
Fortschritte aufzuweisen gehabt und Ansichten von überraschender
Naturtreue zu erstaunlich billigem Preise auch den wenig Be=
mittelten zugänglich gemacht. Da könnte man ja auch die
Frage aufwerfen: Lohnt es sich denn unter diesen Umständen
wirklich noch, den großen Aufwand an Zeit und Geld, womög=
lich auch noch die Mühe des Erlernens fremder Sprachen daran
zu wenden, um mit tausend Unbequemlichkeiten die Dinge und
Menschen im Originale kennen zu lernen, die uns ein wieder=
holter, jedesmal nur wenige Pfennige kostender Besuch im
Panorama international in höchster Bequemlichkeit und Natur=
treue und in einer Vollständigkeit vorführt, an welche der Tourist
in seiner beschränkten Zeit nie heranreichen kann?

Der ungeschwächte, ja immer zunehmende Drang zum
Reisen und Selbstsehen gibt die Antwort darauf! Das Urbild
und die Ursprache bieten doch immer noch ein begehrenswertes

Etwas, an welches selbst das vollkommenste Konterfei nicht heranreicht!

Wenn uns vollends auch daheim diese Ursprache an unser Ohr schlägt, dergestalt, daß ein großer Teil der Bezeichnungen, mit denen wir trotz aller Bemühungen für Reinsprache zu operieren genötigt sind, für uns, statt gehaltreicher Worte, tönendes Schellengeklingel bleibt, falls man die Sprachen, denen sie entstammen, nicht versteht, dann mag es sich für diejenigen, welche die Zeit dazu haben, wohl lohnen, einige Jahre ihres Lebens der Bereisung nicht nur der Oberfläche unseres Planeten sondern auch des untergegangenen klassischen Landes zu widmen. Die Kenntnis der antiken Sprachen neben derjenigen der lebenden hat deshalb mindestens dieselbe Berechtigung, wie die Kenntnis der Geologie neben der Kenntnis dessen, was die Oberfläche der Länder zeigt und dessen ausschließliches Wissen doch selbst für einen höheren Schulunterricht in der Geographie für unzureichend gehalten wird.

„Aber (könnte Jemand einwenden), wenn es auch hübsch ist, Italien mit eigenen Augen gesehen zu haben, man kann doch auch glücklich werden, ohne dort gewesen zu sein. Und deshalb brauchen auch nicht alle Studierten sich mit den großen Alten in deren eigenen Sprachen unterhalten zu können.“

Wer so spricht, stellt sich auf den Standpunkt der unbedingt erforderlichen Bildung, einen Standpunkt, über den doch selbst die Volksschule je länger je mehr hinausstrebt. Oder ist etwa Alles, was heutzutage in den Volksschulen gelehrt wird, ebenso unbedingt erforderlich, wie Lesen, Schreiben und Rechnen? Kann der Mensch nicht leben, nicht allen seinen bürgerlichen Pflichten nachkommen ohne Kenntnis der Geschichte, der Länder und Meere, des Weltalls? Wenn er verreisen will, geht er auf den Bahnhof, wenn er die neue Welt sehen will, in die Dampfschiffagentur und löst sich ein Billet, und dann befördern ihn die Verkehrsanstalten an sein Ziel, wie ein Stück Gepäck. Wissen und Wollen seinerseits kommen dabei ebensowenig in Frage, wie bei diesem.

Trotzdem ist dem Menschen all dieses Wissen, von dem er keinen Gebrauch machen kann, wohl zu gönnen. Denn wenn er auch befördert wird, wie ein Stück Gepäck, so soll er sich doch jeden Augenblick bewußt sein, daß er mehr ist als ein solches. Dieses erhebende Bewußtsein seines geistigen Ichs ist die beifallswürdige Frucht all des ornamentalen Wissens, womit die Volksschule ihre Zöglinge ausstattet, jenes geistigen Luxus, beiläufig gesagt des edelsten, der sich denken läßt und der ein ansehnliches Blatt im Ruhmeskranze des 19. Jahrhunderts ausmacht. Und darin beruht auch der Wert jener schönsten Zierde der Schule, des Vielen jetzt so überflüssig erscheinenden alterältesten Unterrichts, der die Kinder ihre Menschenwürde und Menschenpflicht erkennen lehrt.

Was aber dem Einem recht, ist dem Andern billig. Die technischen Wissenschaften sind Wissenschaften, trotzdem sie in die Universitas literarum et scientiarum nicht aufgenommen wurden. Man kann es daher den sie Betreibenden nicht verargen, wenn sie dies in einer gewissen Dosis von ornamentalem Wissen zum Ausdruck gebracht sehen wollen und deshalb auf dem für ihre Jünger vielleicht nutzlosen Latein ebenso bestehen, wie auf dem etwas seltsamen „Dr.-Ing." In diesem Bedürfnisse wurzelt die Existenzberechtigung der Realgymnasien.

Mit gleichem Rechte aber dürfen die Fakultisten auch für sich ein Stückchen „ornamentales Wissen" beanspruchen, und dieses Stückchen ist eben die Errungenschaft des Humanismus, das Griechische! Jedem das Seine! Für die Hochschulen die Realgymnasien, für die Universitätsstudenten, mindestens der

drei Fakultäten, die Gelehrtenschulen mit ihrem zeitherigen
Lehrziele!

Manche Veränderungen in der Einrichtung unserer gelehrten Schulen sind im 'Vorstehenden als zulässig ja als
wünschenswert bezeichnet worden. Was aber ihr Wesen ausmacht und wodurch sie sich dauernd als gemeinsame Vorhalle
zu allen drei Fakultäten empfehlen, deren Zusammenhang heutzutage nur noch durch die gemeinsame Vorstufe erhalten wird,
die Vermittelung des Verständnisses der beiden alten klassischen Sprachen, welche seit der Renaissance die Grundlage
unserer gelehrten Bildung ausmachen, daran soll nicht gerüttelt
werden! Damit stehen und fallen nicht nur die Gymnasien,
sondern folgerichtig auch die auf sie basierten Universitäten und
der durch diese geeinigte Gelehrtenstand[35]) — lauter Dinge, die
sich nur erhalten, nicht neu schaffen lassen. Hier stehen wir vor
einem Entweder — Oder. Darum heißt es in diesem Punkte:
Sint ut sunt, aut non erunt!

Anmerkungen.

[1]) Nur ein einzigesmal habe ich gelesen, daß ein Arbeiter in einer Volks-versammlung unerschrocken die Forderung gestellt habe: „Weg mit dem gelehrten Hotel!“

[2]) Eine zweite babylonische Sprachverwirrung, wenn man die erste in dem Sinne versteht, wie W. Foerster. (Das freie Wort. Jahrg. 3, Heft 2.)

[3]) Das heutzutage zu so großer extensiver Bedeutung gelangte Rentner-tum verdiente vom Standpunkte der Politik eine viel eingehendere Würdigung, als ihm hier beiläufig zu teil werden kann. Man ist versucht, es als den siebenten der modernen Heerschilde hinzustellen, aber nicht ans Ende, sondern in die Mitte, wohin sich der Überfluß von allen Seiten ergießt. Von ihm hängt die Möglichkeit einer wirklichen Selbstverwaltung im großen Stile ab, denn diese setzt der Abwechselung und der Auswahl halber eine ansehnliche Menge von Menschen voraus, „deren großes Tagewerk die Freiheit ist“.

[4]) „Schon jetzt ist kein Zweifel, daß unsere jungen Männer im Durch-schnitt zu lange auf der Mittelschule sind. Der Natur der Sache nach gehört der Knabe in die Mittelschule“ [? nicht vielmehr in die Elementarschule?], „der junge Mann auf die Hochschule“. (Hempel, W., Über die Erziehung der jungen Männer. Dresden 1902.)

[5]) Ich möchte sagen: innere; denn es findet kein Aufsteigen von der philosophischen zu den andern Fakultäten mehr statt. Beide sind vielmehr ein-ander nebengeordnet, doch so, daß die philosophische Fakultät die andern gleich-sam im Kreise umgiebt, jeder die erforderlichen Hilfswissenschaften darbietend und alle an Umfang und an Zahl der Berührungspunkte mit der Außenwelt überbietend. Unter den derzeitigen 36000 Studierenden sämtlicher Universitäten des Deutschen Reiches befinden sich rund 21000 Theologen, Juristen und Me-diziner und 15000 Philosophen. Schlägt man zu den letzteren die 6000 nicht immatrikulierten Hörer hinzu, die ja meist zu ihnen zu rechnen sein werden, so halten die Angehörigen des äußern Kreises denjenigen des innern numerisch genau die Wage. Daß ich die philosophische Fakultät in dem folgenden außer Be-tracht lasse, beruht nicht auf einer geringeren Schätzung ihres Wertes, sondern auf dem ganz eigenartigen komplizierten Charakter, den sie gegenwärtig angenommen hat. Sie ist nicht, wie die drei anderen, einer bestimmten Wissenschaft gewidmet, sondern sie umfaßt ein ganzes Bündel von Wissenschaften sehr verschiedenen Charakters. Diesen und den Erfordernissen der für sie erforderlichen Vorbil-dung einzeln nachzugehen, würde nicht nur eine eigene Arbeit, sondern ein wahres Universalgenie erfordern.

⁶) Die scientifischen Vorteile, welche die realistischen Vorbildungsanstalten dem künftigen Mediziner versprechen, sind teils imaginär, teils ganz minimale und durchaus nicht ausreichend, die Trennung der ärztlichen Vorbildung von der für die Aspiranten anderer Fakultäten zu rechtfertigen. Rein imaginär ist für den Mediziner der Vorteil der eingehenderen Beschäftigung mit den Übergängen zur höheren Mathematik. Unerheblich ist der Vorzug der realistischen Anstalten betreffs des Mehr an naturwissenschaftlichem Unterrichte, das sie bieten, denn dasselbe tritt nicht hervor bei den den Arzt am meisten berührenden Lebenswissenschaften, sondern nur bei der Chemie, die für ihn, im Gegensatze zum Apotheker doch nur Hilfswissenschaft ist und auf der Universität mit ihren viel reicheren Apparaten namentlich hinsichtlich der organischen Chemie ganz anders getrieben werden kann und muß, als in einer Mittelschule. Jedenfalls sind diese Vorteile nicht so groß, daß es sich empföhle, deshalb die Vorbildung der künftigen Ärzte von derjenigen der künftigen Theologen und Juristen zu trennen, den Übergang aus einer Fakultät in die andere unmöglich zu machen und, was die Hauptsache, die nur in der einheitlichen Basis begründete Einheit des Gelehrtenstandes zu zerreißen.

⁷) Der modernen Geringschätzung des Ärztestandes möchte ich die antike Hochschätzung gegenüberstellen:

ἰητρὸς γὰρ ἀνὴρ πολλῶν ἀντάξιος ἄλλων
ἰούς τ᾽ ἐκτάμνειν ἐπί τ᾽ ἤπια φάρμακα πάσσειν.

(Idomeneus zu Nestor in Ilias XI, 514—15.)

⁸) Auch das unterscheidet die Produkte der Wissenschaft, wie die der Literatur und Kunst von anderen Produkten, daß sie zumeist immaterieller Natur und deshalb mit denjenigen der praktischen Tätigkeiten im Grunde inkommensurabel sind. Die Entlohnung des Hervorbringers ist in den meisten Fällen eine Notwendigkeit, um demselben die Existenz zu ermöglichen, für die Beurteilung seiner Tätigkeit aber unwesentlich. Es wäre ebensogut denkbar, daß er sie bloß aus Menschenfreundlichkeit oder rein zum Vergnügen ausübte. Bei den mechanischen Künsten ist dies nur insoweit wahrscheinlich, als sie ins Künstlerische hinüberspielen. Es ist wohl möglich, daß jemand ohne Ertrag, ja mit großem Kostenaufwande etwa Blumengärtnerei treibt, aber nicht, daß er sich lediglich zu gleichem Zwecke der Mühsal des Ackerbaues unterzieht. Und wenn der heilige Crispinus den Armen unentgeltlich Schuhe machte, so versteht dies doch jedermann dahin, daß er es aus Menschenfreundlichkeit tat und nicht aus Liebe zur Schusterei.

⁹) Von diesem Standpunkte aus könnte man für die Juristen jetzt auch das Lateinstudium für überflüssig erklären, denn wir haben ja jetzt ein Bürgerliches Gesetzbuch für das Deutsche Reich; wozu brauchen wir also noch in das alte Corpus juris zu schauen? Denjenigen, die so raisonnieren und sich namentlich auf die treffenden Verdeutschungen lateinischer Kunstausdrücke in dem ersteren etwas zu gute tun, möchte ich nur beispielsweise die Frage vorlegen, was sie sich unter „persönlichen Dienstbarkeiten" vorstellen, ein Ausdruck der übrigens

auch schon im bürgerlichen Gesetz=Buche für das Königreich Sachsen vorkommt. Kein Mensch, der nicht Pandektenrecht studiert hat (Marcian in l. 1, Dig: de servitutibus VIII, 1, denn die Institutionen sprechen nur von servitutes praediorum) wird ahnen, daß darunter Nutzungsrecht und Mißbrauch verstanden werden!

[10]) Die Bedenklichkeit im Niederschreiben nicht schriftgemäßer Worte charak= terisierte vor einem Menschenalter Carl Vogt mit folgender hübscher Anekdote aus der Geschichte der hessendarmstädtischen Statistik. Bei einer Aufnahme der Obstbäume wurden in einem vogelsbergischen Dorfe zahlreiche Nußbäume an= gegeben. Der dirigierende Beamte, wohl wissend, daß es im ganzen Vogels= gebirge keinen einzigen Nußbaum gebe, setzte den betreffenden Gemeindevorstand zur Rede und dieser gab zu: „Es sind freilich keine Nußbäume; es sind „Quotschen" (Zwetschen), aber der Teufel soll das schreiben!"

[11]) Jedenfalls steht die Tatsache fest, daß der Weg zur Schrift für die deutschen Völker durch das Latein ging, dem auch ihre Schriftzeichen unterschied= los entlehnt sind, denn die sogenannte deutsche Schrift (Fraktur) ist nichts als eine durch die Verschiedenheit des Schreibmaterials (Rohrfeder statt Spitzfeder) bedingte Variante der Antiqua und in ihrer älteren Form, der sogenannten gothischen Schrift, in den Handschriften der romanischen Völker ebenso gebräuch= lich wie noch heute als Zierschrift in ihren Drucken.

[12]) Daß die Religionsspaltung eine schwere Erschütterung des geistlichen Standes nach sich ziehen mußte, verstand sich von selbst. Seine führende Stel= lung war erschüttert und ging zum Teil an den Juristenstand über, von dem man nun mit Recht sagen konnte: Dat Justinianus honores. Die juristischen statt der geistlichen Kanzler lassen ahnen, wer fortan das Heft in den Händen halten sollte. Und bei den Kanzlern blieb es nicht. Den ganzen Staat durch= drang allmählich ein Netz juristisch gebildeter Verwaltungsbeamten und Richter und diese machten wieder studierte Advokaten nötig, von den studierten Bürger= meistern der größeren, den gelehrten Stadtschreibern der kleineren Städte ganz zu schweigen. Kurz auch das numerische Verhältnis beider Fakultäten verschob sich zu Ungunsten der Theologie, deren mögliche Ausdehnung durch die Zahl der bestehenden Pfründen bedingt war, welche in den protestantischen Ländern noch eine erhebliche Reduktion erlitt. Aber was die Theologie an Bedeutung verlor, kam nicht schlechthin der Jurisprudenz zu gute. Denn während jene für ihre Spitzen die Gleichstellung mit den weltlichen Fürsten, ja im Papste vor allen den Königen den Vorrang beansprucht hatten, konnten die Juristen sich nur auf die ihnen von den Fürsten eingeräumte Vollmacht stützen. Glichen jene größeren oder kleineren Sonnen, so leuchteten sie nur mit erborgtem Lichte.

[13]) Als eine Probe davon, wie das letztere ausgesehen haben mag, sind die epistolae obscurorum virorum nicht zu verachten. Unsere Witzblätter be= mühen sich ja auch, den Jargon möglichst getreu nachzuahmen, um dadurch ihre sachlichen Übertreibungen glaublicher erscheinen zu lassen.

[14]) Für die im Sinne der Humanisten durch Aufnahme des Griechischen

erweiterten Lateinschulen kam dann seit dem 16. Jahrhunderte auch die griechisch=
poetische Bezeichnung „Gymnasium" in Gebrauch. (Vgl. Paulsen, Geschichte
des gelehrten Unterrichts, Bd. 1, S. 322.) Es war deshalb unzutreffend und
irreführend, denselben Lehranstalten zu vindizieren, die dieses unterscheidenden
Zusatzes entbehren. Nichtsdestoweniger soll er ihnen als ersessenes Recht in
keiner Weise streitig gemacht werden. Es empfiehlt sich vielmehr, behufs deut=
licher Unterscheidung der humanistischen Gymnasien zu dem guten, alten deut=
schen Ausdrucke „Gelehrtenschule" zurückzukehren. Der läßt deutlich ihre vor=
wiegend aufs Abstrakte gerichtete Bestimmung erkennen und entspricht der Volks=
sitte, welche die alten Institute dieser Art nach wie vor „Schulen" nennt, so
in Dresden: Kreuzschule (Schola crucis, schola lucis!), in Leipzig: Thomas=
schule, Nikolaischule ꝛc. Auch die alten humanistischen Landesanstalten Sachsens
heißen noch heute „Fürsten= und Landesschulen" nicht „Landesgymnasien".

¹⁵) Eine ähnliche Renaissance hat Theokrit in den Schäferspielen des
17. und 18. Jahrhunderts erlebt, in denen die darin vorkommenden Damons,
Daphnis, Phyllis, Chloes u. s. w. auch keinen Zweifel daran ließen, daß man
es nicht mit wirklichen Schäfern, sondern mit Reminiszenzen aus dem Grie=
chischen zu tun hatte.

¹⁶) Namentlich die Chemie, welche neue Körper nicht nur entdeckt, son=
dern selbst schafft, macht bei deren Benennung Anleihen im Griechischen, wo=
bei die sesquipedalia verba weit übertroffen werden. Trimethyloxaethylammo-
niumoxydhydrat ist schwerlich ein schönes Wort zu nennen; aber jeder der
Griechisch versteht, weiß was für Stoffe in dem so bezeichneten Körper enthalten
sind. Ich möchte mit Rücksicht auf diese fortwährenden Neubildungen das alte
Griechisch im Gegensatz zum Lateinischen gar nicht als eine völlig tote Sprache
gelten lassen. Es gleicht einem halberstorbenen Baume, der zwar keine Blüten
und Früchte mehr trägt, aber alljährlich noch neue Blätter hervortreibt.

¹⁷) In England trat dieses Bedürfnis nicht hervor, denn die Colleges,
von vornherein auf die Bedürfnisse des Landadels zugeschnitten, dienten und
dienen noch heute mehr dem Zwecke, gentlemen, als Stubengelehrte zu erziehen
und werden deshalb auch mehr als unsere Gymnasien als eine geeignete Vor=
stufe für höhere bürgerliche Berufe angesehen. Wie man in Nordamerika, dessen
Bildungswesen sich in der Hauptsache in den überkommenen englischen Gleisen
bewegt, hierüber denkt, darüber gibt eine von dem Präsidenten der Western Reserve University in Cleveland, O., Charles, F. Thwing veranstaltete und
im Oktoberhefte des 18. Jahrganges der North-American Review abge=
druckte Sammlung gutachtlicher Äußerungen großer amerikanischer Geschäfts=
männer interessante Auskunft.

¹⁸) So schreibt Heyne von seinen Kommilitonen, daß unter ihnen, „wie
es bei einer Jugend von niedriger Herkunft und schlechter Erziehung nicht anders
sein kann, die äußerste Ungezogenheit und Sittenlosigkeit jeder Art herrschte".
(Paulsen, Geschichte des gelehrten Unterrichtes I, 603.)

¹⁹) Über die erziehliche Seite der in anderer Beziehung so verdienstvollen

pietistischen Lehranstalten vgl. u. a. Ziegler, Geschichte der Pädagogik mit be=
sonderer Rücksicht auf das höhere Unterrichtswesen. S. 185 f.

²⁰) Daß die Studenten auf den geistlichen Bildungsanstalten des Mittel=
alters keine Duckmäuser waren, lehrt die von Schmeller unter dem Namen:
Carmina Burana herausgegebene Liedersammlung lateinischer und deutscher
Lieder aus Benediktbeuern, seria, amatoria, potatoria und lusoria, wie der
Herausgeber sie klassifiziert, darunter solche, die er nicht vollständig zum Ab=
druck zu bringen gewagt, sondern über deren einen Teil er mit: desunt hoc loco
reliqua „einen schamhaften Schleyer" werfen zu müssen geglaubt hat.

²¹) Wenn Lorenz von Stein in seinem großartig angelegten Werke:
Die Verwaltungslehre, Zweites Hauptgebiet: Das Bildungswesen II. Tl., S. 66
die Vorschrift Karls des Großen, daß die Eltern ihre Kinder so lange den Geist=
lichen zur Unterrichtung zuschicken sollen, bis sie das Credo lateinisch (!), im
Notfalle deutsch, hersagen könnten, das erste Volksschulgesetz mit Schulzwang
erblickt, so ist das Wort jedenfalls in einem anderen, als dem heutigen Sinne
gebraucht. Auch die Vorschrift des vierten lateranischen Konzils vom Jahre 1215
(ebenda S. 115), daß bei jeder Kirche, deren Mittel es erlauben, eine
Schule für (lateinisch) Lesen und Schreiben errichtet werden solle, dürfte kaum
mehr bedeuten, als einen frommen Wunsch.

²²) Noch vor fünfzig Jahren konnte man auch bei uns nicht selten auf
Leute stoßen, die wohl Gedrucktes, nicht aber Geschriebenes lesen und selbstver=
ständlich auch nicht schreiben konnten. Der streng durchgeführte Schulzwang
hat ihre Zahl nach Ausweis der Rekrutierungsstatistik fast auf Null reduziert;
aber man sollte doch nicht vergessen, daß diese Statistik insofern nicht vollstän=
dig beweiskräftig ist, als sie nur das männliche Geschlecht ins Auge faßt und die
Vernachlässigung der Schulbildung herkömmlich immer mehr beim weiblichen
hervortrat.

²³) Vgl. B. Zieger in Rein, Encyklopädisches Handbuch der Pädagogik,
Bd. III, S. 291.

²⁴) Vgl. Brachelli's Rektoratsrede an der Technischen Hochschule zu
Wien, 1878, S. 30.

²⁵) Die naheliegende Frage, ob nicht auch das Deutsche den Rang einer Welt=
sprache beanspruchen kann, muß leider verneint werden. Das Deutsche ist unzweifel=
haft eine der ersten Kultursprachen, und daß sie dies ist, verdankt sie nicht zum
mindesten dem unermüdlichen Fleiße des deutschen Gelehrtenstandes. Aber eine
Weltsprache ist nicht eine solche, die in der ganzen Welt Kenner und Vertreter zählt,
sondern die in der Welt Autorität ausübt. Weltsprache bedeutet ein Stück
Weltherrschaft, indem sie Andere zur Anerkennung ihrer Superiorität zwingt.
Jemehr diese Autorität eine selbstverständliche ist, um so fester ist ihre Herr=
schaft gegründet. Eine solche Herrschaft hat die deutsche Sprache geübt. Wir
selbst haben sie zerstört, indem wir den entscheidenden Moment verpaßten. Als
es eine neue Welt zu verteilen gab, erschöpfte sich das Interesse des deutschen
Volkes in den kirchlichen Streitigkeiten, und als die Herrschaft über die alte

Welt neu verteilt wurde durch Ausdehnung des Einflusses der Europäer über die anderen alten Weltteile, da vergaß das deutsche Volk den Anteil an der Weltherrschaft, den es bereits ausübte, und zerstückelte eigenhändig sein Machtgebiet. Die Katastrophe der österreichischen Monarchie war die Katastrophe einer beginnenden hochdeutschen Weltsprache. Seitdem sind wir auf der ganzen Ostseite im Zurückweichen und innerhalb unserer eigenen Grenze um unsere Existenz zu kämpfen genötigt. Eine Sprache in solcher Lage ist keine Weltsprache.

Eine völlige Halbkreisdrehung unserer Aktionsrichtung war die notwendige Folge dieser Krise. Das Kaiserwort: „Deutschlands Zukunft liegt auf dem Wasser!" hat dafür den treffenden Ausdruck gefunden. Aber unsere alte prächtige plattdeutsche Seemannssprache, bodenständig von Gravelingen bis an den Peipussee, war von der Schulweisheit geächtet. Nun müssen wir sie, mit massenhaft eingedrungenem Französisch versetzt, als Englisch wieder erlernen!

Wenn tatsächlich Deutschlands Bedeutung über See in den letzten Jahren unzweifelhaft bedeutende Fortschritte gemacht hat, so verdanken wir dies nicht den deutschen Sprachmeistern, sondern den deutschen Kaufleuten, die, neben der Betätigung hervorragender Geschäftstüchtigkeit, in der Erlernung fremder Sprachen, namentlich des Englischen, allen anderen Nationen den Rang abgelaufen haben. Ein Sprachgebiet ist ein geistiges Machtgebiet. Um in das Weltherrschaftsgebiet der englischen Sprache einzudringen, müssen wir Englisch lernen. Deutscher Einfluß über See, wo er überhaupt noch freien Spielraum findet, muß jetzt auf Englisch ausgeübt werden.

[26]) Zu meiner Zeit wurde das Gymnasium von vielen Schülern besucht, deren Eltern nicht daran dachten ihre Söhne studieren zu lassen. Da waren zuerst künftige Schriftsetzer, die nur das Untergymnasium durchmachten, um soviel lateinisch und französisch zu lernen, daß sie von den lateinisch abgefaßten Manuskripten wenigstens etwas verstanden (in einer Universitätsstadt, wo damals noch viele lateinische Dissertationen pp. gedruckt wurden, eine schätzenswerte Eigenschaft!) und vom Griechischen, das damals in Quinta begann, wenigstens die Bedeutung der Buchstaben kannten. Weiter hinauf, heutzutage würde man sagen bis zur Freiwilligenreife, verfolgten den Gymnasialkursus die künftigen Buchhändler, bei deren Abgange der gute alte Rektor in die dem späteren Berufe der Schüler gewidmete Spalte des von ihm geführten Schülerverzeichnisses zu schreiben pflegte: Sos., jedenfals erfreut auch in diesem Falle auf eine klassische Reminiscenz an die berühmte Buchhändlerfirma Gebrüder Sosii — („Sosiorum pumice laevis") zu stoßen. Dann gab es auch unter uns „Barbaren" (wie man sie in Stuttgart, aber nicht in Leipzig nannte), nämlich solche, die wegen beabsichtigten Übergangs in den Verkehrsdienst vom Griechischen dispensiert waren, übrigens nicht so viele, daß man aus ihnen hätte besondere Klassen bilden können. Alles das hatte damals seine volle Berechtigung, namentlich deswegen, weil es den Betreffenden nicht einfiel, zu verlangen, daß die Schule ihre allgemeinen Einrichtungen ihrem Sonderbedürfnisse anpasse, wie es heute trotz des Bestehens geeigneter Spezialschulen vielfältig geschieht.

²⁷) Auf solche Vorarbeit rechneten z. B. die sächsischen Fürstenschulen, die vor Einführung der neunklassigen Jahreskurse gar kein Untergymnasium besaßen.

²⁸) Vgl. Treitschke, Politik I, S. 363.

²⁹) Mit Unrecht (glaube ich) äußert man sich vielseitig abfällig über das „Parlieren" der Kinder. Ihre Muttersprache lernen sie doch auch zuerst „parlieren" und es ist nicht zu bemerken, daß dies dem nachfolgenden grammatikalischen Unterrichte Nachteil brächte. Sie bringen den Besitz derselben mit und erlangen nachträglich die Aufklärung über ihren inneren Bau, wie ihre Kenntnis der Lebewesen zuerst mit der Einprägung ihrer äußeren Gestalt beginnt und dann erst zur Kenntnis des inneren Baues fortschreitet. Ich hätte gar nichts dagegen, wenn gleiches auch betreffs der alten Sprachen möglich wäre, wie dies ein verzweifelter Gymnasiast betreffs des Griechischen (das er übrigens gern hatte) wünschte. Aber hier fehlen die Menschen, die diese Sprachen als Muttersprache reden, und deshalb nennen wir diese Sprachen tote Sprachen. Darum müssen wir betreffs ihrer verfahren, wie betreffs der Überreste abgestorbener Schöpfungsperioden, bei denen wir auch erst das Skelett aufbauen und dann nach Möglichkeit die mutmaßliche äußere Gestalt vor unserem geistigen Auge hinzufügen.

³⁰) Wer alles, was die Schüler lernen sollen, bloß von der Schule erwartet, rechnet mit der Voraussetzung des Internats, das jetzt mit dem ganzen englischen Schulbetriebe auch in Deutschland seine Lobredner findet. Und doch sind selbst in England die Internate nur erträglich, durch die große Freiheit, die sie lassen, und die langen Ferien. Wohl steht die im College begründete Kameradschaft in hohen Ehren, aber was sie zum Hintergrunde hat, das lehrt deutlich das prächtige: „Forty years on, when afar and asunder Parted are those, who are singing to day!" Von gemeinsamem Arbeiten ist darin mit keinem Worte die Rede, wohl aber heißt es:

O the great days, in the distance enchanted,
Days of fresh air, in the rain and the sun,
How we rejoiced, as we struggled and panted —
Hardly believable, forty years on!

Und das hohe Lied englischer Schülerfreude sagt ganz direkt:

Concinamus o sodales!
Eja! quid silemus?
Nobile canticum,
Dulce melos Domum,
Dulce Domum resonemus!

Die Schulstube ist auch für den englischen Collegeman nur der „Kasten" daher:

Post grave taedium
Advenit omnium
Meta petita laborum!

Der deutsche Student singt: vivat academia! vivant professores und jammert, wenn er von der Universität nach Hause muß. Dafür steckt er aber auch in keinem Internate, sondern genießt die akademische Freiheit, die ihm gestattet, nicht nur, sich zu vergnügen, wie, sondern (was man viel zu wenig beachtet) auch zu lernen, was er will. Und die hat in den allermeisten Fällen, neben dem Schulpensum, auch der deutsche Gymnasiast und sie muß bei der Begrenzung des letzteren notwendig mit in Anschlag gebracht werden.

[31]) Daß solche Ideen damals im Zuge der Zeit lagen, ist zu ersehen aus Nobbe, Über die Forderungen der Zeit an die Gymnasien, Leipzig 1849, S. 11. Daß Nobbe, wie er selbst bekennt, seiner Neigung nach von Grund aus Gräcist, dem Lateinischen den höheren praktischen Wert beimißt, hängt mit der Bedeutung zusammen, die letzteres damals in der Tat noch besaß, mit der aber die Zwischenzeit gründlich aufgeräumt hat.

[32]) Ich kann in dieser Beziehung aus praktischer Erfahrung sprechen, da ich in der seltenen Lage war, Lateinisch und Französisch zugleich anfangen zu müssen, aber wohl nur deshalb ohne Schaden, weil ich es mir nicht einfallen ließ, darüber nachzudenken, ob esse und être, fuissetis und fûtes wohl am Ende dasselbe Wort seien, sondern mich strikt an die Tatsache hielt: „sein" heißt auf lateinisch esse, auf französisch être, „ihr wäret gewesen" auf lateinisch fuissetis, auf französisch fûtes. Wie wenig auf ein sicheres Ergebnis der rückwärts schauenden Sprachvergleichung zu rechnen ist, hat mich auch die Erfahrung gelehrt, daß Italiener für das Erlernen der lateinischen Stammsprache keineswegs immer besonders günstig veranlagt sind, während ihnen das Erlernen der französischen Schwestersprache, zu welcher der piemontesische Dialekt die lebende Brücke bildet, erfahrungsmäßig leicht fällt. Die Sprachvergleichung muß die Wörter im Flusse zeigen, während der Schüler sich vor allem sicher die festgeprägten Formen aneignen soll. Jetzt findet man in Schulgrammatiken sogar Rückverweisungen auf indogermanische Wurzelwörter. Ebensogut könnte man diejenigen, welche Hebräisch lernen auf die Analogie hinweisen, welche die sogenannten Modi oder Konjugationen mit den Aspekten der slavischen Sprachen haben, und ebenso den in letzteren vom Ablativ abgezweigten Präpositional mit den zahlreichen postpositionalen Kasus der finnischen Sprache in Parallele setzen. Alle solche Dinge sind Leckerbissen für den Sprachvergleicher, aber Gift für den nicht von vornherein zum Philologen geborenen Schüler.

[33]) Auf den vielgerühmten formalen Bildungswert der alten Sprachen, die sogenannte „Gymnastik des Geistes", lege ich nur geringes Gewicht. Etwas Wahres ist ja daran. Grammatik ist angewandte Logik, wenn auch in einseitiger Richtung. Das gleiche gilt indes auch von der Mathematik und man könnte wohl sagen, daß die realistischen Bildungsanstalten das Minus an Geistesgymnastik in alten Sprachen durch das Plus an Mathematik und neueren Sprachen ausgleichen, die doch auch jener Gymnastik dienen. Übrigens ist der Unterschied bezüglich der Mathematik nicht so groß. Der preußische Normallehrplan für die Realgymnasien bezeichnet als Lehrziel in Oberprima: Anfänge

der Analyſis (Kegelſchnitte). Soweit brachten wir es ſchon vor mehr als 50 Jahren im humaniſtiſchen Gymnaſium! Der Gewinn an Stundenzahl, der durch Ausmerzung des Griechiſchen erzielt wird, iſt nicht ſo bedeutend, daß er, zumal auf mehrere Lehrfächer verteilt, in dieſen ein durchſchlagendes Plus er= möglichte, ſelbſt wenn man noch einige Erſparnis an Latein hinzunimmt, und es iſt ſehr zweifelhaft, ob dieſer geringe Unterſchied die Exiſtenz einer be= ſonderen Schulgattung notwendig macht, einem Gymnaſium gegenüber, deſſen Lehrplan ſeit hundert Jahren ſo reformiert worden iſt, daß es an Realien auf= genommen hat, was es nur irgend tragen kann. Ja wenn man ſtatt des Grie= chiſchen das Latein über Bord geworfen hätte! Da käme eine Erſparnis her= aus, mit der ſich etwas Erkleckliches anfangen ließe! Das Hinauswerfen des kleineren, aber wertvolleren Beſtandteils aus dem altſprachlichen Unterrichte zum Zwecke der Erleichterung mutet mich an, als wenn man zu gleichem Zwecke aus der dicken Bibel das Neue Teſtament hinauswerfen wollte. Übrigens ſoll der lateiniſchen Sprache (im Gegenſatze zur römiſchen Literatur) der eigenar= tige Vorzug nicht beſtritten werden, daß ihre verhältnismäßige Armut an Formen zu knapperem Haushalten veranlaßt und eine Konziſion des Ausdrucks erzeugt hat, die kaum von einer anderen europäiſchen Sprache erreicht wird. Daher iſt Lateiniſch die rechte Monumenten= und Geſetzesſprache geworden.

²⁴) Eben darum iſt es ſo ungerechtfertigt, dem dieſes wertvollſten Teiles beraubten Gymnaſium die Gleichwertigkeit mit der in ihrer Art planmäßig abgeſchloſſenen Realſchulbildung zuzuerkennen, ja durch ein glücklicherweiſe wieder abgeſchafftes „Abſchlußexamen" dieſe Gleichwertigkeit förmlich zu atteſtieren. Es heißt doch einfach den alten Prokruſtes nachmachen, wenn man einen Langen und Kurzen nebeneinanderſtellend, Jenen nachdem man ihn durch Abſchlagen des Kopfes auf das Maß des anderen reduziert hat, mit dieſem für gleichwertig erklären wollte. Der Realſchüler hat doch wenigſtens in den neuen Sprachen etwas ordentliches gelernt, während der abgehende Gymnaſialſekundaner im Franzö= ſiſchen wie in den alten Sprachen bis dahin ein Stümper geblieben iſt! Würde das Erſitzen der „Berechtigung" in Sekunda abgeſchafft und auch von den Gymna= ſiaſten als Vorbedingung die Abſolvierung des Schulzieles (wozu ja wie bisher Nachfriſt gegeben werden könnte) oder das Examen vor der Kommiſſion verlangt, ſo würde dies ſicher die Gymnaſien von manchen Schülern befreien, die dort nicht am rechten Platze ſind.

²⁵) Der Adel wird faſt ausnahmslos durch Geburt, Geld und Gut zum guten Teil durch Erbgang erworben. Wiſſen hingegen will von Jedem perſön= lich erarbeitet ſein. Inſofern bildet der Gelehrtenſtand eine Brücke zwiſchen den beſitzenden und den arbeitenden Klaſſen. Wer den Zuſammenhalt dieſer Brücke unachtſam zerbröckeln läßt oder eingebildeten Nebenvorteilen zu liebe ab= ſichtlich löſt, dürfte kaum dem Vorwurfe entgehen, daß er einen wenngleich ſchwachen Ableiter der ſozialen Spannung leichtſinnig zerſtöre.

Dresden, am Nikolaustage 1903.

4*

Druck von Pöschel & Trepte, Leipzig.

Die Strafrechtsreform
und
die jugendlichen Verbrecher.

Vortrag

gehalten am 20. Januar 1904

im staatswissenschaftlichen Praktikum der Gehe=Stiftung

von

Ernst Hahn,
Oberlehrer, Dresden.

Dresden

v. Zahn & Jaensch

1904.

Die Strafrechtsreform und die jugendlichen Ver=
brecher — das ist das gestellte Problem. Wer soll es lösen? —
Der Pädagog? — Nein, denn es handelt sich hier doch wohl in
erster Linie um juristische Dinge; also der Jurist? — Nein,
denn dabei gilt es, bedeutsame pädagogische Fragen zu erörtern.
Wer also? — Ohne Zweifel beide: der Jurist, der in sich den
Pädagogen sprechen läßt, und der Pädagog, der sich zugleich
auf juristischen Boden begibt.

Das Experiment, diesen Pädagogen heute zu vertreten, will
ich wagen und bitte die Herren von der Justiz, meine Erörte=
rungen im Interesse der tiefernsten Sache möglichst scharf unter
ihre kritische Lupe zu nehmen.

Unter Strafrecht verstehe ich im folgenden ganz allge=
mein das Reichsstrafgesetzbuch, die Strafprozeßordnung und das
Gerichtsverfassungsgesetz, unter „jugendlichen Verbrechern"
Personen, die das 12., aber nicht das 18. Lebensjahr vollendet
haben und sich eines Verbrechens, Vergehens oder einer Über=
tretung im Sinne von § 1 des St.=G.=B. schuldig machten.

Wer die einschlägige Literatur der Kriminalisten, Straf=
rechtspraktiker, Strafvollzugsbeamten, Statistiker und Pädagogen,
die Verhandlungen ihrer Kongresse, besonders die der Inter=
nationalen Kriminalistischen Vereinigung, in den letzten zwei
Dezennien aufmerksam verfolgt hat, der wird wissen, daß das
vorliegende Problem von den verschiedensten Seiten in nahezu
erschöpfender Weise behandelt wurde.

Meine Absicht ist demnach, zu orientieren und zu aus=
gesprochenen Meinungen bestimmte Stellung zu nehmen.

1*

Da die Reichsregierung aus der bisher beobachteten Reserve herausgetreten ist und, wie Geheimrat Dr. von Tischendorf mitteilte, mit den „Vorarbeiten zu den Vorarbeiten" einer Strafrechtsreform begonnen hat, so gilt es, dem Rufe des unlängst verstorbenen Prof. Seuffert zu folgen. In einer seiner letzten Veröffentlichungen schreibt er: „Das erste Signal ist gegeben, und nun heißt es: alle Mann auf Deck!"[1]). — Die Strafrechtsreform ist nicht nur eine Angelegenheit des Juristen; sie trifft das gesamte deutsche Volk in seinen breitesten Schichten; sie berührt seine politischen, wirtschaftlichen, sozialen und ethischen Interessen aufs tiefste.

Der deutsche Lehrer hat nicht nur das Recht, sondern die unerläßliche Pflicht, hinsichtlich der kriminellen Behandlung der Jugendlichen seine Gedanken zu äußern. Vorläufig liegen die Herren Juristen selbst noch in arger Fehde untereinander, und trotz aller Eintrachtsversicherungen und Einigungsbestrebungen wird Prof. Seuffert mit seinem Prophetenwort wohl Recht behalten: „Es wird ein heißes Ringen werden, ein Mühen und ein Kämpfen!" —

Das Verdikt über das heutige Strafrecht hinsichtlich der Jugendlichen wird fast regelmäßig aus der Kriminalstatistik abgeleitet. Man malt aber dabei den kriminalstatistischen Hintergrund möglichst dunkel, um den Reformgedanken ein recht scharfes Relief zu geben. Wer die begründenden Abschnitte der verschiedensten Artikel liest, den muß Entsetzen packen vor der heutigen deutschen Jugend. — Die Kaiserliche Kriminalstatistik ist an dieser tendenziösen Schwarzmalerei unschuldig. In ihren nunmehr erschienenen 19 Bänden mahnt sie unausgesetzt zur Vorsicht, warnt vor voreiligen Schlüssen und sucht durch fortgesetzte Differenzierung ihres Materials der kriminellen Wahrheit näher zu kommen[2]).

Es gilt, mit kritischer Nüchternheit an die kriminalstatistischen Tabellen heranzutreten, vor allem, sie durch weitgehendste Differenzierung auf ihren wahren Wert zu prüfen. Gewöhnlich nach einem eklatanten „Kriminalfall" erscheinen in Zeitung und Broschüre, auf Kanzel uud Katheder die schreckhaftesten Darstellungen unserer kriminellen und sittlichen Zustände, und die Kriminalstatistik in ihren allgemeinen Zahlen wird zur Erzielung einer größeren Resonanz herzugeholt. Wie nach einem grellen Blitzstrahl erscheint dann die Nacht der Jugendkriminalität desto dunkler. Man vergißt aber, daß es sich um einen Fall handelt, daß man bei der Beurteilung mit dem erschütterten Gemüte und nicht mehr mit dem ruhigen Verstande operiert.

Ich behandele zunächst das kriminalstatistische Bild der Jugendlichen, seine Deutungen und Täuschungen, denn die Kriminalstatistik, nach Quetelet das budget de crime, gilt in der Tat als der Hauptankläger wider das Strafrecht[3]).

Die Zahl der verurteilten Jugendlichen stieg in den Jahren 1882/1900 von 30 719 auf 48 657, d. i. um 58,4 %, während die Zahl der erwachsenen Verurteilten nur um 40,7 % anwuchs (Tafel I). Man führt sehr oft diese absoluten Zahlen an, um ein möglichst schwarzes Bild zu zeichnen. Jedoch auch die relativen Zahlen erscheinen erschreckend genug. Auf je 100 000 der jugendlichen Bevölkerung kamen im Jahre 1882 568 Verurteilte, im Jahre 1896 (bis zu welchem Jahre die relativen Zahlen augenblicklich nur berechenbar sind) 702, d. i. eine Zunahme von 23,6 % (Tafel II). Differenziert man die Bestraften in Erstmaligbestrafte und Vorbestrafte, so ergibt sich, daß der Auftrieb der Kurve vornehmlich durch die Vorbestraften erfolgte, daß die Zahl der neu in die Reihe der

Kriminellen Eintretenden verhältnismäßig in geringem Maße gestiegen ist (Tafel I). Die Zahl der Nichtbestraften wuchs in den Jahren 1889/96 nur um **5,93%**, die der Vor= bestraften dagegen um **32%** (Tafel III). Trennt man ferner die ein= und zweimal Vorbestraften von den drei= und mehrmals Vorbestraften, so zeigt sich, daß die Zahl der ersteren um 13%, die der letzteren dagegen sogar um 43% in die Höhe ging.

Hierbei sei erwähnt, daß auch bei der allgemeinen Krimi= nalität der Auftrieb der Kurve fast lediglich durch die Rück= fälligen bewirkt wurde (Tafel IV). Will man in tendenziöser Weise kriminalstatistische Schwarzmalerei treiben, so eignet sich nichts besser dazu, als die Kurve der verurteilten Handlungen (Tafel IV, II); sie zeigt eine Steigerung von 389658 auf 563819 in den Jahren 1882/1900. Auch die Ziffer der verurteilten Personen (Tafel IV, I) vermag dem Uneingeweihten einen Schrecken einzujagen. Sie stieg von 329968 auf 469819. Die Tafel IV zeigt aber, daß im Jahre 1900 unter den be= straften Personen allein 193857 Vorbestrafte anzusetzen sind, daß die Kurve der neu unter die Kriminellen Eintretenden sich also ganz unmerklich über den Ausgangspunkt erhebt (Tafel IV, III). Noch deutlicher wird das Verhältnis der Nichtvorbestraften zu den Vorbestraften durch Tafel V. Die Neueintretenden (I) zeigen sogar einen Rückgang, 778 auf 733, während die Ziffer der Vorbestraften (II) von 277 auf 499 pro 100000 der strafmündigen Personen anwuchs. Diese Daten nur deshalb, um zu zeigen, daß auch die allgemeinen Krimina= litätsziffern nicht so schreckenerregend sind, als man zuweilen darstellt. Die bedenklichste Erscheinung ist die fortgesetzte Stei= gerung der Rückfallsziffer. Ebenso tritt bei den Jugendlichen, wie bei der strafmündigen Civilbevölkerung überhaupt als cha= rakteristische Erscheinung zu Tage: der Antagonismus zwi=

schen Eigentums- und Roheitsdelikten. Stellt man bei den Jugendlichen z. B. Diebstahl und Unterschlagung und Körperverletzung einander gegenüber, so ergibt sich, daß in den Jahren 1882/99 auf je 1000 verurteilte Jugendliche die Zahl bei Diebstahl und Unterschlagung von 651 auf 523 fiel, bei der Körperverletzung von 110 auf 191 stieg (Tafel VI).

Man könnte vielleicht einwenden, daß es unstatthaft sei, zwei Deliktsarten herauszuheben. Dem gegenüber möchte ich daran erinnern, daß dies zwei sogenannte „große" Delikte (im statistischen Sinne) sind. Wegen Diebstahl und Unterschlagung wurden in den Jahren 1894/1900 allein 179365 Jugendliche verurteilt, wegen Körperverletzung 60059. Sie dürften also wohl geeignet erscheinen, eine bestimmte kriminelle Tendenz der jugendlichen Verbrecher zu kennzeichnen.

Als eine höchst auffällige Erscheinung muß es dem gegenüber gelten, daß die Gerichte immer mehr zu gelinderen Strafen gelangten: Von je 1000 gegen Jugendliche erkannten Strafen waren:

	Gefängnis:	Geldstrafe:	Verweis:
1889/1893:	708	123	167
1894/1898:	635	163	202
1899/1900:	589	181	229
	—119	+58	+62 (Tafel VII).

Nun wäre es ja möglich, daß trotz des obengenannten Antagonismus doch die leichteren Verfehlungen gestiegen, somit die Ziffern der leichteren Strafen gerechtfertigt wären. Um darüber Klarheit zu verschaffen, gibt die Reichsstatistik eine Berechnung der schwereren Delikte, d. h. solcher, bei welchen Jugendlichen gegenüber stets auf Gefängnis erkannt worden ist. Diese stiegen in den Jahren 1882/88 zu 1894/98 wie 13,8 zu 14,1. Es ist somit bewiesen, daß die erkennenden Gerichte immer größere

Milde walten ließen. Am stärksten stieg die Ziffer des Verweises. Von sämtlichen verurteilten Jugendlichen erhielten diese Kriminalstrafe: 1882/88 **14 %**,   1899 aber **26 %**.

Man hat seit Jahren stets England vorgeführt als das einzige unter den europäischen Kulturländern, in denen die Jugendkriminalität merklich zurückgehe, und zwar tat man dies immer unter Hinweis auf die bedeutende Abnahme der jugendlichen Gefängnissträflinge. Morrison und vor kurzem Sektionsrat Dr. Hoegel-Wien haben aber diese Ansicht als eine Täuschung zurückgewiesen. Morrison schreibt: „Diese Auslegung wurde so oft wiederholt, bis sie unbestritten galt. Die Abnahme ist kein Beweis für das Sinken des Jugendverbrechertums, sondern für das Anwachsen des Geistes der Milde." Es ist Tatsache, „daß auch in England wie anderwärts die Zahl der jugendlichen Missetäter seit 30 Jahren zunimmt"[4]). Sektionsrat Dr. Hoegel-Wien, der sich eingehend mit der englischen Jugend-Krim.-Statistik beschäftigt, kommt zu dem Urteile, daß die englischen Richter immer mehr dahin neigen, nicht mit Verurteilungen vorzugehen und daher immer häufiger in die Industrial Schools abgeben oder ganz freisprechen, „daß aber ein Sinken der Straffälligkeit selbst **nicht** erwiesen ist"[5]). Es ist ersichtlich, wie man überall bemüht ist, durch eine veränderte Handhabung des Strafrechts dessen gefährliche Wirkung abzuschwächen. Ob diese allerwärts auftretende Milde das richtige Mittel ist, der Kriminalität zu steuern, ist eine andere Frage; es scheint wenigstens die Tatsache der unheimlichen Steigerung der Rückfallsziffer eine höchst ernste Antwort darauf zu geben, zugleich sieht man aber hier deutlich, welch zweifelhaften Wert die Ziffer einer Kriminalstatistik haben kann, da sie auch völlig subjektive Neigungen der erkennenden Gerichte wiedergibt.

Zur Komplettierung des kriminalstatistischen Bildes, ins=
besondere zu der wichtigen Frage der Rückfälligen sei noch
hingewiesen auf die bedeutsamen Darlegungen des Kriegsministers
von Goßler in der Reichstagssitzung vom 12. Jan. 1899. Sie
betreffen zwar nicht direkt die Jugendlichen, sondern die Neu=
eingestellten und umfassen den Zeitraum 1882/97, also
15 Jahre[6]. Es hat sich die Zahl der vorbestraften neu=
eingestellten Personen in diesen 15 Jahren um **82 %** vermehrt.
Von den 1897 eingestellten **41 423** Vorbestraften waren
2—5 mal bestraft **12 873** Mann, d. i. eine Vermehrung um
125 %, 6—10 mal vorbestraft **1 399** Mann, d. i. eine Ver=
mehrung von 141 %. Die wegen Körperverletzung Vorbestraften
erhielten allein einen Zuwachs von 150 %. Der Kriegsminister
fügte hinzu: „Man muß die Entwicklung dieser Verhältnisse
mit großem Ernste und mit großer Ruhe abwarten." —

Angesichts der bisher vorgeführten Daten dürfte man sich
wohl den Titel eines unverbesserlichen Optimisten holen, falls
man meinte, daß es mit unserer Jugendkriminalität
und =Moralität nicht so schlimm stehe. Ich behaupte es. Da=
mit stelle ich mich auf Seiten des Prof. Wach, der in seiner
Düsseldorfer Rede sagte: „Der beängstigende Eindruck unserer
Kriminalstatistik mildert sich bei näherem Zusehen"[7]. Ich
möchte aber zugleich hinweisen auf die pessimistischen Darlegungen
über „die kriminelle Physiognomie der Gegenwart" in dem be=
deutsamen Buche des Prof. Aschaffenburg[8]. — Trotzdem füge
ich zunächst sogar hinzu, daß das vorgeführte statistische Bild
noch nicht einmal der Wirklichkeit entspricht, sondern daß die
Kriminalitätsziffern eigentlich noch bei weitem höhere sein
müßten.

Die Reichskriminalstatistik enthält nur die wegen Ver=
brechen und Vergehen bestraften Jugendlichen, nicht aber die

ungeheure Masse der Übertretungen, auch nicht die strafbaren Handlungen gegen Landesgesetze usw. — Die vorhingenannten 48657 Jugendlichen sind nur etwa 23% aller verurteilten Jugendlichen[9]). Es werden demnach jetzt alljährlich rund 200000 Jugendliche unseres deutschen Volkes strafrechtlich verurteilt. — Das ist eine Tatsache, von der sich nichts abhandeln läßt. Das sind aber auch die Ziffern, die kritiklos und in tendenziöser Absicht in die Welt hinausposaunt werden, um die bodenlose sittliche Verkommenheit unserer Jugend exakt zu beweisen. — Ich frage aber: Ist damit, daß der Staat auf grund von konstruierten Tatbeständen, die logisch formulierten Strafrechtsbegriffen subsumiert werden, immer häufiger in die Schar der Jugendlichen eingreift, — ist damit erwiesen, daß diese krimineller geworden oder gar sittlich gesunkener sei? — Ein Beispiel hierzu:

Ist eine Schulklasse, in der der Schulregent A. wenig zu klagen hatte, immer schlechter und schlechter geworden, weil der neue Inhaber der Strafgewalt, B., von Woche zu Woche mehr mit dem Bakel eingriff? — Die Schüler waren genau dieselben, mit denselben Fehlern und Schwächen. Nur der Strafkodex des Strafgewaltigen B. war ein anderer und die Intensität seiner Strafverfolgung eine stärkere. Natürlich gelingt es einer unpädagogischen Strafgewalt sehr bald, eine Knabenklasse zum Widerstand gegen sich heranzuzüchten. Das sicherste Mittel ist das massenhafte Eingreifen. Prof. Seuffert berichtete von einer Person, die das 100. Mal bestraft wurde[10]). Ich möchte fragen: „Was will, was wirkt, was soll" ein derartiges Eingreifen? — Das erste halbe Dutzend der staatlichen Bestrafung lag sicher in der Jugendzeit. Eine in der oben genannten Knabenklasse geführte Strafstatistik würde nimmermehr die Schüler, sondern den Inhaber der Strafgewalt charakteri=

fieren. Ähnlich verhält es sich mit der Strafstatistik des
Staates. Die Statistik der Häufigkeit und Steigerung des
strafrechtlichen Eingreifens ist nicht der Ausbruck der Kriminalität, noch weniger der der Moralität der Jugendlichen.
Man stelle an jede Ecke in der Großstadt einen recht fein-
fühligen Gendarmen, und die Kriminalstatistik würde bald ganz
andere Kurven schlagen, oder man sende in jedes Dorf einen
empfindlichen Kriminalbeamten, und die sogenannte ländliche
Sittlichkeit würde in kurzem ein anderes kriminalistisches Bild
zeigen. Lasker rief seinerzeit im Reichstag: „Wir sind em-
pfindlicher geworden gegen einzelne Vergehen!“ — Professor
Seuffert sprach in seiner Dresdner Rede von der „kriminellen Reizbarkeit des Publikums“[11]).

Es ist doch eigenartig, daß schon vor 30 Jahren der
Justizminister Leonhardt ausrief: „Die Roheit ist gewachsen;
gesunken ist dagegen die Achtung vor der Autorität des Staates
und der öffentlichen Gewalt, gesunken der Sinn für öffentliche
Ordnung und Rechtssitte.“ Wo müßten wir jetzt stehen, wenn
das der Ausgangspunkt der Entwickelung der letzten 30 Jahre
war?[12]) — Es wuchs, besonders in den niederen Kreisen, in
denen man früher vom Staatsanwalt keine Ahnung hatte, der
Anklagemut und die Anklagesucht, geschürt von gewissen-
losen Winkelkonsulenten und die Furcht, einen Jugendlichen
selbst anzufassen; so daß die Staatsanwaltschaften auf grund
des Legalitätsprinzips heute oft genötigt werden, gegen Jugendliche vorzugehen in Fällen, bei denen man in früheren Zeiten
nicht im entferntesten an eine staatliche Bestrafung dachte. Wie
oft rufen nicht heute sogar der Lehrer in der Fortbildungsschule,
der Meister in der Werkstatt den Staat zu Hilfe, um einen
dummen Jungen abstrafen zu lassen. — Daß die staatliche
Strafgewalt immer häufiger eingreift, ist nicht wegzuleugnen,

daß der numerische Bericht über dieses Eingreifen aber ☐ der
deckende Ausdruck für die Kriminalität der Jugendlichen sei,   if
eine höchst irrige Anschauung.

Inwieweit der Verwendung dieser statistischen Ziffern Jr.
tum oder Tendenz zu grunde liegt, läßt sich nicht immer leicht
entscheiden.   Nach dem oben vorgeführten Bericht des Kriegsministers erhob sich seinerzeit Eugen Richter, um als Verteidiger der deutschen Jugend aufzutreten.   Nach ihm geschah
die Verurteilung dieser Neueingestellten oft wegen geringfügigster
Dinge; es ist also mit der Demoralisation der deutschen Jugend
durchaus nicht so schlimm bestellt.   Ganz anderer Ansicht war
Freiherr von Stumm, der eine ernste Strafpredigt hielt. —
Der freidenkende Karl Jentsch[13]) findet, daß die Sittlichkeit auf
dem Lande, so lange die Dörfler noch nicht mit den Schutzleuten
zusammengekommen sind, völlig befriedigend sei; die Politisch-
historischen Blätter dagegen schelten über den unleugbaren
Verfall der Sittlichkeit in unserem geliebten Vaterland.   Man
sieht daraus, daß es nicht selten darauf ankommt, mit welchem
Auge man an das Problem des Jugendverbrechertums heran-
tritt.   Setzt man vor ein düster blickendes Auge noch die leicht
verzerrende Brille der allgemeinen Kriminalstatistik, so muß
ein höchst erschreckendes Bild herauskommen.   Nach dem bisher
Vorgeführten gelange ich zu folgenden Leitsätzen:

Leitsatz I: Die Klagen wider das Strafrecht hinsichtlich der
jugendlichen Verbrecher gründen sich zumeist auf die Kriminalstatistik, die dabei oft in unkritischer oder tendenziöser Weise
verwendet wird.

Leitsatz II: Die Kriminalstatistik ist nicht der adäquate Ausdruck für Stand und Bewegung der Kriminalität der Jugendlichen, noch weniger der ihrer Moralität.

Leitsatz III: Trotz aller kritischen Einschränkung muß sie als bedeutsamster Rechenschaftsbericht der gegenwärtigen Strafjustiz hinsichtlich der Jugendlichen angesehen werden. Ihre wichtigsten Erscheinungen sind: Häufigkeit und Steigerung des Eingreifens der staatlichen Strafgewalt, ununterbrochenes Wachstum der Rückfallsziffern, zunehmende Milde in der Strafrechtspraxis trotz Zuwachses der schweren Delikte.

Ohne Zweifel ist es von Wesenheit, zu erörtern, in wieweit dem Strafrecht die Schuld an der Jugendkriminalität zuzumessen sei. Es ist nachgerade Mode geworden, dasselbe zum alleinigen Sündenbock dafür zu machen. Dies ist schon deshalb unmotiviert, da bereits unter den alten preußischen und sächsischen Strafgesetzen die Klagen über das Wachsen des jugendlichen Verbrechertums geführt wurden.

Die neuerliche Steigerung aber, soweit sie tatsächlich vorhanden ist, findet eine teilweise Erklärung in den völlig umgestalteten wirtschaftlichen und sozialen Verhältnissen unserer Zeit.

Das ungeahnte Wachstum der städtischen Bevölkerung, die modernen Menschen-Agglomerationen: sie bergen ohne Zweifel in sich die gefährlichsten demoralisierenden Faktoren. Ob die Städte die Gräber der Menschen sind, dieser Streit ist noch nicht geschlichtet, daß sie aber viele Jugendliche an den Rand des moralischen Grabes bringen, ist sicher. — Die Dichtigkeit der Bevölkerung, das enge Zusammenwohnen von jung und alt, die jämmerlichen Wohnungsverhältnisse einesteils, andernteils aber die wirtschaftliche Freiheit und Ungebundenheit so vieler Jugendlichen, die ohne elterliche Aufsicht, ohne meisterliche Fürsorge im Großstadtleben unbeobachtet und ungehindert sich gehen lassen können, dazu die stärker auftretende Reizbarkeit, besser die „Willenlosigkeit" unserer Jugendlichen: sie erklären die kriminellen und moralischen Zustände zum Teil. —

Die „gute alte Zeit" war eben eine weit ungefährlichere für unsere Jugend: 1815 wohnten in Sachsen auf dem Quadratkilometer 78,6 Menschen, heute aber 280,3. — Die Kriminalität der Städte nimmt auch stetig zu mit den Einwohnerzahlen derselben: Bei 50—100000 Einwohnern kommen 120, bei 100—150000 128,6, bei 150000 und mehr aber 141 Verurteilte auf 100000 strafmündige Personen. Ich glaube hiermit genügend zur Entlastung des beschuldigten Strafrechts vorgeführt zu haben und frage nun: Inwieweit trifft das Strafrecht selbst ein Verschulden an der Jugendkriminalität? —

Die hervorstechendste Erscheinung der Kriminalstatistik der Jugendlichen war die Massenhaftigkeit des Eingreifens der staatlichen Strafgewalt.

Durch dieses massenhafte Eingreifen der staatlichen Strafgewalt, besonders bei kleinsten Delikten, denen natürlich nur eine kaum fühlbare Strafe folgt, durch das „Laufenlassen" mit einem Verweis oder einer kleinen Geldstrafe, eben durch die Milde, in der sich die strafende Staatsgewalt der Jugend zeigt, wird dieselbe nach und nach zur Autoritätlosigkeit, ja zur Mißachtung, schließlich zur Verhöhnung der staatlichen Organe methodisch gezüchtet. Daß der Staat heruntersteigt, dummen Jungen, unreifen Bürschchen gegenüber den staatlichen Strafapparat in Bewegung zu setzen, darin sehe ich eine große Gefahr, besonders für den Staat selbst. —

Der Jugendliche sieht die Verkörperung des Staates lediglich im behelmten Gendarmen; dem geht er respektvoll aus dem Wege, so lange er mit demselben noch nicht in nähere Berührung gekommen ist; hinter diesem malt sich die jugendliche Phantasie das Gefängnis mit all seinen Schrecknissen und Qualen.

Da greift der Staat ein, um zunächst diese heilige Scheu gründlich zu zerstören und dieses allererste Mittel, vor Vergehen

zu bewahren, hinwegzuräumen. Ich demonstriere an einem kon=
kreten Falle: Drei Jungen von 14 Jahren steigen im Über=
mut über einen Gartenzaun; der eine bricht durch das Dach
der Laube. Der Gendarm erscheint. Einer wird gepackt, auf=
geschrieben. Maßlose Angst der drei Bürschchen. Der Gendarm
kommt in die Familien. Alles ist in Aufruhr. Anklage wegen
Sachbeschädigung. Vorladung. Verhör. Hauptverhandlung und
Verweis. — Es war sehr löblich, daß die Richter auf Ver=
weis erkannten; aber — der Staat hatte sich selbst Schaden
zugefügt. Er hatte den drei Jungen ad oculos demonstriert,
daß es mit dem Gendarmen und allem, was dahinter steckt,
doch eitel Schauspiel sei. — Der Erfolg zeigte sich.

Die drei Bürschchen waren nicht die zartesten; sie zählten
zu den echten großstädtischen Gassenjungen, nicht boshaft, auch
nicht gerade roh, aber doch zu jedem Streich zu haben.

Drei Tage nach dem Verweis treiben sich die Bürschchen
in der Dunkelheit auf derselben Straße mit noch anderen Gassen=
jungen umher, als der behelmte Gendarm von weitem erscheint.
Sofort sind sie um die nächste Ecke verschwunden, um von dort
aus zu johlen und den Vertreter des Staates zu verhöhnen.
Es glückt dem Gendarmen nicht, einen zu ertappen. Ich glaube
aber sicher, daß diese drei Knaben für Vergehen und Verbrechen
wider die öffentliche Ordnung kaum besser erzogen werden
konnten. — Mein Resümee ist dies: Durch das massenhafte
Eingreifen der staatlichen Strafgewalt und durch die in edel=
ster Absicht zur Paralysierung der Sache geübte Milde wird
die Jugend zu strafwidrigem Handeln und besonders zum Rück=
fall herangezüchtet.

Ein zweiter mir vorgekommener Fall ist folgender: Ein
Junge von 14 Jahren nimmt dem sogenannten „Logierherrn"
ein Messer aus seinem Schreibepulte. Es folgt Anzeige, Vor=

labung u. f. w. Der Junge lügt dabei vor Gericht; endlich gelingt's, ihm den Diebſtahl zu beweiſen. Er erhält einen —— Verweis. — Was hätte er allein für dieſes raffinierte Be= lügen der Herren Richter verdient? — Einige Tage darauf ſitzt der Burſche in der Klaſſe, umringt von einem Dutzend geſpannter Geſichter. — Er erzählt ſeine Erlebniſſe, wie er die Männer „verkohlt" habe und hält dabei mit Heldenſtolz den gedruckten Bericht in die Höhe. Seine Lügenmanöver ſind als „Schlau= meierei" gewürdigt. Iſt dieſer Knabe nicht für den Rückfall präpariert? —

Noch gefährlicher aber läuft die Sache ab, wenn der Jugend= liche zu kurzer Gefängnisſtrafe verurteilt wird. Denn dann wird auch noch das Phantaſiebild von den Schreckniſſen, die hinter den hohen Mauern wohnen, nicht nur zerſtört, ſondern der Be= treffende tritt vielleicht, mit einer völlig neuen Ideenwelt erfüllt, zurück unter die Schulkameraden, dieſe vergiftend. — Der Jugendliche iſt durch und durch Romantiker: er ſpannt auf das Ungewöhnliche, und findet er nicht im Haus= und Schulgeiſt den rettenden Engel, ſo iſt die Bahn zum rückfälligen Verbrecher geebnet, — und wer trägt am letzten Ende die Mitſchuld? — Ohne Zweifel die unpädagogiſche Behandlung der Jugendlichen ſeitens der ſtaatlichen Strafgewalt. Das Unerhörteſte aber geſchieht, wenn ein 14= oder 16=jähriger Bengel nach geglückter „Berufung" triumphierend, Schul= und Ortsbehörde verhöhnend, in die Fortbildungsſchule oder Werkſtatt unter ſeinesgleichen zurückkehrt.

Es würde dem Lehrer übel anſtehen, wollte er nach we= nigen ſelbſt beobachteten Fällen das Urteil über das gegenwärtige Strafrecht abgeben. Deshalb ſeien Urteile von autoritativſter Seite angeführt, an denen kein Mangel iſt, und die an Schärfe nichts zu wünſchen übrig laſſen.

Prof. Dr. Seuffert: „Die Gemeinschaftsgefängnisse begün=
stigen den Rückfall viel mehr noch als die Strafgesetzgebung
- und — eine zu große Milde der Strafrechtspflege"[14]).

Prof. Dr. Wach: „Eines der schwersten Übel ist unsere Be=
handlung der jugendlichen Verbrecher. Wundere man sich nicht
über die Erfolglosigkeit unseres Strafensystems. Wir haben
sie selbst verschuldet"[15]).

Staatsanwalt Dr. Appelius: „Bezüglich der Behandlung der
jugendlichen Delinquenten, glaube ich, muß eine völlige Änderung
recht bald eintreten, da die Fehler des gegenwärtigen Systems
zu offenkundig sind." — NB. So vor 14 Jahren![16])

Prof. Dr. Mittermaier: „Der Rechtszustand auf diesem Gebiet,
wie er z. B. jetzt in Deutschland herrscht, ist unhaltbar"[17]).

Prof. Dr. Aschaffenburg: „Je öfter ein Individuum die
Wirkung der Strafe an sich erprobt hat, um so weniger
Erfolg ist von diesem Mittel zu erhoffen"[18]).

Geheimer Rat Krohne: „Im übrigen ist mir unheimlich zu
Mute, wenn ich daran denke, welch himmelschreiende Schuld
das heutige Rechtsleben auf sich ladet, wenn es so, wie es
geschieht, in der Behandlung der jugendlichen Verbrecher fort=
fährt. Wir treiben eine moralische Finanzwirtschaft, die zu
dem Rufe drängt: Nach uns die Sintflut." — So auf
der Versammlg. der Int. krim. Vereinigung zu Berlin 1893.

Prof. von Liszt: „Wenn ein Jugendlicher . . . . ein Ver=
brechen begeht und wir lassen ihn laufen, so ist die Wahr=
scheinlichkeit, daß er wieder ein Verbrechen begehe, geringer,
als wenn wir ihn bestrafen"[19]). —

Statistik des Deutschen Reichs B. 45: „ . . . . daß die
jugendlichen Delinquenten die Rekruten einer Verbrecherarmee
bilden, gegen welche die Strafmittel des bestehenden Rechts
als machtlos sich zu erweisen scheinen."

Königl. Dekret 26 vom 23. Januar 1902 Sachsen: „Das strafrechtliche Einschreiten reicht erfahrungsgemäß nicht allein aus, der wachsenden Kriminalität der Jugend zu begegnen"[20]).

Ich gelange zu folgendem Leitsatze:

Leitsatz IV: Die Entwickelung des Jugendverbrechertums findet zwar zu einem Teile ihre Erklärung in sozialen und wirtschaftlichen Verhältnissen; es muß aber der bestehenden Strafjustiz eine wesentliche Schuld an derselben zugemessen werden.

Es muß anerkannt werden, daß man diesen bedenklichen Verhältnissen nicht mit verschränkten Armen zusah, sondern mit einer Reihe von Maßnahmen entgegenzuwirken suchte[21]), mit Maßnahmen, die so segensreich wirkten, daß man neuerlich glaubte, die Strafrechtsreform hinsichtlich der Jugendlichen nicht mehr als dringlich bezeichnen zu müssen. — Ohne Zweifel gebührt unter den energischen und fruchtbringenden Reformbestrebungen der unter Professor von Liszts Führung stehenden „Int. Krim. Vereinigung" der aufrichtigste Dank.

Um die so überaus gefährlichen kurzzeitigen Freiheitsstrafen zu verüberflüssigen, schuf man das Rechtsinstitut der bedingten Begnadigung, durch welche Einrichtung so mancher Jugendliche vor dem gefährlichen Einflusse unseres Strafvollzugs geschützt wurde. Mögen sich die Herren Juristen heute noch darüber streiten, ob und wie dieses Institut juristisch zu verteidigen sei; vom psychologisch-pädagogischen Gesichtspunkte aus ist es mit größter Freude zu begrüßen. Man studiere einmal genauer die den Begnadigungsverordnungen beigegebenen Motivierungen, z. B. die der Königl. Sächs. Verordnung vom 25. März 1895, oder die Kaiserl. Österreichische vom 24. November 1902, so wird man erstaunt sein, wie verständnisvoll und psychologisch feinsinnig man heute offiziell über die strafrechtliche Behandlung der Jugendlichen denkt. Prof. von Bar hat vielleicht recht, wenn er schreibt: „Die bedingte Begnadigung schlägt Gesetz und Richter"; aber, so möchte ich hinzufügen, sie wehrt dem tötlichen Streich, den Gesetz und Richter gegen den Jugendlichen ausführen, sonst ausführen müßten. Sie hat sich bisher glänzend bewährt: Von den 25304 Begnadigungsanträgen wurden 18107 durch endgiltige Begnadigung erledigt, d. s. 71 %. — Wie, wenn diese 18107 auf kürzere oder längere Zeit ins Gefängnis wandern mußten? —

Ferner: Durch die Bestimmungen des B.-G.-B. wurde eine Neuordnung des Zwangserziehungsrechts in fast allen deutschen Bundesstaaten herbeigeführt, voran das preußische Zwangs-Erziehungs-Gesetz, von dem Minister von Rhein-baben im preußischen Landtage sagte, daß er durch dasselbe zu den Quellen des Verbrechens vorzudringen gedenke, um dieselben zu verstopfen. Leuß hat am Ende wohl recht, daß es dem Herrn Minister mit dem Verstopfen der Quelle des Jugend-verbrechertums gehen wird, wie jenem Naiven, der seinen Fuß auf die Rheinquelle setzte und meinte, nun würde der Strom versiegen. — Daß aber eine heilbringende Einwirkung von den Fürsorge-Erziehungs-Gesetzen erwartet werden darf, ist zweifel-los. Nach dem Berichte des Ministeriums des Innern wurden im ersten Jahre kraft dieses Gesetzes bereits 7787 Jugend-liche in Zwangserziehung gebracht. Auch die beigegebenen Be-merkungen dieses amtlichen Berichtes bezeugen, wie man hier über die kriminelle Behandlung der Jugendlichen denkt. Sie müssen das Herz jedes Freundes einer psychologisch-päda-gogischen Erfassung der jugendlichen Übeltäter mit größter Genugtuung erfüllen. Nicht am wenigsten erwartet man von dem neuesten Gesetz, dem seit dem 1. Januar 1904 geltenden Kinderschutzgesetz. Wenn es eine unbestrittene Tatsache ist,

2*

daß die gewerbliche Beschäftigung der Jugendlichen sehr oft
zur Kriminalität derselben führt[22]), so müßte es eine Beruhigung
gewähren, wenn man erfährt, daß von den bei der staatlichen
Ermittelung gezählten 532383 gewerbtätigen Kindern die meisten nun davon erlöst und damit vielleicht auch zu einem Teile
dem Strafrichter entrückt werden. Rechnet man zu dem Vorgeführten auch all die Wohlfahrtseinrichtungen, die der freien
Initiative von Staat, Kommune, Körperschaften, Privatpersonen
in der letzten Zeit entstammen und dem Schutz und der Fürsorge der Jugendlichen gelten, so könnte man wohl zu der
Meinung gelangen, daß in der Tat eine Reform des Strafrechts hinsichtlich der Jugendlichen nicht mehr so dringlich sei,
da doch der größte Teil nun mit dem Strafrichter überhaupt
nicht mehr in Berührung kommen werde.

Zunächst möchte ich bezweifeln, daß die kriminelle Gefahr
für einen großen Teil dieser 500000 Jugendlichen und Kinder
bedeutend geringer sei, wenn sie, anstatt zu arbeiten, plötzlich
ohne jede Beschäftigung sich selbst überlassen wären. Nichts-
tun ist für Jugendliche der gefährlichste Führer zum Strafrichter. —

Und die Zwangserziehung. Wenn wirklich eine Anzahl
Jugendlicher durch dieselbe vor dem Strafrichter gerettet würde,
was will das sagen gegenüber der Zahl 200000, die strafrechtlich gefaßt wurden! —

Gerade an den Zwangserziehungskandidaten ist durch das
Strafgericht am wenigsten zu verderben; dieses sündigt en masse
eben an den Harmlosen, an den „Gelegenheitsverbrechern", die
es wegen leichtsinniger jugendlicher Dummheiten mit staatlicher
Faust packt. — Die „bedingt Begnadigten" endlich müssen
ja immer noch vorher dem ganzen gerichtlichen Verfahren unter-
zogen werden. Der Meinung also, es sei die Strafrechtsreform

nicht mehr dringlich, muß ich ernstlich widersprechen. Mein
Leitsatz lautet:

Leitsatz V: Wenn auch von der Handhabung der bedingten
  Begnadigung, von den Zwangs- und Fürsorgeerziehungs-Ge-
  setzen, dem Kinderschutzgesetz eine heilbringende Wirkung auf
  die Jugendkriminalität erwartet werden kann, so muß die
  Forderung der Strafrechtsreform hinsichtlich der Jugendlichen
  trotzdem als eine unaufschiebbare aufrecht erhalten werden.

Prof. Wach sagte in seiner Rektoratsrede: „Die Rechtswissenschaft ist eine schlechthin praktische Wissenschaft. Für
das Leben unbrauchbare Resultate beweisen den wissenschaftlichen Abweg"[28]. —

Die Resultate hinsichtlich der Jugendlichen legte ich
vor. — Worin ist der wissenschaftliche Abweg zu suchen?
— Gegenwärtig tobt der Streit der Strafrechtsschulen, der
auf die letzten Prinzipien des Strafrechts, ja auf das Ringen
zweier Weltanschauungen zurückgeht, und der die Gefahr der
Unmöglichkeit gemeinsamer legislativer Arbeit in sich birgt,
denn die Wissenschaft darf keine Konzessionen machen; sie
muß die letzten Konsequenzen ziehen.

Anders liegt es für den Gesetzgeber, vor allem bei der
Schaffung eines Strafgesetzes für Jugendliche. Hier gilt es
in erster Linie, die durch die Praxis aufgedeckten Schäden zu
beobachten und darnach zu reformieren, die letzten wissenschaftlichen, resp. philosophischen Prinzipien aber außer acht zu lassen.
Der Jugendliche, wie er tatsächlich vor uns steht, nicht nur
seine einzelne Handlung, er selbst mit all den endogenen und
exogenen Mächten, die ihn in seiner Ganzheit zeitigten; dieser
Jugendliche, dieses unfertige, werdende, vielleicht gerade in einem
höchst kritischen Stadium der Entwickelung stehende und der
vollen Beeinflussung der anthropologischen, physikalischen und

soziologischen Faktoren ausgesetzte Wesen: das ist der Aus=
gangspunkt eines jeden Denkens über strafrechtliche Behandlung
der Jugendlichen.

Daß wir uns mit dieser Anschauung von dem bestehenden
Strafrecht weit entfernen, ja, daß wir damit ohne Zweifel uns
ganz bedeutend der modernen Strafrechtswissenschaft nähern, ist
augenscheinlich, und deshalb möchte ich scharf präzisieren, welche
Stellung zur modernen Kriminal=Anthropologie und =Soziologie
bei der Schaffung von Strafrechtsreformen hinsichtlich der Ju=
gendlichen einzunehmen, ich für richtig halte. Die gegenwärtige
forensische Psychologie ist völlig von der modernen Natur=
wissenschaft beherrscht. Sie will messen, wägen, zählen und
so das Geistige bis in seine Einzelheiten exakt erfassen. Sie
ist einesteils Kriminal=Anthropologie, andernteils Kriminal=
Soziologie; aus diesen beiden Richtungen ging sie hervor
als moderne Naturwissenschaft, die in möglichst mechanischer
Erklärung aller psychischen Phänomene das Endziel ihrer For=
schungen erblickt.

Ein Aufbau der Strafrechtsreform, wie überhaupt der
gesamten Pädagogik unserer Tage auf diesem Untergrund will
mir sehr bedenklich erscheinen. Der gegenwärtigen intellektualistisch,
materialistisch, neuerdings auch teilweise übertrieben ästhetisch ge=
richteten Zeit tut vor allem eins not: Ausgestaltung unserer
gesamten Individual= und Sozialpädagogik auf Grund einer
voluntaristischen Psychologie [24]). — Das Strafrecht hinsicht=
lich der Jugendlichen soll zum Erziehungsfaktor werden;
deshalb ist es nicht gleichgültig, auf welchem psychologischen
Fundament es aufgebaut wird; nach meiner Überzeugung nicht
auf dem Grunde der mechanischen Kriminal=Anthropologie und
=Soziologie, nicht auf dem der rein intellektualistischen Herbartschen
Psychologie, sondern auf dem der **voluntaristisch gerichteten**

physiologischen Psychologie eines Wundt. Dabei sollen aber die sicheren Forschungsresultate der Kriminal = Anthropologie und =Soziologie in weitgehendstem Maße verwertet werden, denn gerade sie sind es, die zum Verständnis des oft mehr oder weniger pathologisch disponierten Verbrechers in hohem Maße beitragen. Die Arbeiten Lombrosos[25]), Kurellas[26]) und Ferrianis[27]), obwohl in ihren unkritischen Verallgemeinerungen und oft karikaturhaften Verzerrungen unhaltbar, schärfen doch den Blick für das Psychologisch=Pathologische.

Die soziologische Richtung eines Quetelet[28]), Ferri[29]), von Liszt[30]) zeigt dem einseitig individualistisch denkenden Psychologen die eminente Abhängigkeit des jugendlichen Verbrechers von den gesellschaftlichen Faktoren. Die Wundtsche volun= taristisch gerichtete Psychologie aber soll davor bewahren, den zu weit gehenden Gesetzen einer „Physique sociale" zu huldigen. Der Lehrer wird durch das Studium dieser Bücher viel ver= stehen und viel — verzeihen lernen. —

Ich stehe auf dem Boden von Artikel I der Satzungen der Int. Krim. Vereinigung[31]). Nur möchte ich für die Reformarbeit hinsichtlich der strafrechtlichen Behandlung der Jugendlichen einen Nachsatz hinzufügen. Art. I: „. . . daß sowohl das Verbrechen, als auch die Mittel zu seiner Be= kämpfung nicht nur vom juristischen, sondern ebenso vom anthropologischen und soziologischen Standpunkte aus betrachtet" — und (Zusatz) im Sinne der Wundtschen physiologischen Psychologie erfaßt werden müssen. — Ist das soeben Erörterte richtig, so ist das Urteil über das bestehende Strafrecht ge= fällt; denn daß dieses in seiner Hintansetzung aller dieser Grundsätze, in seinem logisch=formalistischen Getriebe hinsicht= lich der Jugendverbrecher in späteren Zeiten einmal als pädagogisches Unikum in einer Sammlung für unnatürliche

ſtaatliche Erziehungsſyſteme einen Ehrenplatz finden wird, iſt
nicht unmöglich. —

Dieſes widerſinnige Dominieren des Logiſch=formalen bei
der ſtrafrechtlichen Behandlung Jugendlicher nachzuweiſen, müßte
ich beginnen mit der durchaus unpſychologiſchen Dreiteilung von
Verbrechen, Vergehen und Übertretung in § 1 des St.=G.=B.
und der Einzwängung der pſychologiſch oft ſo komplizierten
Jugendverfehlungen in dieſes Muſter von Schematismus. —
Ich müßte pſychologiſch=kritiſch unterſuchen die ſtaatliche Ab=
ſtempelung einer ganzen Reihe oft harmloſer Jugendverfehlungen,
ſo z. B.: des Wegnehmens eines Krautkopfes als „ſchwerer Dieb=
ſtahl“, des Strampelns eines Fortbildungsſchülers als „Wider=
ſtand gegen die Staatsgewalt“, des Schlagens eines Schul=
freundes mit dem Lineal als „gefährliche Körperverletzung“,
des Wegradierens eines b im Zenſurbuch als „Urkundenfälſchung“
uſw., vor allem des großen Heeres der Übertretungen; auch
dieſe machen den Jugendlichen zum kriminellen Übeltäter, denn
generiſch ſind ſie von Verbrechen und Vergehen nicht zu unter=
ſcheiden.

Mein Leitſatz lautet:

Leitſatz VI: Der folgenſchwere Fehler des beſtehenden Straf=
rechts liegt in dem Dominieren des logiſch=formalen Ele=
mentes. Seine Reform kann nur geſchehen auf dem Grund=
prinzip der pſychologiſch=pädagogiſchen Erfaſſung des jugend=
lichen Verbrechers. Die zuverläſſigen Ergebniſſe der modernen
Kriminal=Anthropologie und =Soziologie ſind dabei möglichſt
zu verwerten; die Richtlinien aber ſind zu ziehen auf grund
einer voluntariſtiſchen Pſychologie.

Zur Stützung der Theſe ſeien einige Urteile hervorragender
Autoren angeführt.

Prof. Wach: „Vor allem Reinigung vom ſchädlichen

Formalismus!" „Bisher galt der Sieg der Formel und der Doktrin über den wahren Lebensinhalt"[32]). Prof. Dr. Pelmann: „Das Verbrechen tritt in dem St.-G.-B. nicht als psychologisches Phänomen in den Bereich der Beurteilung, sondern lediglich nach äußerlichen Gründen: als Strafgegenstand." „Es wird als eine Art algebraische Formel betrachtet, in deren kunstgerechter Entwickelung sich das Geschick des Richters zeigt, und für die man aus der Logarithmentafel des St.-G.-B. die entsprechende Strafe heraussucht"[33]). Rechtsanwalt Dr. Heinemann: „Es gilt, den geradezu unglaublichen Formalismus einzuschränken"[34]). Prof. Aschaffenburg: „Den Richter hält das geschriebene Recht in starren Banden, die nur wenig Spielraum für die Berücksichtigung der psychologischen Motive übrig lassen"[35]). Prof. Hans Groß: „Für uns existiert jedes Verbrechen nur so, wie es uns nach allen Mitteln, die uns die Strafjustiz gestattet, zur Kenntnis kommt"[36]).

Die Reform unseres Strafrechts ist in Sicht. Das vom Reichsjustizamt an die Kommissionsmitglieder abgegebene Beratungsprogramm enthält unter anderem auch die Frage nach der Beibehaltung des Legalitätsprinzips. Es trifft damit eine wichtige Rechtsinstitution hinsichtlich der kriminellen Behandlung Jugendlicher. Dieses Legalitätsprinzip, „nach dem wir ausnahmslos und ohne Rücksicht auf die Bedeutung des einzelnen Falles" oft Jugendliche anklagen und verurteilen, dieses Legalitätsprinzip in seiner „unglaublichen doktrinären Starrheit", es trägt nach meiner Überzeugung nicht unwesentlich dazu bei, die Jugendkriminalität zu erhöhen, die Anklagemanie zu züchten, die staatliche Strafgewalt zu degradieren, die Staatsautorität zu untergraben. „Wir schießen mit Kanonen auf Fliegen," schrieb Prof. Wach, und in seiner Rede rief er aus: „Wer ist heute vor dem Staatsanwalt sicher!" „Man schaffe diesen § 152 ab", so meint Prof. Stenglein, „und frage dann, ob die Anklagen sich nicht vermindern"[37]). — Der Staat selbst ist an dem unpsychologischen, unpädagogischen, demoralisierend wirkenden Eingreifen seiner Strafgewalt nicht schuld. Er muß laut Gesetz so handeln. Darum so schnell als möglich fort mit dem Legalitätsprinzip gegenüber den Jugendlichen, fort mit § 152 der St.-P.-O.! —

Ich komme zur Einsichtsfrage und zur Altersgrenze der Strafmündigkeit. — Gelten die oben entwickelten Grundprinzipien, so muß die Strafrechtsreform bei beiden eine Änderung bringen.

Die Einsichtsfrage muß jetzt bekanntlich bei jedem Jugendlichen gestellt werden. Unerläßlich scheint es deshalb vor allen Dingen zu sein, daß man eine scharfe Definition dieses folgenschweren Grundbegriffs aufstellt, der unter Umständen Tod oder Leben in sich birgt, von dessen Bejahung oder Verneinung Sein oder Nichtsein des Jugendlichen abhängt. Aber worein gerät der Suchende? — In ein Chaos von Interpretationen dieses Fundamentalbegriffes, auf dem die ganze kriminelle Behandlung des Jugendlichen ruht. Die einzige Rettung sind die Entscheidungen des deutschen Reichsgerichts, aus denen der Anhänger einer psychologisch-pädagogisch gerichteten Strafjustiz zu seinem tiefsten Schmerze ersieht, wie ein potenzierter Formalismus alle realen Faktoren in der Psyche des Jugendlichen geradezu niedertritt. — Welche große Unsicherheit unter den erkennenden Gerichten selbst in dem Punkte der Einsichtsfrage herrscht, das bezeugt die Kriminalstatistik. Man vergleiche die einzelnen Bezirke miteinander, so z. B. unser Dresden mit Köln in den Jahren 1897/99, die beide gegen 10 000 Jugendliche überführten. Von diesen sprach Köln etwa 1000 frei wegen mangelnder Einsicht,

Dresden nur **140** (Tafel VIII). — Sollte Dresdens Jugend
7 mal dümmer sein als die Kölner? — Man erkennt hierin deutlich die Ungleichheit oder Unsicherheit in der Deutung des Ein-
sichtsbegriffs. — Die Richter sind jedoch geneigt, fast bei allen Deliktsarten immer häufiger das Fehlen der Einsicht anzunehmen,
ohne Zweifel eben im Bewußtsein ihrer Ungewißheit. Der
Einsichtsbegriff des St.-G.-B. wurde dem Gutachten der wissenschaftlichen Deputation für das Medizinalwesen in Preußen an-
gepaßt. Dieses ist aber ein so verzwicktes Gebilde, daß gewöhnliche Sterbliche es nicht recht zu fassen vermögen. Geh.
Rat Krohne gestand seinerzeit offen, es sei ihm bei diesem
Gutachten, als ginge ein Mühlrad im Kopfe herum. — Die
Verstandesreife einzig und allein soll die Strafmündigkeit
des Jugendlichen bestimmen. Nun gebührt aber im Jugendlichen niemandem weniger die Herrscherstellung als dem Verstande.
Der Jugendliche ist nicht nur ein Kopf mit Engelsflügeln,
sondern er steckt ganz und gar im übermächtigen Körper. Je
näher er seinen Kinderjahren steht, desto mehr ist in ihm alles
physiologischer Reflex. Dem Körper gehört die Herrschaft,
der Außenwelt; die physiologischen, physikalischen und soziologischen Faktoren wirken oft übermächtig auf ihn ein. Bei man-
chem resoniert beim geringsten Sinnesreiz das gesamte Nerven-
system mit einer Lebendigkeit, die jedes ruhige Sinnen und Überlegen
unmöglich macht. Im jugendlichen Großhirn dominiert oft
der Mechanismus. Kaleidoskopartig schießen beim geringsten
Sinnesrucke die Vorstellungen durcheinander und formen jene
farbenprächtigen, übermächtigen Phantasiegebilde, die beim nächsten
Rucke in ein anderes glitzerndes Phantasma überspringen. Aus
diesen Prozessen resultieren die uns so wunderlich erscheinenden
Ideen, Triebe, Entschlüsse, Taten — Verbrechen. — Zur
Genese eines Verbrechens, überhaupt einer strafbaren Handlung

des Jugendlichen kann man aber nimmermehr gelangen durch die Frage nach der **Einsicht** desselben, sondern nur durch die Frage nach der Gesamtpersönlichkeit des Jugendlichen; deshalb die Forderung: Wegfall der Einsichtsfrage, Erfassung des jugendlichen Delinquenten in seiner Ganzheit[38]).

Mit der Einsichtsfrage hängt sehr eng zusammen die Bestimmung über die Altersgrenze der relativen Strafmündigkeit. Wenn man auch über die obere Grenze, das vollendete 18. Lebensjahr, ziemlich einig ist, so herrscht doch noch Meinungsverschiedenheit über den unteren Alterstermin. Noch im vorigen Jahre, in der Reichstagssitzung vom 5. März, geriet deshalb der Abgeordnete Dr. Esche, der warm und gutbegründet für das 14. Lebensjahr eintrat, mit dem Staatssekretär Dr. Nieberding in Konflikt, der offen zugestand, daß er früher diese Vorschläge „etwas voreilig zu bejahen bereit war", daß übrigens jetzt keine Aussichten auf eine gesetzgeberische Form in diesem Sinne bestehe. Er stützt sich dabei besonders auf die Statistik der kriminellen Handlungen der 12—14-Jährigen[39]). Mir will es erscheinen, als ob gerade durch die Statistik der kriminellen Jugendlichen im Alter von 12—14 Jahren der Beweis für die Hinaufrückung der Altersgrenze vom 12. auf das 14. Lebensjahr erbracht worden wäre. Man muß nur diese Statistik noch weiter differenzieren und psychologisch verwerten. Es wurden im Jahrfünft 1894/98 **45510** 12—14-Jährige eines Verbrechens oder Vergehens überführt, d. h. also: 45510 **Schulkinder**, Personen, die der Staat als unfertige, mitten in der Entwickelung stehende Wesen zur Stellung unter die Erziehungsmacht der Schule zwingt, packt er zugleich mit seiner Strafgewalt auf grund einer Reihe von Tatbeständen, die mit einer psychologischen Erfassung oft im direkten Widerspruch stehen.

Betrachtet man nun eingehend die Deliktsarten, wegen welcher diese Kinder überführt wurden, so muß sich das psychologisch-pädagogisch empfindende Gewissen aufbäumen. Daß man Kinderhandlungen strafrechtlich wertet, daß der Staat sich in Gefahr sieht und aus öffentlichen Interessen hier Tatbestände konstruiert und Strafrechtsbegriffen subsumiert, das muß zum größten Nachteil ausschlagen für die Kindesnatur und für den Staat selbst. — Der Staat drückte z. B. den Stempel Blutschande 14, Widernatürliche Unzucht 41, Unzucht mit Gewalt an Bewußtlosen und Kindern 726 mal Schulkindern auf und ließ aber dann im ersten Falle 9, im zweiten 23, im dritten 371 wegen fehlender Einsicht — aber doch staatlich gestempelt — laufen. — Ferner wurden durch den staatlichen Strafapparat abgestempelt, resp. verurteilt von den Schulkindern Deutschlands 387 wegen Hausfriedensbruch, 359 wegen Beleidigung, 1839 wegen Hehlerei, 3290 wegen Sachbeschädigung, 4899 wegen schweren Diebstahls, — wegen gefährlicher Körperverletzung 2441. Der Staat faßte ferner Schulkinder, deren natürliches Charakteristikum Fahrlässigkeit ist, die eben deshalb unter der Erziehungsgewalt stehen, 234 mal wegen „fahrlässiger Brandstiftung", 202 mal wegen „fahrlässiger Körperverletzung", 14 mal wegen „fahrlässiger Gefährdung" eines Eisenbahntransportes.

Beweisen nicht diese statistischen Daten die unbedingte Notwendigkeit des Hinaufrückens der Altersgrenze über die staatlich gebotene Grenze der Schulpflichtigkeit, also auf das vollendete 14. Jahr? —

Es ist wichtig, zu erfahren, bei welchen Delikten vor allem die erkennenden Gerichte Schulkindern gegenüber das Fehlen der Einsicht annahmen. Da stehen die Sittlichkeitsdelikte mit Recht obenan. Von 1000 überführten 12—14-Jährigen, also

Schulkindern, wurden **500** wegen fehlender Einsicht freigesprochen, bei dem Delikt „falsche Anschuldigung" auf 1000 Überführte 429, bei Verbrechen und Vergehen wider öffentliche Ordnung von 1000 208, bei Urkundenfälschung 180, bei Beleidigung des Landesherrn auf 1000 500, d. h. in Wirklichkeit auf 2 Über=führte eins; aber daß überhaupt 2 Schulkinder wegen Be=leidigung des Landesherrn vom Staate gepackt wurden, wird pädagogisch interessant bleiben. —

Bei Diebstahl und Unterschlagung wurde in **32 288** Fällen nur 2510 mal auf fehlende Einsicht hin erkannt, d. h. auf 100 nur **7,8** mal. — Wenn dies auch formell richtig sein mag, d. h. wenn diese 29 778 Schulkinder auch in der Tat die Fähig=keit, die Strafbarkeit zu erkennen, besessen haben mögen — denn daß sie diese wirklich erkannt hatten, ist ja unwesentlich dabei —, so ist es doch sehr zweifelhaft, ob diese **29 000** Schul=kinder zum größten Teil auch nur eine Ahnung davon hatten, was es bedeutet, der staatlichen Strafgewalt verfallen! — Ein großer Teil der Diebstähle im strafrechtlichen Sinne, selbst der „schweren", ist im Lexikon von Schulkindern, namentlich der ärmsten, identisch mit „mopsen", „stauchen", „mausen" usw. — Die Mutter in Hauptmanns Biberpelz verwahrt sich bekanntlich energisch gegen den Verdacht des „Stehlens", während selbst=verständlich so „än bischen Mausen" nach ihrer Anschauung überall vorkommt. Dabei hält sie ernstlich darauf, daß das Schulkind die Gebote gut auswendig lernt. — Interessant ist das Wort des schweizerischen Experten, Strafanstaltsdirektors Hürbin: „Man möchte die Kinder dem Blicke der übrigen Ge=fangenen entziehen. Ja, die Sträflinge selbst empören sich über einen solchen Anblick und darüber, daß es Gerichte gibt, die solche Personen verurteilen"[40]). Man könnte freilich be=haupten: Mit dem 16. Jahre sind diese Anschauungen auch nicht andere. Warum also nicht diese Altersgrenze? — Das 14. Lebensjahr bildet bei der übergroßen Mehrzahl der Jugend= lichen eine scharfe Lebensscheide. Sie treten mit Vollendung dieses Jahres meist in ein völlig neues Leben ein. Es er= wacht in ihnen das Bewußtsein von der Existenz höherer In= stanzen, als Familie und Schule es waren, von gewissen Rechts= sphären, die es tagtäglich umschließen. Sie fühlen es selbst, daß jetzt andere Strafgewalten, andere Strafarten eintreten müssen, als in den Jahren, da sie noch Schulkinder waren. Die Pädagogen beobachten auch, daß in den meisten Fällen zur Zeit des 14. Jahres in dem Jugendlichen eine merkliche geistige Umwandlung vorgeht.

Nach dem Vorhergehenden komme ich zu der Forderung: Heraufsetzung der unteren Strafmündigkeitsgrenze auf das vollendete 14. Lebensjahr.

Nun zur Öffentlichkeit. — Die Öffentlichkeit der Verhandlung ist eine Errungenschaft, die man sich nicht wieder nehmen lassen wird. Wenn man aber erwägt, welch unheil= volle Folgen dieselbe für den Jugendlichen hat, so wird man die ernstesten Bedenken dagegen nicht unterdrücken können. Noch gefährlicher ist die Verbreitung des Verhandlungsganges durch die Presse.

Man analysiere einmal den psychischen Prozeß, der in dem Jugendlichen vor, während und nach der Verhandlung vorgeht. Der Jugendliche bildet den Mittelpunkt des Ganzen. Gerichtshof, gaffendes Publikum, Zeitungsreporter, Freunde und Feinde aus der Nachbarschaft, alle blicken auf denselben. Ist er ein noch unverdorbener Mensch, dem Kinde geistig näher, als dem Erwachsenen, so tritt bei ihm jener psychische Zustand ein, den Eltern und Lehrer bei plötzlichem scharfen, barschen Auftreten gegenüber nervenschwachen Kindern beobachten können,

den ich mit „geistiger Starre" bezeichnen möchte, jener Zu=
stand, bei dem der psychische Mechanismus versagt, still steht,
die Assoziationsprozesse aufhören, und jedes Denken, d. h. jedes
spontane Bewegen der Vorstellungsmassen absolut ausgeschlossen
ist. Die ganze Szenerie, vor allem die Anwesenheit des Publi=
kums, vielleicht gefürchtete Gesichter aus dem eigenen Hause, sie
machen den Jugendlichen in der Tat sprach= und gedanken=
los. Vielleicht lädt er infolgedessen den Verdacht des Störrischen,
Stöckischen auf sich. — Wie der Richter hier einen Einblick in
das Seelenleben, in die seelischen Motive erhalten, wie er
zur Feststellung der so eminent wichtigen Einsicht gelangen
will, ist mir unklar; das würde coram publico selbst dem
gewandtesten, scharfblickendsten Pädagogen schwer fallen.

Ist der jugendliche Angeklagte aber wirklich fähig, diese
übermächtigen Eindrücke aufzunehmen, so können sie doch so ge=
waltige Wirkungen ausüben, daß das jugendliche Individuum
zeitlebens daran zu leiden hat. Kommt hierzu die seelische, ge=
mütliche Erregung über die Bloßstellung vor aller Welt, über
die boshaften Bemerkungen des klatschsüchtigen zuhörenden Pu=
blikums und über das tausendfache Bekanntgeben durch die
Presse, so sind die Folgen für den Angeklagten, ja vielleicht
für dessen ganze Familie unübersehbar. Mir ist ein Fall be=
kannt, in dem Tochter und Mutter aus Gram über die Blamage
durch Öffentlichkeit und Presse schwer krank wurden. Welch
furchtbare Qualen werden hierdurch dem Jugendlichen auf=
erlegt neben der vielleicht kaum nennenswerten Kriminalstrafe.
Durfte der Staat diese Folter ansetzen?! —

Wie wirkt aber endlich diese ganze Prozedur mit allem,
was daranhängt, auf einen schon verdorbenen Burschen, auf
einen, der eine gewisse geistige Energie und Gewandtheit besitzt,
das Kraftbewußtsein des Gassenjungen, dazu dessen Trotz und

Renommiersucht. Ich habe einen solchen Typus vier Jahre lang tagtäglich vor mir gehabt. Ich beobachtete ihn scharf während der Verhandlung. Aus Haltung, aus Blick, aus jedem Wort, aus dem Ton sprach die eine Absicht: „Nur keine Schwäche zeigen, Du bist der Mittelpunkt des Ganzen, Nachbarn und Bekannte müssen jetzt sehen, wie man's auch mit Polizei und Richtern aufnehmen kann." —

Einige Tage darauf erschien der Zeitungsbericht, den der Bursche mit größter Spannung erwartete, und den er selbst am nächsten Morgen seinen Mitschülern vorlas. So leicht war er noch nicht zu Ruhm und Ansehen bei seinen Kameraden gekommen. — Was ist durch Öffentlichkeit, durch die Preßberichte hier geschehen? — Der Jugendliche wurde mit Sicherheit auf eine höhere Stufe der Gemütsverrohung gehoben, auf einen stärkeren Grad der Frechheit gegen Autorität, gegen Gesellschaft und Staat; er wurde präpariert für die Verhöhnung von Obrigkeit und obrigkeitlichen Organen. —

Darum: Aufhebung der Öffentlichkeit, Verbot der Preßberichte.

Der tapfere weibliche Anwalt der Jugendlichen, die Dänin Ellen Key, sagt mit Recht in ihrer Schrift „Das Jahrhundert des Kindes": „Es gilt, für jedes Individuum ein besonderes System zu erfinden" [41]); das würde heißen: weitgehendste Individualisierung in der Bestrafung der Jugendlichen. Daß von dieser Individualisierung weder im Strafgesetzbuch, noch beim heutigen Strafvollzug die Rede ist, liegt offen zu Tage.

Die äußerst scharfen Urteile von autoritativer Seite bezeugen die Wahrheit der Behauptung. Ich erinnere an das oben zitierte Wort des Professors von Liszt: „Wenn ein Jugendlicher oder ein Erwachsener ein Verbrechen begeht und wir lassen ihn laufen, so ist die Wahrscheinlichkeit, daß er wieder ein Ver-

brechen begeht, geringer, als wenn wir ihn bestrafen." — So
paradox dieses Wort klingt, so scharf trifft es doch die Anschauungen vieler Strafrichter und die Tendenz moderner offizieller
Verordnungen. —

Die bedeutend zunehmende Milde in der Strafrechtspraxis,
die Anwendung von Verweis, bedingter Begnadigung und von
Geldstrafe, sie zeigen im Grunde weiter nichts, als die Absicht:
„lieber laufen zu lassen", als den Jugendlichen durch staatliche Gefängnisstrafe zu verderben. —

Wenn die Kaiserl. österreichische Verordnung von
1902 den Richtern das Beantragen der bedingten Begnadigung
bei Jugendlichen zur amtlichen Pflicht macht, den Staatsanwälten
aber den Antrag auf Abolition empfiehlt[42]), wenn England
in einem Gesetz von 1879 dem Gerichtshof anheimstellt, bei zu
geringfügigen Vergehen der Jugendlichen die Anklage ohne
Urteil zurückzuweisen[43]), so zeigt dies eben auch eine Auffassung
der Sachlage im Liszt'schen Sinne. — Ich kann die Anwendung
der bedingten Begnadigung gegenüber den Jugendlichen vom psychologisch-pädagogischen Gesichtspunkt nur gutheißen und für ihre
Vermehrung eintreten. Es wird hierbei an die zentrale Macht
im Individuum appelliert, an den Willen, und die Statistik
zeigt, in den meisten Fällen mit Erfolg.

Der Fluch der heutigen Strafverhängung liegt in der Zu-
erkennung der kurzzeitigen Gefängnisstrafen, da diese den Staat
im Bewußtsein der Jugendlichen degradieren.

Vor einigen Wochen kam ein Bäckerjunge zu mir mit der
Bitte, ihm doch 2 Mark zu borgen, da er sonst „ins Gefäng-
nis müsse". — Der lustige, stets fidele Bursche war ganz trost-
los. — „Gefängnis" — das furchtbare Wort hatte ihm die
Sinne geraubt. Er war zum zweiten Male mit seinem großen
Semmelkorbe auf dem Trottoir ertappt worden, und nun hieß

es: 2 Mark Strafe oder 1 Tag — Haft. — Wie, wenn der
harmlose Junge die 2 Mark nicht auftreiben konnte? — Hatte
ihm doch der eigene Vater geraten: „Ach, brumm's nur ab!" —
Dieser eine Tag Haft hätte diesen Burschen sicher dahin gebracht,
daß er sich seiner Angst schämte. — Hat von Liszt nicht recht?

Man höre folgende Urteile über 12—16 jährige Jungen.
1. Gegenseitiges Prügeln: 6 Mk. oder 3 Tage Haft. 2. Lautes
Pfeifen durch die Finger: 4 Mk. oder 2 Tage Haft. 3. Ohne
Nummerplatte gefahren: 4 Mk. oder 2 Tage Haft. 4. Ver-
botene Straße gefahren: 2 Mk. oder 1 Tag Haft. 5. Mit der
Peitsche übermäßig geknallt: 2 Mk. oder 1 Tag Haft. 6. Gras
im Straßengraben abgerissen: 2 Mk. oder 1 Tag Haft[44]).
Bestraft mußten diese Jungen natürlich werden; aber in dieser
subsidiären Freiheitsstrafe, die so massenhaft auftritt, liegt die
größte Gefahr für Jugendliche — und Staat, und man kann
nur dafür eintreten, daß möglichst oft von der bedingten Begnadigung Gebrauch gemacht wird.

Tritt aber Freiheitsentziehung ein, dann scharf und nicht
in Häusern für Erwachsene, „denn hier empfangen die Neu-
linge des Verbrechens ... die eigentliche Verbrecher-Signatur,"
schreibt Wach. Prof. Stooß sagte in der Schweizer Expertenkommission: „Man muß besonders bei Polizeidelikten mit der
Haft sehr vorsichtig sein." Oberlandesgerichtsrat Schmölder
ruft aus: „Heute heißt es bei den harmlosesten Polizeiüber-
tretungen: Herein in die überfüllten Strafanstalten"[45]). Staatsanwalt Rosenberg behauptet in seinem Artikel über die Bestrafung der Übertretungen: „daß sich hier durch Überspannung
der staatlichen Strafandrohung und Strafverfolgung allmählich ein Zustand ausgebildet habe, den man als unver-
nünftig und widersinnig bezeichnen kann." —

Vor einiger Zeit erhielt ein Fortbildungsschüler 5 Tage

Gefängnis, da er in der Begnadigungsfrist, die ich ihm er=
beten hatte, sich nicht bewährte. Bald darauf schritt ich abends
unbemerkt hinter ihm her, während er einem anderen Fort=
bildungsschüler unter rüdem Lachen deutlich machte, daß das
weiter gar nichts gewesen sei. — Wenn Gefängnisstrafe An=
wendung findet, dann nur mit einer „auf pädagogischen Grund=
sätzen basierenden empfindlichen Strenge".

Der jüngst verstorbene Gefängnisdirektor Burkhardt, früher
selbst Lehrer, schreibt: „Die Strenge im Strafvollzuge muß die
Kürze desselben bei jugendlichen Gefangenen ergänzen" [46]).

An dieser Stelle wäre die so oft ventilierte, aber sehr ge=
fährliche Frage der Prügelstrafe zu erörtern. Ich habe meiner
These eine diesbezügliche Bemerkung nicht beigefügt, obwohl ich
immer mehr zu der Überzeugung gelange, daß in einzelnen
bestimmten Fällen die körperliche Züchtigung im Interesse
der Jugendlichen — und des Staates — das einzig Richtige
ist. Unter vielen gesammelten „Fällen" einer: Ein 16 jähriger
Bursche geht vor mir her. Auf dem Trottoir fährt ein fünf=
jähriges sauberes Mädchen seinen Puppenwagen. Der Lehr=
ling: „Was ist denn das?" Die Kleine freudestrahlend: „Das
ist meine Pippi." Der Lehrling: „Da hast Du den Dreck."
Dabei tritt er mit dem Absatz Wagen und Puppe breit. —
Dr. Fritz Auer schreibt zwar: „Der Vorschlag (der Prügel=
strafe) ist borniert und kulturfeindlich im höchsten Grade. Er
führt seiner Richtung nach direkt in die mittelalterliche Folter=
kammer." „Man könnte darüber endlich einmal zur Tages=
ordnung übergehen" [47]). Ich kann's desto weniger, je ernster ich dieser
Frage vom psychologisch=pädagogischen Standpunkte aus näher
trete; auch die in Aussicht stehenden Epitheta („Prügelpäda=
goge" u. a.) können mich selbstverständlich nicht abhalten, meine
Überzeugung auszusprechen. Leider fehlt es hier an Raum,

diese Frage historisch und psychologisch=pädagogisch zu erörtern. Meint Dr. Auer nur die Erwachsenen, so stimme ich ihm zu, Jugendlichen gegenüber ist diese Frage mindestens eine offene. Seuffert, der humane moderne Kriminalist, der gegen die Prügelstrafe auftritt, fügt hinzu: „In England werden Jungen bis zu 16 Jahren geprügelt, und daß der verwahrlosten Jugend gegenüber der Stock oder die Rute nicht entbehrt werden kann, ist auch meine Ansicht" [48]). — Es ließe sich vielleicht das 16. Jahr als Grenze festsetzen.

Wurde das heutige Strafrecht von der kurzzeitigen Gefängnisstrafe beherrscht, so wird das zukünftige hin=sichtlich der Jugendlichen von der Zwangserziehung domi=niert werden. Sie fußt ganz auf dem Grundprinzipe einer psychologisch=pädagogischen Erfassung des Jugendlichen und zielt ab auf die Heranbildung des Willens: auf die Erziehung zur sittlichen Persönlichkeit. — Wenn ich nun auch für ver=mehrte Anwendung der Zwangserziehung eintrete, so möchte ich doch sogleich ausdrücklich betonen, daß man nach meiner Über=zeugung heute mit der Zwangserziehungs=Manie, die in dieser Einrichtung ein Universalmittel erblickt, auf einen gefährlichen pädagogischen Irrweg zu geraten scheint. Überall ist man mit der Zwangserziehung bei der Hand, auch da, wo sie absolut nicht am Platze ist. Man vergißt, daß der Jugendliche eine gewisse kriminelle Entwickelung durchmacht, daß er auf einen Höhepunkt gerät, und daß sich dann die natürliche Reaktion ganz von selbst einstellt. [49]) Quetelets Alterskurve der Krimi=nalität [28]) hat sich im allgemeinen durch die moderne Kriminal=statistik bestätigt. Eine gewisse kriminelle Tendenz zeigt sich in gleicher Entfaltung mehr oder weniger auch in jedem Jugend=lichen: der eine wird durch die Umstände vor ernstem Konflikt mit dem Strafrichter behütet, ein anderer wird durch soziale,

physikalische, dazu durch momentane Faktoren zum Rechts=
brecher. Bei beiden aber sinkt die Kurve der verbrecherischen
Neigung ganz von selbst durch die natürliche Weiterent=
wickelung. Es wäre nun aus psychologischen, sozialpolitischen
und volkswirschaftlichen Gründen völlig verfehlt, wollte man zu
langandauernden Zwangserziehungsmaßregeln greifen, wo die
Besserung mit Sicherheit von selbst eintritt.

Welcher Arzt wird bei einem heftigen Fieber eine jahre-
lange Kur beginnen, wenn er weiß, daß die natürliche Reaktion
binnen kurzer Zeit alles ins richtige Geleise zurückbringt? —
Sehr hoch ist z. B. die Kriminalität der Studenten. — Wer
würde aber hier mit langandauernden Maßregeln vorgehen? —
Schon nach wenigen Jahren ist die „tolle Zeit" von selbst,
das heißt durch natürliche Reaktion überwunden. Ähnlich
aber ist es auch bei den verbrecherischen Jugendlichen. Nur
wenige sind es, bei denen diese Reaktion nicht „von selbst"
eintritt, die also auch bei fortschreitendem Alter in ihrer ver=
brecherischen Tendenz beharren. Der Lehrer kennt sie gewöhnlich
schon vor der Schulentlassung genau und stellt ihnen mit ziem=
licher Sicherheit das Prognostikon. — Das sind die Zwangs=
erziehungskandidaten. Sie herauszufinden, ist für die Verhän=
gung der Strafe von größter Wichtigkeit. Welch eine furchtbare
Versündigung würde man begehen, wenn man einen Jugendlichen,
der durch besondere Konstellation der Verhältnisse urplötzlich zu
einem Verbrechen getrieben wurde, in Verkennung seiner ganzen
Beschaffenheit zu langer Zwangserziehung verurteilen wollte. —
Es wäre ein Mord der jugendlichen Persönlichkeit. — Man ist
heute in einen Zwangserziehungs=Fanatismus geraten, der
jeder psychologisch=pädagogischen Erfassung des Jugendlichen
direkt zuwider handelt. Vor einigen Jahren stach einer meiner
Schüler, ein kluger, weichherziger, aber sehr ehrgeiziger Knabe von

14 Jahren, seinen Schulkameraden zweimal mit einer englischen Feile durch den Oberarm. — Zwangserziehung würde diesen Jungen geistig getötet haben. — Deshalb meine Forderung: Erweiterte, aber weise Anwendung der Zwangserziehung. —

Ich fasse das Vorgeführte in folgendem Leitsatz zusammen:

Leitsatz VII: Bei der bevorstehenden Strafrechtsreform sind hinsichtlich der jugendlichen Verbrecher folgende Forderungen als dringliche geltend zu machen:

1. Aufhebung des Legalitätsprinzips,

2. Wegfall der Einsichtsfrage,
   Erfassung des jugendlichen Verbrechers in seiner Ganzheit,

3. Heraufsetzung der unteren Altersgrenze der relativen Strafmündigkeit auf das vollendete 14. Lebensjahr,

4. Ausschluß der Öffentlichkeit und Presse,

5. Möglichste Vermeidung der kurzzeitigen Freiheitsstrafen, Verschärfung derselben,

6. Vermehrte, aber weise Anwendung der Zwangserziehung.

Sollten durch die bevorstehende Strafrechtsreform die gestellten Forderungen erfüllt werden, so wäre damit die konsequente Durchführung des psychologisch=pädagogischen Grundprinzips noch nicht geschehen.

Als „Zukunfts=Ideal" muß hingestellt werden die völlige Exemtion der Jugendlichen aus dem Strafrecht. Der Staat soll denen gegenüber, die er als „Jugendliche", d. h. als unfertige Menschen erkennt, nicht mit der öffentlichen Strafgewalt, sondern als öffentlicher Erzieher auftreten. — Der bedeutende Kriminalpsychologe Prof. Hans Groß sagt, daß eine den Erwachsenen gleichstellende Behandlung von Kindern vor Gericht auf „jeden Fall falsch sei". Er schreibt in seinem Werke: „Sie sind überhaupt andere Wesen. Mit einem gradativen Unterscheiden ist es daher nicht abgetan. Wir müssen die essen=

tiellen Unterschiede auffuchen"⁵⁰). Ich behaupte eben deshalb:
fie nehmen auch als Verbrecher eine völlig exemte Stellung ein:
fie gehören nicht in den Rahmen des allgemeinen Strafrechts. — Die „Berliner Konferenz" hatte nicht ohne Grund
den einstimmigen Beschluß gefaßt, daß die „gesamte Behandlung
der verbrecherischen und verwahrloften Jugend durch ein besonderes Reichsgefetz einheitlich geregelt werden müsse"⁵¹).
Schaffung eines einheitlichen Reichsgefetzes a) für ver-
wahrlofte, b) für verbrecherische Jugendliche, das muß das
Ideal der Zukunft fein!

Durch dasselbe wäre vor allem auch der Strafvollzug
nach ftreng erzieherischen Gesichtspunkten zu regeln. Es
müßten gefordert werden etwa im Sinne des Schweizerischen
Gefetzentwurfes I. besondere ftaatliche Anftalten für die schwerften
Jugendverbrecher, II. Befferungsanftalten für die minder
schweren Jugendverbrecher nach Mufter der englischen Refor-
matory Schools. — Es könnte hier das amerikanische El-
mirasyftem, das in erster Linie den Verbrecher zu einem kör-
perlich gefunden, geiftig frischen und willensftarken Menschen
erziehen will, Anwendung finden. Natürlich dürften dergleichen
Anftalten nur unter Leitung psychologisch-pädagogisch ge-
schulter Direktoren ftehen.

Durch dieses einheitliche Reichsgefetz müßten aber auch besondere „Jugendgerichte" eingefetzt werden, die aus Juriften,
Pfychiatern und Pädagogen beftünden, und bei denen das
ganze Verfahren dem Geifte des Jugendlichen entsprechend
eingerichtet wäre. Der Schweizer Expert Bundesrichter Bez-
zola meinte in der Sitzung vom 21. Sept. 1893: „Man
könnte allerdings weiter gehen und für diefe Leute (Jugendliche) ein besonderes Verfahren und besondere Behörden
vorsehen." Prof. Stooß, Redakteur des Vorentwurfs, erwiderte

hierauf: „Es mag sich allerdings fragen, ob nicht ein besonderes Verfahren aufzustellen und eine besondere Behörde einzusetzen sei"[52]). — Direktor Trüper=Jena forderte auf der Versammlung des Vereins für Kinderforschung zu Halle am 12. Okt. 1903 besondere „Jugendgerichte" zur Voruntersuchung des jugendlichen Delinquenten, zog aber auf Antrag des Prof. von Liszt diesen Antrag vorläufig zurück. — New=York besitzt, was ich als „Zukunfts=Ideal" hinstelle! [53]). —

Ich habe absichtlich diese Projekte als „Zukunfts=Ideale" bezeichnet, weil ich weiß, daß ein so ideal gedachter Strafvollzug viel Geld kosten wird, daß ferner die „Jugendgerichte" wegen ihrer organischen Eingliederung in das Ganze große Schwierigkeiten machen werden.

Aber ich bin fest überzeugt, daß durch die völlige Exemtion der Jugendlichen aus dem Strafrecht den jugendlichen Verbrechern, der Jugendkriminalität überhaupt und damit der gesamten Gesellschaft, dem Staate, geholfen werden wird. — Die Massenhaftigkeit des staatlichen Eingreifens in die Schar der Jugendlichen, diese unpädagogische Tat, die „fortzeugend Böses muß gebären", sie wäre damit gehoben, dadurch aber wäre erreicht, was heute tagtäglich in Frage gestellt wird: Die Wahrung der Heiligkeit der staatlichen Autorität gegenüber der Jugend.

Das im Jugendlichen von Haus aus vorhandene Distanzgefühl gegenüber der Obrigkeit würde nicht durch den Staat selbst ausgetrieben. — Deshalb mein Leitsatz:

Leitsatz VIII: Als Zukunftsideal muß hingestellt werden: Schaffung eines einheitlichen Reichsgesetzes, betreffend a) die verwahrlosten, b) die verbrecherischen Jugendlichen. Durch dasselbe ist in erster Linie der Strafvollzug zu regeln und sind „Jugendgerichte" einzusetzen.

Man mag dieses Zukunftsideal als Utopie bezeichnen; aber wie vieles war nicht Utopie, was heute selbstverständliche Wirklichkeit ist. — Im Altertume hackte man widerspenstigen Kindern die Hand ab. Das Mittelalter schleppte Jugendliche auf den Scheiterhaufen. Noch vor kurzer Zeit verfolgte bei uns der Staatsanwalt Kinder bis ins zarteste Alter hinein. Unser Reichsstrafgesetzbuch enthält bereits den modernen Gedanken der Fürsorge=Erziehung, und die moderne Strafrechtsschule steht ganz auf dem Boden der Sozial=Pädagogik und will vor allen Dingen das Strafrecht hinsichtlich der Jugendlichen nach dieser Richtung hin entwickeln.

Die strafrechtliche Behandlung der verbrecherischen Jugendlichen kann man als ein Barometer des jeweiligen Kulturzustands eines Volkes ansehen. So lange allerdings Finanzminister und Kriegsminister die Entscheidung in der Hand haben, wird das aufgestellte Ideal nicht verwirklicht werden. — Wenn es aber auch heute nicht erreicht wird, so glaube ich doch, daß eine höhere Kultur das Strafrecht hinsichtlich der jugendlichen Verbrecher nach der psychologisch=pädagogischen Seite hin weiter entwickeln wird, damit es werde, was es werden soll und werden muß: ein Erzieher der jugendlichen Verbrecher!

Anmerkungen.

1) Prof. Dr. H. Seuffert. Ein neues Strafgesetzbuch für Deutschland. München. Beck. 1902. Einleitung.

2) Statistik des deutschen Reichs. B. 45. „Es muß vor voreiligen Schlüssen aus diesen Zahlen auf den angeblichen Verfall der inneren Integrität des Volkes gewarnt und wie früher daran erinnert werden, daß eine hohe oder steigende Kriminalität nicht nur als Zeichen des Verfalls, sondern auch in Zeiten aufstrebender Entwickelung als eine häufige und erklärliche Begleiterscheinung steigender Kultur zutage tritt.“

3) Die vorgeführten Ziffern, Kurven u. Diagramme sind bearbeitet nach den Bänden 95, 120, 126, 132 und 139 der Statistik des Deutschen Reichs. Neue Folge. Berlin. Puttkammer und Mühlbrecht.

4) William Douglas Morrison. Jugendliche Übeltäter. (Mit besonderer Berücksichtigung Englands.) Frei bearbeitet von Leopold Katscher. Leipzig. Freund u. Wittig. 1889. S. 8.

5) Dr. Hugo Hoegel, Sektionsrat im Justizministerium in Wien. Die Straffälligkeit der Jugendlichen. Leipzig. Vogel. 1902. S. 35.

6) Stenographische Berichte über die Verhandlungen des Reichstags. X. Leg.=P. B. I. 1899. S. 185.

7) Geheimrat Prof. Dr. Wach. Die Zukunft unseres Strafrechts.- 74. Jahresbericht der Rhein.=Westf. Gefängnisgesellschaft. S. 122.

8) Prof. Dr. G. Aschaffenburg. Das Verbrechen u. seine Bekämpfung. Heidelberg. Winter. 1903. S. 172.

9) B. 23 der Statistik des Deutschen Reichs gibt für das Jahr 1885 eine „annähernde Berechnung“, nach welcher die Kriminalstatistik 76,91% aller gerichtlich entschiedenen Sachen nicht berücksichtigt.

10) Prof. Dr. H. Seuffert. Was will, was wirkt, was soll die staatliche Strafe? Bonn. 1897. S. 18.

11) Prof. Dr. H. Seuffert. Die Bewegung im Strafrechte während der letzten dreißig Jahre. Dresden. von Zahn & Jaensch. 1901. S. 64:

„Die Zahlen der Kriminalstatistik werden nicht bloß durch die Handlungen beeinflußt, welche nach den Gesetzen als Verbrechen und Vergehen erscheinen, sondern auch durch die Empfindlichkeit derer, denen gegenüber die Handlungen vorgenommen werden und derer, die von ihnen Kenntnis bekommen.“

12) Stenographische Berichte über die Verhandlungen des Reichstags. 2. Leg.=Per. 1874/76. I. B. Diskussion über die Strafgesetz=Novelle. S. 401. S. 385.

¹³) Carl Jentsch. Weder Kommunismus noch Kapitalismus. Leipzig. Grunow. 1893. S. 172.

¹⁴) Prof. H. Seuffert. Ein neues Gesetzbuch. A. a. O. S. 79.

¹⁵) Prof. Dr. A. Wach. Die Reform der Freiheitsstrafe. Leipzig. 1890. S. 10, 12.

¹⁶) Dr. Appelius. Die bedingte Verurteilung. Cassel. 1890. S. 38.

¹⁷) Prof. Dr. Mittermaier. Bern. Die Behandlung jugendlicher Übeltäter im Strafgesetz. 1902. S. 9.

¹⁸) Prof. Dr. Aschaffenburg: a. v. O. S. 177.

¹⁹) Prof. Dr. von Liszt. 73. Jahresbericht der Rhein.-Westf. Gef. Gesellschaft. S. 124.

²⁰) Landtagsakten. Sachsen. 1901/1902. III. B. Königl. Dekrete S. 792.

²¹) Arthur Dix. Die Jugendlichen in der Sozial- u. Kriminalpolitik. Jena. Fischer. 1902.

²²) Statistik des Deutschen Reichs. B. 30. II, 25. „In den mitteldeutschen Bezirken ist gewiß die Art der industriellen Entwicklung, bei der verhältnismäßig viel Jugendliche zum größten Teil außerhäuslich verwendet werden, ein Grund für die Kriminalität."

²³) Prof. Adolf Wach. Die kriminalistischen Schulen und die Strafrechtsreform. Rede, bei Antritt des Rektorats am 31. Okt. 1902 gehalten. S. 4.

²⁴) Ernst Hahn. Die Erziehung der Jugend zum selbständigen Denken und Handeln. Abgedruckt in der Festschrift Franz Wilhelm Kockel. Dresden. Alwin Huhle. 1900.

²⁵) Cesare Lombroso. Der Verbrecher in anthropologischer, ärztlicher u. juristischer Beziehung. Deutsch von Dr. Fraenkel. Lombroso widmet dem kindlichen Verbrecher ein eingehendes Studium. Vergl. I, S. 97, 136, 537. Hierzu Dr. A. Baer. Der Verbrecher in anthropolitischer Beziehung. 1893. Wiederholt wurde Lombroso von dem sächsischen Psychiater Medizinalrat Dr. J. Näcke, Hubertusburg, erfolgreich bekämpft.

²⁶) Dr. Kurella. Naturgeschichte des Verbrechers. 1893. Für den Psychologen, der sich auch mit den verbrecherischen Jugendlichen beschäftigt, sind die vorgeführten „Verbrecherstammbäume" ohne Zweifel höchst interessant, bedenklich jedoch ist die Behauptung, daß die Kenntnis gewisser symptomatischer körperlicher Eigentümlichkeiten begreifen lasse, wie ihre Träger Verbrecher und nichts anderes werden — müssen".

²⁷) Lino Ferriani. Minderjährige Verbrecher. Versuch einer strafrechtlichen Psychologie. Deutsch von Alfred Ruhemann. Berlin. 1896. Wenn es mit den Jugendlichen so stünde, wie es hier auf grund „von exakten Beobachtungen" dargestellt ist, dann dürfte wohl schwerlich jemand Lust verspüren, Jugenderzieher zu werden.

²⁸) Quetelet. Versuch einer Physik der Gesellschaft. Deutsch von A. Riele.

Stuttgart. S. 6, 557, 612, 556. Hierzu lese man: Statistik des Deutschen Reichs B. 71. II, 26—56.

²⁹) Enrico Ferri. Das Verbrechen als soziale Erscheinung. Grundzüge einer Kriminalsoziologie. Deutsch von Dr. Hans Kurella. Leipzig 1896. Als Kernpunkt dürfte wohl der Satz S. 133 anzusehen sein: „Jedes Verbrechen ist die Resultante der individuellen, sozialen und physischen Bedingungen."

³⁰) Prof. von Liszt. Die gesellschaftlichen Faktoren der Kriminalität. Vortrag, gehalten zu Petersburg. Zeitschr. für die gesamte Strafrechtswissenschaft. B. XXIII. Heft 2. S. 208 heißt es: „Das Verbrechen ist das Produkt aus der Eigenart des Verbrechers im Augenblick der Tat einerseits und den den Verbrecher im Augenblick der Tat umgebenden äußeren, insbesondere wirtschaftlichen Verhältnissen andererseits."

³¹) Mitteilungen der Int. Krim. Vereinigung. B. X. 1902. Heft 1.

³²) Geheimrat Prof. Dr. Wach. Die Kriminalistischen Schulen. A. a. O. S. 24.

³³) Prof. Dr. Pelmann. Strafrecht und verminderte Zurechnungsfähigkeit. Pol. anthrop. Revue 1903. II. S. 64.

³⁴) Rechtsanwalt Dr. Heinemann. Die Reform der Strafprozeßordnung und die Sozialpolitik. Soc. Praxis 1903. S. 526. Der Formalismus, „auf den es meines Erachtens in erster Linie zurückzuführen ist, daß bei den Richtern eine so starke Abneigung gegen die Beschäftigung mit Strafsachen besteht."

³⁵) Prof. Dr. Aschaffenburg. A. a. O. S. 2.

³⁶) Prof. Dr. Hans Groß. Kriminalpsychologie. Graz. Leuschner 1898. S. 3.

³⁷) Prof. Dr. Stenglein. Reform des Strafprozesses. Deutsche Juristenzeitung. 1903. I. S. 12.

³⁸) Schweizerisches Strafrecht. Verhandlungen der Expertenkommission Bern. 1896.

General-Anwalt Scherb: „Es ist die Sache praktisch kaum durchführbar. Es wird hier ein neuer Begriff aufgestellt: die geistige und sittliche Reife. Was wird sich der Landrichter und der Geschworene darunter vorstellen? Nach welchen Faktoren bemißt sich dieselbe?" — B. I, S. 51. Es ist ohne Zweifel richtig, daß hier keine bestimmten Kriterien aufgestellt werden können. Hier entscheidet nur die Feinfühligkeit des erfahrenen Psychologen, Prädagogen.

³⁹) Stenographischer Bericht der 274. Sitzung des Reichstags. Donnerstag, den 5. März 1903. S. 8407, 8408.

⁴⁰) Schweizerisches Strafrecht. A. a. O. S. 40.

⁴¹) Ellen Key. Das Jahrhundert des Kindes. Berlin. Fischer. 1903. 3. Aufl. S. 305.

⁴²) Prof. Stroß. Wien. Eine strafrechtliche Reform in Österreich. Deutsche Juristenzeitung 1903. I. S. 16.

⁴³) Dr. Hugo Hoegel. Die Straffälligkeit. A. a. O. S. 32.

⁴⁴) Staatsanwalt Rosenberg. Beiträge zur Bestrafung der Über=

tretungen. Zeitschr. f. d. ges. Strafrechtswissenschaft. B. XXII. 1902. Hier heißt es: „Diese subsidiäre Freiheitsstrafe trifft jeden ohne Unterschied: Kinder und Greise, Gesunde und Kranke, Arbeitsfähige oder Arbeitsunfähige, Arbeits= willige oder Faulenzer, unbescholtene Ehrenmänner und ehrlose Lumpen." S. 33.

45) Oberlandsgerichtsrat Rob. Schmölder. Die Geldstrafe. Düssel= dorf. 1902. S. 26.

46) Julius Burkhardt. Das jugendliche Verbrechertum. Dresden. 1893. S. 24.

47) Fritz Auer, Doktor der Rechte und Staatswissenschaften. Soziales Strafrecht. Ein Prolog für Strafrechtsreform. München. Beck. 1903. S. 28.

48) I. Prof. Dr. Senffert. „Was will ... A. a. O. S. 13.

II. Norwegisches Gesetz, betr. die Behandlung verwahrloster Kinder vom 6. Juni 1896. Übersetzt v. Ernst Rosenfeld in Halle. Zeitschr. f. d. ges. Strafrechtswissenschaft. B. XVII. 1. Heft. Kp. VI: Über das Verhalten der Anklagebehörden gegenüber strafbaren Handlungen von Kindern. § 42: „Die Anklagebehörde kann den Vorgesetzten ... in der Schule anheimgeben, dem Kinde eine angemessene Züchtigung ... zu erteilen, auch für Kinder bis zu 16 Jahren." — Es würde allerdings in einem neuen Strafgesetz= buch der „Prügelparagraph" wie ein störender architaktonischer Fehler wirken. In einem bes. Reichsgesetz für Jugendliche, wie ich es unten wünsche, erschien er als integrierender Teil.

49) Dr. Hugo Hoegel. A. a. O. S. 16, S. 6.

50) Prof. Dr. Hans Groß. Kriminalpsychologie. A. a. O. S. 490.

51) Dr. H. Appelius. Die Behandlung jugendlicher Verbrecher und verwahrloster Kinder. Bericht der von der Internationalen Kriminalistischen Vereinigung (Gruppe Deutsches Reich) gewählten Kommission. Berlin. 1892. S. 124, 130—145. Anlage I.

52) Schweizerisches Strafrecht. A. a. O. S. 60.

53) Gerichtshöfe zur Aburteilung von Kindern. Zeitschr. f. Schulgesund= heitspflege 1903. I. S. 33.

Druck von Pöschel & Trepte, Leipzig.

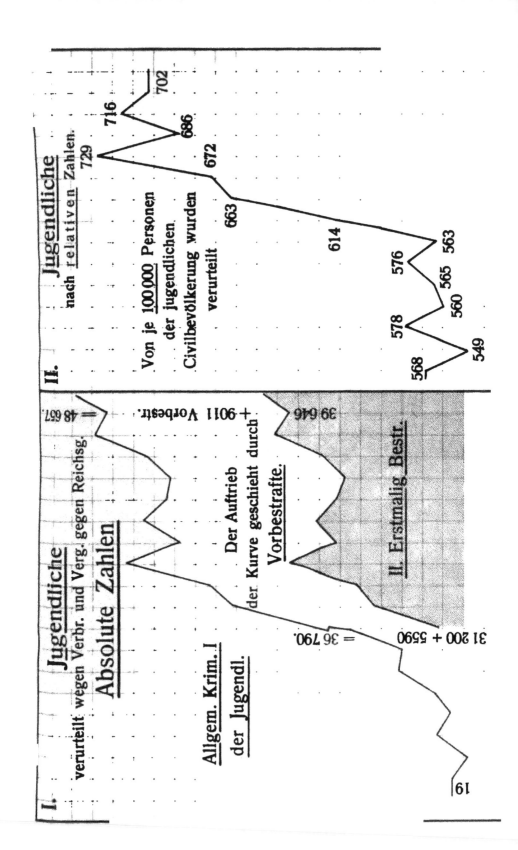

I. Jugendliche

verurteilt wegen Verbr. und Verg. gegen Reichsg.

Absolute Zahlen

= 48 657.

+ 9011 Vorbestr.

Allgem. Krim. I
der Jugendl.

Der Auftrieb
der Kurve geschieht durch
Vorbestrafte.

39 646.

II. Erstmalig Bestr.

31 200 + 5590

= 36 790.

19

II. Jugendliche

nach relativen Zahlen.

Von je 100 000 Personen
der jugendlichen
Civilbevölkerung wurden
verurteilt

729

716

702

686

672

663

614

578

576

568

565

563

560

549

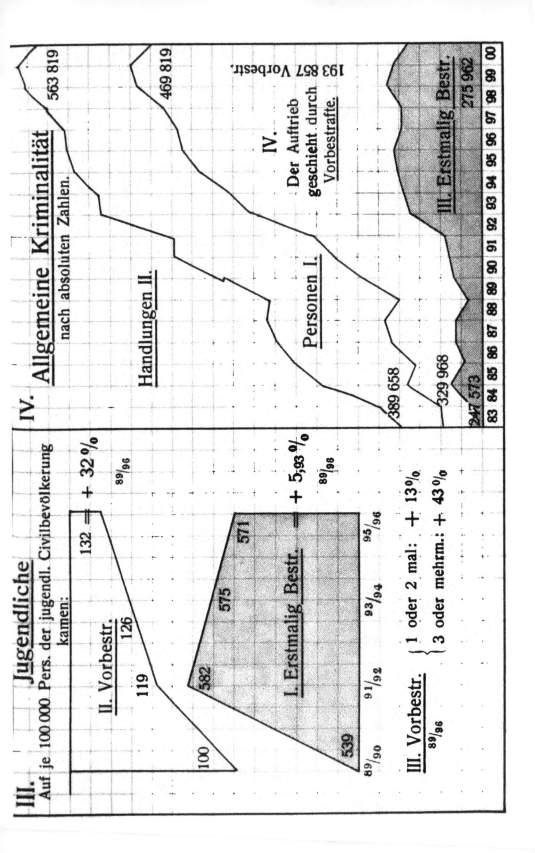

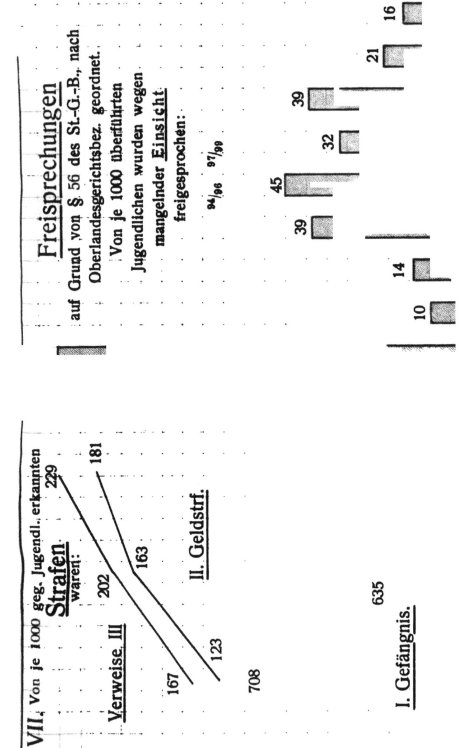

Freisprechungen

auf Grund von § 56 des St.-G.-B., nach Oberlandesgerichtsbez. geordnet. Von je 1000 überführten Jugendlichen wurden wegen mangelnder Einsicht freigesprochen:

94/96   97/99

39   45   32   39   21   16   14   10

VII. Von je 1000 geg. Jugendl. erkannten Strafen waren:

229   181   202   163   167   123   708   635

Verweise. III

II. Geldstrf.

I. Gefängnis.

Die

parlamentarische Obstruktion

ihre Geschichte und ihre Bedeutung.

Vortrag

gehalten in der Gehe-Stiftung zu Dresden

am 27. Februar 1904

von

Erich Brandenburg.

Dresden

v. Zahn & Jaensch

1904.

Hochverehrte Anwesende!

Am heutigen Abend möchte ich Ihre Aufmerksamkeit in Anspruch nehmen für eine ebenso interessante wie unerforschte Erscheinung des modernen politischen Lebens. Ich glaube nicht zu irren, wenn ich annehme, daß das Wort „Obstruktion" noch vor wenigen Jahren selbst den politisch interessierten und tätigen Kreisen unseres Volkes so gut wie unbekannt gewesen ist. Erst die Vorgänge in unserem stammverwandten Nachbarlande Österreich haben uns das Wort und die Sache nähergebracht, und kürzlich haben wir ja auch selber im deutschen Reichstage einen Fall von Obstruktion erlebt.

So kurz, wie es auf den ersten Blick erscheinen mag, ist nun aber die Geschichte der Obstruktion doch nicht. In dem Lande, wo die bedeutsamsten Grundsätze des parlamentarischen Lebens zuerst praktisch erprobt und theoretisch formuliert worden sind, in England, kennt man die Sache schon lange und das Wort wenigstens seit mehreren Jahrzehnten. Jede historische oder kritische Betrachtung der obstruktionistischen Technik wird daher zunächst diese englischen Vorgänge ins Auge fassen müssen.

Auch wir wollen von ihnen unseren Ausgangspunkt nehmen. Aber bevor wir die Ereignisse selbst kennen lernen, wird es nötig sein, daß wir uns zuvor darüber klar werden, was wir unter einer Obstruktion verstehen wollen, und aus welchen Gründen diese Erscheinung unser Interesse erweckt.

Wir können als Obstruktion jeden Versuch bezeichnen, den eine Minderheit innerhalb eines Parlamentes[1]) unternimmt, um

die Majorität daran zu hindern, daß sie ihren Willen zum bin-
denden Beschlusse erhebe. Nur eine Einschränkung müssen wir
hinzufügen: Wenn die Minorität, um dieses Ziel zu erreichen,
Kräfte zu Hilfe ruft, die außerhalb des Parlamentes liegen,
wenn sie also den Kreis der beratenden Volksvertreter durch
Hereinziehung fremder Elemente zersprengt, dann werden wir
füglich nicht mehr von Obstruktion sprechen können. Wenn z. B.,
wie es in der französischen Revolution so oft geschah, eine entschlossene und rücksichtslose Minorität das Publikum der Galerien als Hilfstruppe benutzt, dieses organisiert und leitet, und
durch das Geheul der Zuschauer die Mehrheit einzuschüchtern
sucht, so ist das einfach eine Vergewaltigung des Parlamentes.
Erst recht natürlich, wenn sie einen mit ihr einverstandenen Ge-
neral mit seinen Soldaten in den Sitzungssaal ruft, um durch
die Bajonette zu erreichen, was der Macht der Gründe nicht
gelang; so geschah es am 18. Brumaire, als Napoleon I. von
einer derartigen Minderheit gerufen und zum Herrscher proklamiert ward. Wir sprechen nur dann von Obstruktion, wenn die
Minderheit aus eigener Kraft die Beschlußfassung zu hindern
unternimmt. Unter dieser Einschränkung aber ist es gleichgültig,
welcher Mittel sie sich bedient; ob sie durch rohe Gewalt, Toben,
Schreien, Pfeifen die Redner und den Präsidenten zu übertäuben,
oder ob sie durch List, unter Beobachtung aller parlamentarischen
Formen und unter kluger Benutzung der Geschäftsordnung ihr
Ziel zu erreichen sucht.[2])

An sich ist es ja etwas durchaus Natürliches, wenn eine
Minderheit es versucht, so gut sie kann, einen ihr mißfälligen Beschluß der Mehrheit zu hintertreiben; es wäre eher zu verwundern,
wenn solche Versuche nicht gemacht würden; und es ist ebenso
selbstverständlich, daß die Minorität in der Wahl ihrer Mittel
um so unbedenklicher und rücksichtsloser sein wird, je schärfer sie

über die Berechtigung oder Verwerflichkeit der Obstruktion; denn die Geschichte kann uns zwar nichts lehren über Wert oder Unwert der Erscheinungen des öffentlichen Lebens, aber ihre Kenntnis ist die notwendige Vorbedingung eines solchen Werturteils.

I.

Ich habe schon gesagt, daß wir unsere Blicke nach England richten müssen, wenn wir die Geschichte der parlamentarischen Obstruktion kennen lernen wollen. Hier, wo das parlamentarische Leben zuerst Bedeutung gewonnen hat, wo die Abstimmung nach der Kopfzahl schon durchgedrungen war, als die ständischen Versammlungen des Festlandes noch in mittelalterlichen Formen berieten, hier begegnen uns natürlich auch die ersten Fälle jener harmloseren, einmaligen Obstruktion. Es sollen derartige Fälle schon unter Jakob I. vorgekommen sein; im hellen Lichte historischer Erkenntnis treten sie uns jedenfalls im 18. Jahrhundert entgegen. Nur über den bekanntesten und bezeichnendsten von ihnen will ich hier einige Worte sagen.

Es war in England gegen Ende des 18. Jahrhunderts nach dem Herkommen nicht gestattet, über die Debatten des Parlamentes während der Tagung etwas zu veröffentlichen, wie auch kein Nichtmitglied den Verhandlungen beiwohnen durfte. Wer der Presse von den Vorgängen innerhalb des Hauses etwas verriet, machte sich der Verachtung des Parlamentes (contempt) schuldig und wurde dafür bestraft. Nur während der Parlamentsferien waren Erörterungen über die Debatten zulässig, wenn sie in dezentem Tone gehalten waren. Freilich wurde wohl hier und da auch während der Tagung etwas darüber gebracht, und es blieb unbeachtet, solange den einzelnen Parlamentsmitgliedern, über deren Reden berichtet ward, keine Unannehmlichkeiten daraus erwuchsen. In den siebziger Jahren des 18. Jahrhunderts war

nun aber die Parlamentsmehrheit mit den Wünschen des größten
Teiles der Nation und namentlich der Londoner Bevölkerung in
entschiedenen Widerspruch geraten. Durch Anwendung aller Mittel
der Bestechung und Beeinflussung, die ihm zu Gebote standen,
hatte König Georg III. sich eine ergebene Mehrheit im Unterhause zu schaffen gewußt, während die Bevölkerung in der Opposition gegen die königliche Selbstregierung stand und die Parlamentsmehrheit des Verrates an den alten Grundsätzen des englischen Staatslebens beschuldigte. Es ist die Stimmung, aus
der die berühmten Juniusbriefe hervorgegangen sind. Namentlich
die Londoner Presse ließ es an Angriffen gegen die Majorität
nicht fehlen und scheute weder Grobheit noch Hohn, um ihre
Mitglieder vor dem Publikum herabzusetzen. Unter fingierten
Namen ließ sie einzelne besonders unbeliebte Mitglieder Reden
halten, die zum Teil nicht unwesentlich von dem abwichen, was
sie wirklich gesagt hatten.

Am 8. Februar 1771 beklagte sich einer der so getroffenen
Parlamentarier, Colonel George Onslow, im Unterhause darüber,
daß zwei Londoner Zeitungen⁴) entstellte Berichte über seine
Reden gebracht hätten, und verlangte, daß man die Redakteure
vor die Schranken des Hauses lade und bestrafe. Die Redner
der Minorität bekämpften diesen Antrag heftig; sie erklärten,
falsche Wiedergabe von Reden sei zwar höchst verwerflich, doch
müsse es dem Betroffenen anheimgestellt bleiben, sich durch eine
Klage vor dem ordentlichen Richter dagegen Recht zu verschaffen;
wahrheitsgetreue Wiedergabe von Reden müsse aber erlaubt sein;
denn die Wähler hätten kein anderes Mittel, über die Haltung
ihres Vertreters sich zu orientieren und sich ein Urteil darüber
zu bilden, ob sie ihn wiederwählen wollten. Auch auf die erregte
Volksstimmung wurde hingewiesen. Aber die Mehrheit beschloß dem
Antrage gemäß und lud die beiden Herausgeber, Mr. Thompson und

Mr. Wheble, für eine der nächsten Sitzungen vor die Schranken des Unterhauses. Trotz dreimaliger Ladung aber erschienen beide nicht; gegenüber dem sergeant des Unterhauses, der die Vorladung brachte, ließen sie sich durch ihre Dienstboten verleugnen. Darauf beschloß das Haus mit großer Mehrheit, sie verhaften zu lassen; aber sie hatten sich inzwischen versteckt und waren nicht aufzufinden. Obwohl auf Bitte des Hauses der König durch eine Proklamation einen Preis auf die Einbringung der beiden Übeltäter setzte, waren und blieben sie verschwunden.

Wenige Tage darauf, am 12. März, erhob sich Colonel Onslow von neuem und teilte mit, er habe noch sechs weitere Zeitungen ermittelt, die fortwährend entstellte Berichte über die Verhandlungen brächten, und beantrage auch die Aufnahme des Verfahrens gegen deren Herausgeber. Wieder sprach die Minorität dagegen: man werde sie ebensowenig bekommen, wie die beiden anderen; das Haus werde sich einfach lächerlich machen; die gesamte Presse sei daran interessiert, daß die Beklagten nicht bestraft würden, und halte mit ihnen gegen das Parlament zusammen. Wenn man alle Zeitungsredakteure in England, etwa 200, verfolgen wolle, so würde die ganze Zeit des Hauses durch dieses Verfahren in Anspruch genommen werden, und jede geregelte Behandlung der Geschäfte aufhören. Trotzdem beschloß das Haus mit großer Mehrheit (140 gegen 43 Stimmen), zunächst gegen den ersten der weiter beschuldigten sechs Herausgeber das Verfahren einzuleiten; denn gegen jeden einzelnen mußte der Beschluß besonders gefaßt werden. Die Minderheit griff nun, um die weiteren Beschlüsse zu verhindern oder wenigstens zu verschieben, zu dem Mittel, so oft es nach der Geschäftsordnung zulässig war, Vertagung des Hauses zu beantragen und eine Abstimmung darüber herbeizuführen. Auf diese Weise erzwang die Minorität 23 Abstimmungen, die freilich alle gegen sie ausfielen; erst um 4 Uhr morgens konnte die Sitzung geschlossen werden. In derselben Weise widersetzte sie sich in der folgenden Sitzung dem Erlasse der Haftbefehle. Als dann die verhafteten Drucker von dem Lordmayor und den Aldermen der Stadt London alsbald wieder in Freiheit gesetzt wurden, da kein richterlicher Haftbefehl gegen sie vorliege und sie keiner gesetzlich verbotenen Handlung beschuldigt seien, ja als der sergeant des Unterhauses wegen ungesetzmäßiger Verhaftung eines Londoner Bürgers vom Lordmayor eingesperrt wurde, da mußte die Majorität ihren Kampf gegen die Drucker erweitern zu einem Kampfe gegen die Behörden der Stadt London. Sie tat dies auch, ja sie ließ sogar den Lordmayor und einen Alderman vorübergehend in den Tower sperren. Auch in dieser Frage opponierte die Minorität mit den gleichen Mitteln, und der größte Teil der Abgeordneten der Minderheit verließ unter Protest die Sitzung, als sie sahen, daß sie nicht imstande seien, die Majorität in ihrem Vorgehen aufzuhalten.

Was der Minorität nicht gelungen war, gelang jedoch der Londoner Bevölkerung; schon während der letzten Sitzungen hatten tobende Volkshaufen das Parlamentsgebäude umringt und die bekannteren Führer der Mehrheit insultiert und bedroht. Unter diesem Drucke beschloß das Unterhaus, die ganze Angelegenheit einer Kommission von 21 Mitgliedern zu überweisen, in deren Schoße sie dann begraben wurde. Von einer weiteren Verfolgung der Zeitungen, die Parlamentsberichte brachten, war dann nicht mehr die Rede.

Wenn wir diesen klar vorliegenden Fall der älteren parlamentarischen Obstruktion genauer erwägen, so sehen wir, daß die Obstruktionstaktik noch sehr einfach und nicht sehr erfolgreich ist. Der Zwang zu wiederholten Abstimmungen vermag die Majorität nicht zu ermüden; sie wird nur dadurch hartnäckiger und erbitterter, unzugänglich auch für gewichtige Gegengründe; und der ganze Erfolg ist, daß die Mitglieder des Hauses die paar Nachtstunden haben opfern müssen, um welche die Beschlußfassung verzögert worden ist. Ebenso unwirksam ist es gewesen, daß ein Teil der Minorität die Sitzung verließ; denn die Beschlußfassung konnte dadurch nicht gehindert werden, da das Haus auch so beschlußfähig blieb. Es ist kaum anzunehmen, daß die Minorität sich über diese Wirkungslosigkeit ihrer Mittel nicht im voraus klar gewesen sein sollte. Ihr kam es in der Tat weniger darauf an, etwas Positives zu erreichen, als den Wählern und der Londoner Bevölkerung zu zeigen: Wir tun, was wir können, um die Majorität an ihrem die Volksrechte gefährdenden, das Parlament lächerlich machenden Vorgehen zu hindern; wir sind nicht schuld daran, wenn die von Euch mißbilligten Anträge schließlich durchgehen; wir wollen aber die Verantwortung dafür nicht tragen. Es war eine Demonstration, die dann das ihre dazu getan hat, die Bevölkerung gegen die Majorität zu erregen und jene Szenen herbeizuführen, die es der Mehrheit doch ratsam scheinen ließen, den Kampf einzustellen.

Derartige Fälle von Obstruktion zeigt uns nun die englische Parlamentsgeschichte in dem folgenden Jahrhunderte mehrfach; namentlich 1831 bei der Beratung der Reformbill, die den Übergang Englands vom aristokratischen zum demokratischen Regimente einleitete, hat die Opposition zur Obstruktion gegriffen und dem Zustandekommen dieses für den Charakter des gesamten englischen Staatswesens entscheidenden Gesetzes dadurch Schwierigkeiten bereitet. Aber wieder war an einen praktischen Erfolg kaum zu denken, zumal diesmal die Volksstimmung durchaus auf Seiten der Mehrheit war; wieder war es nur eine Demonstration, und da hierbei nur die gleichen Mittel angewandt wurden, die wir schon kennen, so brauchen wir auf diesen Fall und ähnliche Fälle hier nicht näher einzugehen.

Epochemachend in der Geschichte der Obstruktion wurde erst ein späterer Vorgang im englischen Parlamente; es ist die kleine Gruppe der irischen Abgeordneten gewesen, die unter der Führung Parnells zuerst zur prinzipiellen Obstruktion übergegangen ist.

Irland war ja seit Jahrhunderten der wundeste Fleck am englischen Staatskörper. Die katholischen und keltischen Iren lagen in stetem heimlichen Kriege mit ihren protestantischen angelsächsischen Beherrschern, die seit den Zeiten Cromwells zugleich den Boden Irlands so gut wie ausschließlich besaßen. Freilich durften seit der Union von 1800 die Iren Abgeordnete zum englischen Parlamente wählen, aber zunächst nur Protestanten, d. h. Engländer; erst nach der Katholikenemanzipation von 1829 waren sie in der Lage, Glaubens- und Volksgenossen dorthin zu entsenden. Damals bildete sich zuerst eine kleine irische Partei, an deren Spitze O. Connell stand. Aber nach seinem Tode zerfiel die Partei, und lange war die irische Fraktion ganz bedeutungslos.

Erst in den 70er Jahren des 19. Jahrhunderts fanden die Iren wieder einen begabten und energischen Führer an Parnell, der zwar einer englischen, protestantischen Familie entstammte, aber in Irland aufgewachsen war. Er entwarf den auf den ersten Blick recht abenteuerlich erscheinenden Plan, durch systematische Anwendung der Obstruktion das englische Parlament so lange an jeder ordnungsmäßigen Erledigung seiner Geschäfte zu hindern, bis es die Selbstverwaltung Irlands (Home Rule) zugestehe. Der Gedanke war, mit der nötigen Gewandtheit und Rücksichtslosigkeit durchgeführt, bei der Geschäftsordnung des englischen Parlamentes nicht aussichtslos. Denn da diese keinen Schluß der Debatte kannte, so bot sich die Aussicht, durch fortwährende Dauerreden die Versammlung zu ermüden; da es möglich war, zu jedem Gesetze beliebig viele Amendements einzubringen, und nach jeder Abstimmung über ein Amendement den Antrag auf Vertagung des Hauses zu wiederholen, so ließ sich die Debatte über jeden beliebigen Gegenstand derartig in die Länge ziehen, daß ein Ende überhaupt nicht abzusehen war.

Parnell eröffnete seinen Obstruktionsfeldzug[5]), als im Jahre 1877 nach der ersten Besetzung Transvaals durch England ein Gesetz über die Regelung der südafrikanischen Verhältnisse zur Diskussion stand. Er hat diesen Zeitpunkt wohl deshalb gewählt, weil es sich bei diesem Gesetze um die Frage des Maßes der Selbstverwaltung einer Kolonie handelte, um eine Art südafrikanischen Home Rules; da boten sich Gelegenheiten genug, um von Südafrika auf Irland zu exemplifizieren, und zugleich den speziellen Fall Irlands zu einer Prinzipienfrage zu erweitern, die alle Teile des Reiches betreffe. Gegen die imperialistische Regierung Lord Beaconsfields und die mit ihr einverstandene Majorität traten die Iren als Verteidiger des Rechtes der einzelnen Reichsteile auf Selbstregierung auf.

Als am 24. Juli 1877 das Gesetz beraten wurde, suchten die Iren zuerst durch Amendements und Bezweiflung der Beschlußfähigkeit des Hauses und durch weit vom Gegenstande abschweifende Reden die Einleitung einer ordnungsmäßigen Beratung zu verhindern. Mehrmals mußte der Sprecher einzelne von ihnen zur Sache und zur Ordnung rufen; die Unruhe des Hauses wuchs fortwährend, je offener die Absicht der Obstruktion bei den Iren zu Tage trat. Schließlich aber wurde mit großer Majorität (221 gegen 22) der Beginn der Beratung beschlossen. Am folgenden Tage setzten sie ihre Taktik fort, und Parnell wurde wegen fortwährender Abschweifungen mehrmals zur Ordmung gerufen. Als er aber sagte, er komme aus einem Lande, das im vollsten Maße die Folgen englischer Grausamkeit und Tyrannei erfahren habe, und es sei ihm daher eine besondere Freude, die ähnlichen Absichten der Regierung gegenüber Transvaal zu hintertreiben, da verlangte der Schatzkanzler seine Bestrafung durch Ausschluß auf mehrere Sitzungen. Er begründete dies damit, daß Parnell „absichtlich und hartnäckig gegen die Erledigung der Geschäfte obstruiere und sich dadurch der Mißachtung des Hauses schuldig mache"[6]). Parnell bemerkte zu seiner Verteidigung nur, es sei doch Tatsache, daß England stets schwächere Nationen mißhandelt habe, sobald es dies in seinem Interesse gefunden habe. Seine Bestrafung unterblieb trotzdem, weil der Minister sich inzwischen entschlossen hatte, anstatt der Ausschließung eines einzelnen lieber eine Änderung der Geschäftsordnung zu beantragen. Und wirklich beschloß das Unterhaus in der nächsten Sitzung einige kleine Beschränkungen der Redefreiheit, namentlich Entziehung des Wortes nach zweimaligem vergeblichem Ordnungsruf[7]).

Trotzdem begann am 31. Juli bei der neuen Beratung des Südafrika-Gesetzes das gleiche Spiel. Parnell reizte durch sein Verhalten die Majorität zu wilden Wutausbrüchen, wie sie in der altehrwürdigen, auf den guten Ton der Beratungen so stolzen Versammlung selten vorgekommen waren. Wer die Debatten liest, muß ihm zugestehen, daß er mit schlangenartiger Gewandtheit und unermüdlicher Ausdauer sein Ziel verfolgt hat. Er war gleich unerschöpflich in Reden wie in Anträgen; jede Blöße der Gegner und des Präsidenten nutzte er aus, und dabei wies er fortwährend den Vorwurf, als obstruiere er, entrüstet zurück: er wolle nur eine gründliche Beratung des wichtigen Gesetzes. Keinen Gegner ließ er ruhig sprechen; fortwährend rief er den Präsidenten um Hilfe an, da man seine und seiner

Freunde Äußerungen entstellt wiedergebe. Die Sitzung dauerte die ganze Nacht und tief bis in den 1. August hinein. Aber zuletzt ging doch selbst Parnell, dem nur wenige Helfer zur Seite standen, der Atem aus. Die Iren begannen schließlich Amendements einzubringen, mit denen sie selbst keinen Sinn verbinden konnten, z. B. irgendwo ein beliebiges Wort einzufügen, oder durch den Zusatz eines „nicht" den Sinn umzukehren. Kein Wunder, daß ihnen nichts besseres mehr einfiel; denn O. Donnell hatte allein 73 Amendements beantragt, Parnell und er über hundert mal das Wort ergriffen. Da die Majorität mit Ablösungen arbeiten konnte, hielt sie länger aus. Am Nachmittage des 1. August konnte die Lesung des Gesetzes beendigt werden. Die ganze Sitzung hatte 26 Stunden gedauert

Schon damals brachte ein Mitglied des Hauses weitere Änderungen der Geschäftsordnung zur Verhinderung der Obstruktion in Anregung, aber der Schatzkanzler sprach sich dagegen aus, da die allgemeine Verurteilung des Verfahrens der Parnelliten wohl genügende Bürgschaft dafür gebe, daß derartiges nicht wieder vorkomme.

Er hatte sich grimmig getäuscht. Während der ganzen Parlamentssessionen von 1878 und 1879 haben die Iren ihre so wohl erprobte Taktik unter dem Schutze der liberalen Geschäftsordnung meisterhaft durchgeführt, bejubelt von ihren Wählern, in ohnmächtigem Zorn angegriffen von den Rednern der Mehrheit und von der englischen Presse. Parnell hat z. B. 1879 500 mal, andere Iren 369, 281 und 136 mal das Wort ergriffen. Durch ihre Massenreden und Massenanträge haben sie es erreicht, daß in diesen Jahren die Gesetzgebung Englands so gut wie lahmgelegt war; nur verschwindend wenige Gesetze konnten trotz äußerster Anspannung der Arbeitszeit durchgebracht werden.

Immer lauter wurden infolgedessen die Stimmen aus allen
Parteien, die da riefen, so könne es unmöglich weitergehen, und
als einziges Mittel eine radikale Änderung der Geschäftsordnung
verlangten. Zuerst wagte es ein erfahrener und angesehener
Parlamentarier, Mr. Raikes, gegen Ende des Jahres 1879 in
der Zeitschrift „Nineteenth Century" den Vorschlag zu machen,
daß man nach dem Vorbilde der festländischen Parlamente, von
anderen kleinen Mitteln abgesehen, den Schluß der Debatte ein=
führen möge. Aber immer noch zögerte das Ministerium, diesen
Stimmen Gehör zu geben, aus Achtung vor dem Herkommen
und der Redefreiheit, die als unantastbar galt. Weder der
konservative Lord Beaconsfield, noch der liberale Gladstone, der
ihn 1880 ablöste, wollten zu derartigen Mitteln greifen. [8])

Da verschärfte sich 1881 der Kampf noch mehr. Die
Erregung in Irland war aufs höchste gestiegen, die Landliga
hatte den rücksichtslosen Kampf gegen die englischen Grundherren
proklamiert, Mordtaten über Mordtaten versetzten die englische
Bevölkerung der grünen Insel in jähen Schrecken, der Boykott
wurde gegen die englischen Grundbesitzer verhängt, und diese
fanden keine Hände mehr, die ihre Äcker bestellten. Da entschloß
sich Gladstone zur Anwendung gewaltsamer Mittel: er ließ die
Führer der irischen Bewegung unter Anklage stellen und legte
im Januar 1881 dem Parlamente ein Ausnahmegesetz für
Irland vor.

Das war für die Iren das Signal zur Anwendung
der äußersten Mittel. Als am 25. Januar 1881 Gladstone
für sein Ausnahmegesetz die Dringlichkeit beantragte, nahmen
fast sämtliche irische Abgeordnete — 33 an der Zahl — das
Wort hintereinander und sprachen trotz aller Mahnungen des
Sprechers nicht nur zur Dringlichkeitsfrage, sondern gegen das
Gesetz überhaupt, und als sie ihre Beredsamkeit erschöpft hatten,

griffen sie zur Verlesung unendlich langer, zur Sache garnicht
gehöriger Aktenstücke, bis der Sprecher einen von ihnen wegen
Nichtbeachtung seiner Ordnungsrufe von der Sitzung ausschloß.
Alsdann begannen sie wieder das alte Spiel mit fortwährenden
Vertagungsanträgen. Auf beiden Seiten war man entschlossen,
auszuhalten, und alle 3 Stunden lösten sich die Abgeordneten
ab, ebenso die Minister. Aber es half nichts; gestützt auf die
Rede- und Antragsfreiheit verhinderten die Iren jede ernstliche
Beratung, und einer von ihnen sagte höhnend, ihre Kenntnis
der Geschäftsordnung sei so gründlich, daß sie diese Unterhaltung
noch lange fortsetzen könnten. Erst nach 22 stündiger Sitzung
konnte die Dringlichkeit beschlossen werden.

Am folgenden Tage begannen die irischen Redner das von
der Regierung über die irische Frage ausgegebene Blaubuch Zeile
für Zeile zu kommentieren und seine Angaben zu bestreiten.
Wieder war keine sachliche Beratung möglich, und früh morgens
entschloß sich die Majorität zur Vertagung. Am 31. Januar
aber begann die Hauptschlacht. Beide Parteien waren zum
Äußersten entschlossen, 12 stündige Ablösungen waren vorgesehen,
und vom 31. um 4 Uhr nachmittags dauerte diese Sitzung
42 Stunden lang ohne Unterbrechung. Die Iren hielten fortwährend mehrstündige Reden und scheuten vor den gröbsten Be-
leidigungen nicht zurück; einer nannte den Oberrichter von
Irland ein Krokodil. Inhaltlich glich natürlich eine Rede der
anderen vollkommen, da es ja nur darauf ankam, die Zeit hin-
zubringen. So ging es zwei Nächte hindurch vom Montag
nachmittag bis Mittwoch früh. Da endlich entschloß sich Gladstone
zu einer energischen Maßregel, die freilich einen Bruch mit
allen Überlieferungen des Parlamentes bedeutete. Er verabredete
mit dem Führer der Konservativen und dem Sprecher ein
radikales Vorgehen. Nachdem der Sprecher von seinem Ver-

treter den Vorsitz wieder übernommen hatte, sagte er, da offenbar Obstruktion vorliege, die eine Mißachtung des Parlamentes
bedeute, seien Ausnahmemaßregeln nötig. Er glaube im Sinne
des Hauses zu handeln, wenn er keinem Redner mehr das Wort
erteile, sondern sofort zur Abstimmung über die einzelnen Teile
des Gesetzes schreite. Vergebens suchten die Iren durch Lärmen
und Schreien die Abstimmung zu hindern; das Gesetz wurde
nun mit größter Geschwindigkeit in erster Lesung angenommen.
Darauf kündigte Gladstone an, daß er in der nächsten Sitzung
eine gründliche Änderung der Geschäftsordnung beantragen werde
Damit schloß diese lange Sitzung am 2. Februar 10 Uhr
vormittags.

Bei Beginn der Nachmittagssitzung beantragten die Iren,
das Haus möge dem Sprecher wegen seines Vorgehens am
Morgen seine Mißbilligung aussprechen. Nach endloser Debatte
(die Iren sprachen wieder über 20 mal) wurde ihr Antrag abgelehnt; aber die Sitzung war wieder verloren.

Am 4. Februar wurde über die von Gladstone vorgeschlagene Änderung der Geschäftsordnung beraten. Der Sitzungssaal und die Galerien waren dicht gefüllt, Westminster war von
einer neugierigen Menschenmenge umlagert. Kaum hatte Gladstone
zu sprechen begonnen, als der Ire Dillon das Wort zur
Geschäftsordnung verlangte. Die Mehrheit erhob einen furchtbaren Lärm, der Sprecher rief den Querulanten zur Ordnung;
Gladstone beantragte darauf seinen Ausschluß von der Sitzung,
und dieser wurde auch beschlossen. Aber Herr Dillon wollte sich
nicht entfernen; dem sergeant verweigerte er den Gehorsam,
und erst als vier Saaldiener gerufen wurden, um ihn nötigen-
falls mit Gewalt zu entfernen, ging er. Wieder erhob sich
Gladstone; kaum hatte er begonnen, so verlangte Parnell das
Wort zu dem Antrage, das Haus möge den Minister nicht weiter

2

anhören. Auch er mußte durch eine Abstimmung ausgeschloffen werden, und wich erst vom Platze, als die vier Saaldiener anrückten; unter den begeisterten Zurufen seiner Freunde verließ er den Saal. Und so ging es weiter; es wiederholte sich immer genau die gleiche Scene, bis alle 36 Jren von der Sitzung ausgeschloffen waren. Diese Prozedur dauerte viereinhalb Stunden, dann erst konnte die Beratung beginnen. Alsbald wurden Gladstones Anträge mit einigen von den Konfervativen verlangten Modifikationen zum Beschluß erhoben. Der Sprecher hatte darnach das Recht, sobald die Dringlichkeit mit dreiviertel Majorität bei Anwesenheit von mindestens 300 Abgeordneten beschloffen war[9]), den Mitgliedern das Wort zu entziehen oder sie bei Widerspenstigkeit auszuschließen; ein alsbald ausgearbeitetes Reglement setzte die Einzelheiten näher fest. Vertagungsanträge konnte der Sprecher darnach a limine zurückweisen, wenn er die Überzeugung hatte, daß sie nur zur Verschleppung dienen sollten, oder er konnte sie ohne Debatte zur sofortigen Abstimmung stellen; er konnte abschweifenden Rednern das Wort entziehen; er konnte, wenn er glaubte, daß das Haus damit einverstanden sei, Schluß der Debatte vorschlagen, und wenn das Haus diesen mit dreiviertel Mehrheit beschloß, konnte sofort zur Abstimmung geschritten werden; er brauchte endlich eine Zählung der Stimmen nur eintreten zu lassen, wenn mindestens 20 Abgeordnete es verlangten.

Im Einverständnis mit dem Ministerium stellte der Sprecher noch für die Beratung im committee die Regel auf (17. Febr.), daß das Haus festsetzen könne, bis zu welcher Stunde das committee mit seinen Beratungen fertig sein müsse; nahe diese Stunde heran, so müsse einfach Abstimmung eintreten, ohne Rücksicht auf alle noch nicht beratenen Amendements.

Der sofortigen Anwendung dieses Grundsatzes auf das

irische Ausnahmegesetz traten aber die Konservativen entgegen, und sie mußte daher unterbleiben. Überhaupt erklärten sich diese gegen zu häufige Anwendung der Dringlichkeit; wir werden gleich sehen, aus welchen Gründen. So dauerte trotz der neuen Bestimmungen die Obstruktion fort und zog die Beratung der irischen Gesetze furchtbar in die Länge. Die ganze Gesetzgebungsmaschine arbeitete in verlangsamtem Tempo, und das war für ein so gewaltiges Reich, in welchem das Parlament die eigentliche Zentralregierung war, auf die Dauer ein unerträglicher Zustand.

Gladstone legte dem Unterhause am 7. Februar 1882 eine neue Änderung der Geschäftsordnung vor: Nicht nur bei bringenden Anträgen, sondern stets sollte der Sprecher berechtigt sein, das Haus zu befragen, ob die Debatte geschlossen werden solle; seien mehr als 200 Mitglieder anwesend, so genüge dann einfache Majorität, um den Schluß festzusetzen; seien weniger da, so müßten über 100 Stimmen für Schluß, und nicht mehr als 40 dagegen sein.[10])

Dieser Vorschlag stieß aber nicht nur bei den Iren, sondern auch bei den Konservativen und sogar bei den eigenen Parteigenossen Gladstones auf scharfe Opposition. Die einen wollten keinen Bruch mit der altenglischen Überlieferung, die anderen fürchteten, daß jede Minorität vergewaltigt werden könne, sobald Ministerium und Sprecher einverstanden seien.

Erst als im Phönixpark zu Dublin zwei hohe englische Beamte am hellen Tage ermordet worden waren, als Gladstone infolgedessen neue Ausnahmegesetze gegen Irland einbrachte, und als nun die Obstruktion der Iren mit erneuter Heftigkeit einsetzte, sahen immer mehr Parlamentarier die Notwendigkeit einer Reform ein. In den Sitzungen des Sommers 1882 wurden nach langen Rede- und Abstimmungsschlachten wieder 25 irische Abgeordnete ausgeschlossen, einer, O. Donnel, sogar auf 14 Tage,

2*

weil jede ordentliche Beratung in ihrer Anwesenheit unmöglich war. Und in der außerordentlichen Herbstsession von 1882 setzte Gladstone seine neue Geschäftsordnung mit einigen Einschränkungen durch, wenngleich mit sehr geringer Majorität.

Es ist zweifelhaft, ob selbst diese neue Geschäftsordnung viel genützt haben würde, wenn die politische Konstellation dieselbe geblieben wäre. Aber Gladstone entschloß sich aus bisher nicht völlig aufgeklärten Motiven zu einem jähen Wechsel in seiner irischen Politik; er ließ die verhafteten irischen Führer frei und wollte die Ausnahmegesetzgebung ersetzen durch eine vollständige Selbstverwaltung für Irland in allen nicht die Interessen des Gesamtreiches berührenden Dingen. Es war im wesentlichen damit gewährt, was die Iren längst gefordert hatten, Home Rule. Indem sich nun die Mehrzahl der Iren unter diesen Umständen für Verzicht auf die Obstruktion und Bund mit den Liberalen entschied, während eine Minderheit der alten Taktik treubleiben wollte, ging die Einigkeit der Partei, die Grundlage ihrer Erfolge, verloren. Dann kam die Änderung des Wahlrechts von 1884/85; sie brachte den Iren eine ganze Anzahl neuer Mandate; über 80 Mann stark erschienen sie im Parlament, nunmehr eine Partei, die kräftig genug war, in zweifelhaften Fällen den Ausschlag zu geben. Von diesem Zeitpunkte an hatte die Obstruktion für die Iren gar keinen Sinn mehr; denn sie konnten auf anderen Wegen viel mehr zu erreichen hoffen. Und seitdem hat sich im englischen Parlamente keine prinzipielle Obstruktion wieder gezeigt.

Aber man muß doch sagen: ohne Erfolge ist der mehr als fünfjährige Kampf der Iren nicht gewesen. Und wenn die Obstruktion mit ihren unheilvollen Folgen für das gesamte Staatsleben auch gewiß nicht allein die Schwenkung der Liberalen in der irischen Frage veranlaßt hat, soviel wird man doch behaup-

ten dürfen, daß sie aufs stärkste dazu mitgewirkt hat. Gladstone
war gewiß seiner ganzen Anschauungsweise und Vergangenheit
nach überhaupt ein Gegner straffer Zentralisation und erst recht
blutiger Ausnahmegesetze; aber er war zu ihnen gedrängt worden
durch das Verhalten der irischen Bevölkerung selbst; und nachdem sie einmal gegeben waren, ist er doch zunächst mit Eifer an
ihre Durchführung gegangen. Und namentlich den Iren Home-
Rule zu bewilligen, daran hat er früher nie gedacht. Sollte
der Kampf gegen die Obstruktion nicht dazu beigetragen haben,
in ihm die Überzeugung zu erwecken, daß ohne weitgehende
Zugeständnisse an die Iren das britische Reich nicht weiter
ordnungsmäßig regiert werden könne? Nun sind zwar seine
Reformen am Widerstande der Konservativen, der liberalen Unionisten und des Oberhauses gescheitert, und die Iren haben
Home-Rule noch immer nicht erlangt. Aber sie haben eine
der großen Parteien für ihre Forderungen gewonnen und einmal schon die Mehrheit im Unterhause dafür erreicht; das
würde ihnen nicht gelungen sein, wenn sie nicht im Obstruktions-
kampfe gezeigt hätten, daß sie als Gegner sehr gefährlich sein
könnten.

II.

Die von den Iren erprobten technischen Mittel der Obstruktion sind nun über ein Jahrzehnt später auch auf dem Boden
des europäischen Festlandes angewandt, ja noch durch neue vermehrt worden. Im Jahre 1897 ist die prinzipielle Obstruktion
zuerst als Kampfmittel in den Nationalitätskämpfen Österreich-
Ungarns angewandt worden und seitdem dort eine chronische
Erscheinung geblieben.[11]) Wie in England gab auch hier eine
nationale Frage den Anstoß zur Anwendung dieses Kampf-
mittels; aber nicht von einer kleinen unterdrückten Minderheit,

sondern von der bisher in Cisleithanien vorherrschenden Partei wurde es zuerst benutzt.

Österreich, auch das cisleithanische Österreich, ist ja nie ein rein deutscher Staat gewesen; Josef II., der es dazu machen wollte, war mit diesem Plane gescheitert. Aber die Deutschen waren ohne Zweifel die herrschende Nation in dem österreichischen Völkerchaos: deutsch war das Herrscherhaus, deutsch die Sprache der Behörden und des Heeres. Erst als 1866 Österreich aus dem deutschen Bunde gedrängt, und 1871 an seinen Grenzen das neue deutsche Reich gegründet war, kam das österreichische Deutschtum in eine schiefe Stellung. Von dem Gesamtleben des deutschen Volkes durch die politischen Grenzen getrennt, von dem Herrscherhause argwöhnisch als heimlicher Verbündeter des deutschen Reiches und Feind der habsburgischen Monarchie betrachtet, dazu in sich gespalten durch die Gegensätze zwischen Adel und Bürgertum, zwischen Klerikalen und Nichtklerikalen, verlor das Deutschtum von Jahr zu Jahr an Einfluß. Der Hof liebäugelte immer stärker mit den slavischen Elementen, deren Bestrebungen auf Loslösung der großen Kronlande, namentlich Böhmens, vom Gesamtstaate gingen, und die man von ihren Sonderbestrebungen abzubringen hoffte, wenn man den deutschen Charakter des Staates preisgab. Immer erbitterter wurden die Kämpfe der Nationalitäten. Das deutsch-österreichische Bündnis von 1879 nützte den Deutschen Österreichs nichts, sondern schädigte sie eher, indem es ihnen die Möglichkeit raubte, bei dem Deutschen Reiche Anlehnung zu suchen, das ja nun mit den Habsburgern eng verbündet war. Langsam, aber sicher, sahen die Deutschen ihre herrschende Stellung in Österreich zusammenbrechen; aber teils ihre Uneinigkeit untereinander, teils der Mangel eines klaren positiven Zieles und die Loyalität gegen das Herrscherhaus hielt sie von entschiedenen Maßregeln der Gegenwehr lange zurück.

Zum Ausbruch kam der parlamentarische Kampf durch die Sprachenverordnungen des Ministerpräsidenten Grafen Badeni für Böhmen und Mähren vom 5. April 1897. Darin wurde für die Gerichte und die meisten Verwaltungsbehörden vorgeschrieben, daß stets in der Sprache des ersten Antragstellers resp. Klägers zu verhandeln sei, und daß nach Verlauf einer Übergangszeit nur solche Beamte bei diesen Behörden angestellt werden sollten, die deutsch und tschechisch verständen. Die Deutschen sahen in der Zumutung, tschechisch zu lernen, eine nationale Beleidigung; sie befürchteten von der Durchführung der Zweisprachigkeit in den bisher rein deutschen Teilen Böhmens ein weiteres Vordringen des Tschechentums, und sie bestritten endlich der Regierung das Recht, derartige einschneidende Maßregeln auf dem Verwaltungswege ohne Beschluß des Reichsrates anzuordnen.

Im Wiener Abgeordnetenhause einigten sich infolgedessen die deutschen Parteien, mit Ausnahme der Christlich-Sozialen, zu gemeinsamem Vorgehen. Sie griffen die Rechtsbeständigkeit der Verordnungen an und beantragten schließlich (6. Mai) die Versetzung des Ministers in Anklagezustand wegen Verletzung der Verfassung. Schon bei diesen Beratungen kam es zu heftigen Szenen; die Deutschen fühlten sich durch eine Äußerung des Justizministers beleidigt und wollten ihn durch Toben und Lärmen am Weitersprechen hindern, bis er sie zurücknähme. Aber unter dem Schutze der Tschechen konnte der Minister trotzdem zu Ende sprechen, und der Antrag der Deutschen wurde schließlich abgelehnt. Nun gingen die Deutschen zur prinzipiellen Obstruktion über; ihr Ziel war, jede parlamentarische Beschlußfassung zu hindern, bis die Verordnungen Badenis zurückgenommen seien; weder Steuern, noch Rekruten sollte die Regierung bewilligt erhalten, bis sie den Forderungen der Minderheit entspreche. Durch fortwährende Reden, Anträge, namentliche Abstimmungen wurde wirklich vier Wochen lang jede ordentliche Beratung verhindert, obwohl der Präsident sein Möglichstes tat, durch seine Auslegung der Geschäftsordnung die Obstruktion einzuengen. Anfang Juni mußte sich die Regierung zur Vertagung des Abgeordnetenhauses entschließen, obwohl die wichtigsten Vorlagen unerledigt geblieben waren.

Während der Parlamentsferien unternahm Badeni vergebliche Versöhnungsversuche; und sobald Ende September der Reichsrat wieder zusammentrat, begann auch die Obstruktion von neuem. Schon bei der Präsidentenwahl kam es zu heftigen Szenen. Fünf neue Ministeranklagen wurden eingebracht, und fast der ganze Oktober ging mit ihrer Beratung hin; es kam auch dabei wieder zu stürmischen Szenen, stellenweise schon zu Prügeleien im Sitzungssaale. Die Anträge der Deutschen wurden schließlich zwar abgelehnt, aber mit sehr geringer Mehrheit (161 gegen 141, 172 gegen 145 und 177 gegen 171 Stimmen).

Noch heftiger wurde der Kampf, als ein Wechsel im Präsidium des Hauses eintrat. Der Präsident Dr. Kathrein, Mitglied der katholischen Volkspartei, wollte bei den von der Majorität geplanten Maßregeln zur Unterdrückung der Obstruktion nicht mitwirken und legte sein Amt nieder; der Pole Abrahamowitsch, der schon bisher als Vizepräsident durch seine Amtsführung die Deutschen stark erbittert hatte, trat an seine Stelle, und als erster Vizepräsident der Tscheche Kramař. Durch die Einführung von Abendsitzungen gedachte man zunächst die Opposition zu ermüden, denn es handelte sich darum, noch vor Jahresschluß das Gesetz, welches in regelmäßiger Wiederkehr das Verhältnis der Leistungen zwischen der österreichischen und ungarischen Reichshälfte regelte, den sogenannten Ausgleich, unter Dach zu bringen. Aber die Deutschen gedachten gerade diesen Umstand zu benutzen, um der Mehrheit ihre Macht fühl-

bar zu machen: sie wollten, indem sie dieses durchaus notwendige
Gesetz verhinderten, Regierung und Mehrheit zum Nachgeben
zwingen.

Schon in der ersten Nachtsitzung (28. 29. Oktober) hielt
der Brünner Abgeordnete Dr. Lecher seine berühmte zwölfstündige
Rede, durch die er den unbestrittenen Rekord als Dauerredner
gewann. Um ³/₄9 Uhr abends begann er und erst ³/₄9 Uhr
früh hörte er zu sprechen auf. Zeitweilig verschafften ihm
wütende Beifallssalven seiner Parteigenossen oder absichtlich
hervorgerufene Zwischenfälle kleine Ruhepausen. Die Sitzung
dauerte dann noch bis ¹/₂9 Uhr abends; aber die Mehrheit
vermochte es selbst durch diese Kraftanstrengung nicht, die erste
Lesung des Ausgleichsprovisoriums zu Ende zu bringen. In
der 15 stündigen Nachtsitzung vom 4. zum 5. November war
die Erregung bereits so groß, daß viele Redner sich überhaupt
nicht verständlich machen konnten, manchmal zwei zugleich sprachen,
die wüstesten Schimpfworte hin= und herflogen, und eine Viertel=
stunde lang die roheste Prügelei herrschte, weil die Tschechen
und Christlich=Sozialen den deutschen Abgeordneten Wolf mit
Gewalt aus dem Saale drängen wollten. Nur mühsam konnte
die Majorität den Schluß der Debatte und die Überweisung
des Ausgleichsprovisoriums an eine Kommission durchsetzen.

Am schlimmsten aber wurde es, als das Provisorium, nach=
dem die Kommission es genehmigt hatte, wieder vor das Haus
zurückkam. Die Minorität hatte inzwischen 56 Petitionen gegen
die Sprachenverordnungen zusammengebracht, die sie nun sämtlich
verlesen und besprechen wollte. Ein Redner der Mehrheit bean=
tragte, nur einen Teil davon zu lesen, und der Präsident
Abrahamowitsch wollte, nachdem einige Redner sich über diesen
Antrag geäußert hatten, die Debatte darüber schließen und dem
Abgeordneten Schönerer das Wort nicht mehr erteilen. Da eilte

dieser zum Präsidentensitz, ergriff die Glocke und rief, er erteile sich selber das Wort. Ein Tscheche entriß ihm die Glocke, der Präsident unterbrach die Sitzung und ließ sich dann eine neue Glocke bringen. Auch diese wurde ihm vom Abgeordneten Wolf fortgenommen. Da ersuchte der Präsident die Ordner, das Präsidium von den es umlagernden deutschen Abgeordneten zu befreien und verließ seinen Sitz. Nun brach ein wilder Faust= kampf los. In wirren Knäueln wälzten sich die Abgeordneten der verschiedenen Parteien am Boden, einander mit Händen und Füßen bearbeitend, sich die Haare raufend und die Kleider vom Leibe reißend. Da es nicht gelang, die Obstruktionisten aus dem Saale zu drängen, mußte der Präsident schließlich die Sitzung vertagen. Mit herabhängenden Kleidern, zerfetzten Kravatten, Schrammen und Beulen am Leibe verließen die Vorkämpfer der Obstruktion diese blutige Sitzung, aber als Sieger.

Am nächsten Tage beschloß die Mehrheit eine Änderung der Geschäftsordnung, jedoch ohne jede ordentliche Debatte und im Widerspruch mit allen Satzungen des Hauses, unter lärmendem Protest der Deutschen. Der Präsident war jetzt ermächtigt, nach zweimaligem vergeblichen Ordnungsruf widerspenstige Abgeord= nete für höchstens drei Sitzungen auszuschließen und zu ihrer Entfernung von der Regierung bewaffnete Mannschaften zu requirieren[12]). Die Tribüne des Präsidiums wurde durch Schranken von dem Saale getrennt, um neue tätliche Angriffe zu verhüten. Aber trotzdem stürmten am 26. November die Sozialdemokraten, die Schranken überkletternd, den Präsidentensitz, und neue wilde Raufereien begannen. Nun requirierte Abrahamowitsch Polizei, ließ erst die Sozialdemokraten hinausbringen und schloß dann Wolf auf drei Tage aus; da er sich weigerte, zu gehen, wurde er von sechs Schutzleuten gepackt und trotz wütenden Umsich=

schlagens hinausgebracht. Die Galerien, die für ihn Partei nahmen, wurden auf Befehl des Präsidenten geräumt, und darauf noch mehrere Abgeordnete, im ganzen 13, auf drei Tage ausgeschlossen.

Damit war diese Sitzung ausgefüllt; aber in der nächsten erhoben die Deutschen, einem gemeinsamen Beschlusse gemäß, beim Erscheinen des Präsidenten bereits einen derartigen Lärm, daß er nicht zu Worte kommen konnte. Durch Blasen auf Trompeten und Pfeifen verstärkten sie ihre Stimmen und erzwangen auf diese Art wirklich, daß die Sitzung geschlossen werden mußte, bevor sie noch begonnen hatte.

Inzwischen war auch die Bevölkerung Wiens unruhig geworden, der Bürgermeister erklärte der Regierung, daß er für die Ruhe der Hauptstadt nicht mehr einstehen könne; in Graz brachen ebenfalls Unruhen aus, und an ein geregeltes Arbeiten des Parlamentes war garnicht mehr zu denken.

Da entschloß sich Kaiser Franz Josef, Badeni zu entlassen (28. November) und den Grafen Gautsch von Frankenthurn mit der Neubildung des Ministeriums zu beauftragen. Aber da auch dieser die Sprachenverordnungen nicht bedingungslos aufheben wollte, blieben seine Verhandlungen mit den Parteien über Herbeiführung geordneter parlamentarischer Zustände ergebnislos. Der Reichsrat mußte geschlossen werden, ohne daß er das Ausgleichsprovisorium bewilligt hätte. Und der Kaiser setzte nun, gestützt auf ein der Regierung im § 14 des Grundgesetzes von 1867 zugebilligtes Notverordnungsrecht, das Provisorium für ein Jahr ohne parlamentarische Bewilligung in Kraft.

Ich brauche den Fortgang des Kampfes nicht im einzelnen zu schildern. Schritt für Schritt wich die Regierung vor der Obstruktion zurück. Noch Graf Gautsch hob die badenischen Sprachenverordnungen auf (24. Februar 1898) und legte den

neuen, die er erließ, ausdrücklich nur eine provisorische Geltung
bei bis zu gesetzlicher Regelung der Frage. Auch die neuen
Verordnungen, die in Böhmen wenigstens die Umgangssprache
der Mehrheit des Bezirks zur Sprache der Behörden erklärte
und nur, wo die Mehrheit nach einer Seite hin gering sei, die
Doppelsprachigkeit aufrecht erhielt, genügten den Deutschen nicht.
Gautsch nahm ebenfalls seine Entlassung und Graf Thun bildete
ein neues Ministerium; trotz des versöhnlichen Tones, den
dieser anschlug, verharrten die Deutschen in der Obstruktion,
bis die Sprachenverordnungen gänzlich aufgehoben sein würden;
und der Reichsrat mußte am 12. Juni vertagt werden, ohne
zu geordneter Arbeit gelangt zu sein. In der Herbstsession
von 1898 wurde nur eine vorübergehende Einstellung der Obstruktion erreicht, weil ein Teil der Deutschen es für vorteilhafter
hielt, erst das neue Ausgleichsprovisorium zu beraten, damit
nicht wieder eine Regelung nach § 14 eintreten müsse. Da
aber das von der Regierung vorgeschlagene Provisorium für die
cisleithanische Reichshälfte ungünstig war, und in der Sprachen-
frage keine Nachgiebigkeit sich zeigte, so wurde die Obstruktion
wieder aufgenommen. Das Provisorium konnte bis zum Ende
des Jahres nicht beschlossen werden und mußte für 1899 von
neuem auf Grund des § 14 ohne parlamentarische Genehmigung
oktroyiert werden. Nach weiteren vergeblichen Friedensverhand-
lungen trat auch das Ministerium Thun zurück (2. Okt. 99),
und der neue Ministerpräsident Graf Clary hob die Sprachenverordnungen bedingungslos auf (17. Okt.).

Sobald aber die Regierung sich den Deutschen näherte, und
als durch die Neuwahlen die an sich schwache tschechisch-polnische
Majorität erschüttert war, begannen die heftigsten Gegner der
Deutschen, die Tschechen, ihrerseits die Obstruktion. Warum
sollte ihnen nicht auch gelingen, was den Deutschen so gut ge-

glückt war? Wollte die Regierung, an deren Spitze seit Ende 1899 Herr von Körber stand, ihre wichtigsten Vorlagen, Budget, Ausgleich, wirtschaftliche Reformen, zu angemessener Beratung und Beschlußfassung bringen, so mußte sie immer erst durch kleine Zugeständnisse an die tschechischen Sonderwünsche die Einstellung der Obstruktion für die Dauer der betreffenden Beratung erkaufen. Gelang das nicht, so kam auch nichts zustande; und mehrmals hat der Ausgleich mit Ungarn noch auf Grund des § 14 oktroyiert werden müssen. Neue Mittel der Obstruktion sind in diesen Kämpfen der letzten Jahre ebensowenig hervorgetreten, wie bei den Versuchen der ultramagyarischen Obstruktion in Ungarn, die völlige Lostrennung Ungarns vom österreichischen Gesamtstaate zu erzwingen[12]).

Vergleichen wir diese österreichischen Vorgänge mit den englischen der siebziger und achtziger Jahre, so haben wir zunächst die Empfindung, daß wir, wenn wir uns von London nach Wien wenden, auf ein unvergleichlich niedrigeres Kulturniveau herabsteigen. Mit der Ruhe und Geduld des englischen Sprechers, der Vorsicht und Langsamkeit bei Änderung der Geschäftsordnung kontrastiert grell das Verhalten des Herrn Abrahamowitsch und der slavischen Mehrheit in Wien. Aber ebenso stehen die Anhänger Parnells, obwohl ihr Auftreten in dem gravitätischen und aristokratischen englischen Parlamente schon als unerhört empfunden wurde, doch gegenüber den Schreiern und Faustkämpfern der äußersten deutschen Linken noch als gebildete Männer da. Die Anwendung physischer Gewaltmittel spielt sowohl auf Seiten der Mehrheit wie auf Seiten der Minderheit eine viel größere Rolle in Österreich wie in England. Aber davon abgesehen tritt noch ein anderer Unterschied bei der Vergleichung hervor: in England obstruierte eine verhältnismäßig kleine Minorität (zwischen 30 und 40 auf 658 Mitglieder); in Öster-

reich dagegen fast die Hälfte des Parlamentes, wenn auch nur
ein kleiner Teil dieser Minorität die äußersten Obstruktions=
mittel anwandte. Daraus erklären sich zum Teil die viel größere
Heftigkeit des Kampfes und die größeren Erfolge der Obstruktion
in Österreich. Endlich aber ist in England die Regierung nur
ein Ausschuß der jeweiligen Majorität; daher gibt es hier über=
haupt kein Mittel, die Verwaltung weiterzuführen, als Besiegung
der Obstruktion oder Vertrag mit ihr. Eine dauernde unbeug=
same Obstruktion muß hier jede Regierung unmöglich machen.
In Österreich giebt es neben dem Parlamente eine mit selb=
ständigen Rechten ausgestattete Regierung; und die Folge der
Arbeitsunfähigkeit des Parlamentes ist hier gewesen, daß die
Regierung in wichtigen Fragen ohne Rücksicht auf die verfassungs=
mäßig erforderliche parlamentarische Genehmigung vorging, wie
sie ja den Ausgleich mit Ungarn mehrmals oktroyierte.

Lassen sie uns endlich noch einen Blick werfen auf den
Fall von Obstruktion, der 1902 im deutschen Reichstage vor=
gekommen ist[14]). Er bietet insofern nicht das gleiche Interesse
wie die bisher behandelten, als er nur ein Fall einmaliger,
nicht prinzipieller Obstruktion war. Es handelte sich bekanntlich
damals. für die Linke (Freisinnige Vereinigung und Sozial=
demokratie) darum, den von der Regierung vorgeschlagenen Zoll=
tarif, der künftigen Handelsverträgen als Grundlage dienen sollte,
zu Falle zu bringen. Zu diesem Zwecke wurden die gewöhnlichen
Mittel der Obstruktion angewandt. Am 17. Oktober begann ein
sozialdemokratischer Redner den Feldzug mit einer 4¹/₂ stündigen
Dauerrede; die Minorität äußerte ferner die Absicht, durch An=
trag auf namentliche Abstimmung über jede einzelne Zollposition
die etwa tausendmalige Wiederholung dieser zeitraubenden Pro=
zedur herbeizuführen. Die Mehrheit war anfangs durchaus nicht
für die Regierungsvorlage eingenommen, da deren Sätze einem

Teile der Rechten nicht hoch genug waren; aber im Kampfe
gegen die Obstruktion wurde sie allmählich dem Standpunkte der
Regierung zugedrängt. Zuerst war ohne Zweifel ihre Absicht
nur, eine ordnungsmäßige Beratung zu ermöglichen; sie beschloß
zunächst eine Kürzung des Verfahrens bei namentlichen Abstim=
mungen (14. November). Dann aber wurde die Mehrheit durch
die fortwährende Obstruktion so gereizt, daß sie sich immer fester
in den Kampf verbiß. Um nicht mit allen Mühen nur ein Gesetz
zustandezubringen, das schließlich doch am Widerspruche der Regier=
ung scheitere, suchte und fand sie schließlich eine Verständigung
mit der Regierung, im wesentlichen auf Grund von deren Vor=
lage. Sobald diese Verständigung erzielt war, ging die Mehr=
heit zu schärferen Mitteln über. Der Abg. v. Kardorff beantragte,
die Entscheidung über den gesamten Zolltarif solle in einer ein=
zigen Abstimmung en bloc stattfinden. Als die Minderheit
die geschäftsordnungsmäßige Zulässigkeit dieses Antrages bestritt
und eine endlose Debatte über die Geschäftsordnung entfesselte,
ja durch Lärmen und Schreien mehrmals die Vertagung der
Sitzung erzwang, wurde auf Antrag des Abg. Gröber festgesetzt,
daß der Präsident ermächtigt werden solle, das Wort zur Ge=
schäftsordnung nur nach seinem Ermessen zu erteilen, und daß
keine Rede zur Geschäftsordnung länger als fünf Minuten dauern
dürfe. Vermöge dieser Bestimmung wurde die Debatte stark ver=
kürzt und schließlich der Antrag Kardorff und dann das ganze
Gesetz in zweiter Lesung angenommen (11. Dezember). Die
dritte Lesung erforderte dann noch eine neunzehnstündige Sitzung,
in welcher der Sozialdemokrat Antrick eine achtstündige Dauer=
rede hielt; aber schließlich erfolgte doch die endgiltige Annahme
der Vorlage.

In diesem Falle hat also die Obstruktion den Gang der
Verhandlung nicht wesentlich aufgehalten, ja vielleicht sogar be=

schleunigt. Regierung und Mehrheit würden beim Fehlen der
Obstruktion sich nicht so leicht geeinigt haben. Aber wir wissen
ja bereits, daß durch Obstruktion im Einzelfall überhaupt wenig
zu erreichen ist, daß sie schließlich nicht viel mehr als eine Demonstration bedeutet; die für das parlamentarische Leben bedeutsame Erscheinung ist eben nur die prinzipielle Obstruktion.

III.

Die Mittel, deren sich die Obstruktion bisher bedient hat,
können wir nunmehr überblicken. In erster Linie steht die plan-
volle Ausnutzung der Redefreiheit zur Verzögerung der Beratung.
Möglichst lange Reden und möglichst viele Reden ist die Losung;
hierbei wird naturgemäß oft das gleiche immer wieder gesagt,
zur Sache überhaupt nicht Gehöriges gesprochen; denn die Worte
des Redners sollen ja nicht der Sache dienen, sondern nur der
Verzögerung des Beschlusses. Daneben erscheint als zweites die
Ausnutzung der Antragsfreiheit zur Verschleppung der Beratung;
Amendements zu jeder Zeile eines Gesetzesvorschlages, fortwährende Disputationen über die Auslegung der Geschäftsordnung,
Anträge auf Vertagung oder namentliche Abstimmungen, Inter-
pellationen, Verlesung von Petitionen, oder was nach dem Wort-
laute der Geschäftsordnung des betreffenden Parlamentes die
besten Handhaben bietet. Endlich aber, drittens, wo diese beiden
Mittel versagen, erscheint als drittes und letztes die physische
Gewalt: Übertäubung der Redner und des Präsidenten durch
Lärmen, Schreien, Pfeifen oder gar durch Tätlichkeiten sollen
eine Fortsetzung der Beratung unmöglich machen. Wird bei Anwendung der beiden ersten Mittel die Geschäftsordnung zwar
ihrem Sinne nach umgangen, aber doch äußerlich respektiert, so
wird bei Anwendung des letzten jede Rücksicht auf das im Hause
geltende Recht und den gesellschaftlichen Anstand aus den Augen

gesetzt. Neben diesen drei normalen Mitteln der Obstruktion kann
in besonderen Fällen noch ein viertes wirksam sein: das Ver=
lassen der Sitzung[16]); es hat jedoch nur dann eine Wirkung,
wenn der Besuch der Sitzung so schwach ist, daß dadurch Be=
schlußunfähigkeit des Hauses herbeigeführt werden kann; sonst
hat es höchstens den Wert einer Demonstration, bedeutet aber
dann Aufgabe des Kampfes.

Fragen wir ferner nach den Mitteln, womit die Majorität
es bisher versucht hat, sich der Obstruktion zu erwehren, so fin=
den wir nur zwei: Änderung der Geschäftsordnung und physische
Gewalt. Das erste von ihnen bietet sich ja von selber dar;
kämpft die Obstruktion hinter der Verschanzung des Reglements,
so müssen diejenigen Teile des Bollwerks, hinter dem sie sich
deckt, zerstört werden. Es muß die Freiheit des Redens und
Antragstellens eingeschränkt, dem Präsidenten eine Strafgewalt
gegen widerspenstige, die Debatte absichtlich aufhaltende Mit=
glieder verliehen werden. Dieses Mittel wird aber deswegen sehr
ungern angewandt, weil dadurch zugleich für künftige Fälle die
Freiheit der Beratung eingeschränkt wird, weil der jedesmaligen
Majorität und einem mit ihr einverstandenen Präsidenten die
Macht eingeräumt wird, auch gegen eine solche Minderheit bruta=
len Zwang zu üben, die nicht obstruieren, sondern nur zu gründlicher
und angemessener Besprechung eines Gegenstandes Gelegenheit
haben will. Derartige Bedenken sind namentlich da sehr stark
gewesen, wo die absoluteste Redefreiheit als kostbarstes Privileg
der Parlamentsmitglieder galt, wo altüberlieferte Formen und
Ordnungen die höchste Wertschätzung genossen, in England. Aber
man ist doch auch hier zur Änderung der Geschäftsordnung ge=
drängt worden, weil es absolut kein anderes Mittel gab. Denn
die Anwendung physischer Gewalt wird immer erst dann zu recht=
fertigen sein, wenn alles andere versagt hat, wenn die Obstruk=

3

tionisten den geschäftsordnungsmäßigen Anordnungen des Präsidenten den Gehorsam verweigern oder selber Gewalt anwenden. In solchen Fällen ist sowohl in England wie in Österreich zu diesem Äußersten gegriffen worden.

Wie steht es aber um die Wirksamkeit dieser Mittel und Gegenmittel? Soviel ist wohl klar, daß keine Geschäftsordnung denkbar ist, die eine Obstruktion völlig unmöglich machte; ebenso wie es kein Gesetz giebt, das nicht umgangen werden könnte. Eine solche Geschäftsordnung müßte den Präsidenten mit völlig diskretionärer Gewalt gegenüber den Mitgliedern des Hauses und dem Laufe der Debatte bekleiden; und welche Partei könnte es dulden, eine derartige Macht in der Hand eines politischen Gegners zu sehen, der doch schließlich auch nur ein Mensch ist? Die Änderungen der Geschäftsordnung werden also eine gewisse Grenze nicht überschreiten können, ohne auf Widerstand auch bei nicht obstruierenden Elementen des Hauses zu stoßen, und ohne die Rede= und Beratungsfreiheit, das Lebenselement jedes Parlamentes, zur Farce zu machen. Und ferner sind Änderungen der Geschäftsordnung schließlich doch nur Palliativmittel[16]); einen Augenblick lang können sie wirken, die Obstruktionisten verblüffen und unsicher machen; aber sehr bald lernen diese, auch die neuen Bestimmungen in ihrem Interesse auszulegen und zu benutzen. Physische Gewalt aber wirkt erst recht nur für den Augenblick und hat nebenbei noch die höchst bedenkliche Folge, das Ansehen des Parlamentes im Lande herabzusetzen.

Wir dürfen daher wohl sagen: eine nicht zu kleine, rücksichtslose und zum Ausharren um jeden Preis entschlossene Gruppe prinzipieller Obstruktionisten, die ihre Wähler hinter sich hat,[17]) kann mit den bisher angewandten Mitteln nicht mit Sicherheit besiegt werden. Vielmehr ist eine solche, soweit die bisherigen Erfahrungen es erkennen lassen, meist imstande, den gesamten

Gang der Gesetzgebung und der parlamentarischen Wirksamkeit
überhaupt derartig zu verzögern und zu lähmen, daß daraus
die größten Unzuträglichkeiten für das öffentliche Leben entstehen;
diese sind natürlich dort am fühlbarsten, wo der Wirkungskreis
und die Macht der Parlamente am größten ist. Wo neben
dem Parlamente eine kräftige, selbständige Regierung steht,
da wird eine das Parlament dauernd lähmende Obstruktion
zur vorübergehenden Diktatur der Regierung führen. Und daher wird hier auch die Obstruktion vorsichtiger sein[18]). Wo
aber eine solche fehlt, bleibt der Majorität, wenn die Obstruktion ausharrt, garnichts anderes übrig, als ihr Zugeständnisse
zu machen, ihr wenigstens einiges von dem Geforderten zu bewilligen, um so Zwietracht in ihre Reihen zu tragen, oder sie
ganz zum Schweigen zu bringen[19]).

   Machen wir uns nun aber klar, was das bedeutet. Das
heißt nichts anderes als: eine entschlossene und rücksichtslose
Minderheit hat es in der Hand, vermöge prinzipieller Obstruktion ihren Willen ganz oder zum Teil der Mehrheit aufzu-
nötigen.

   Was aber kann das für Konsequenzen haben? Darf das
geduldet werden? Ist es nicht im höchsten Grade verderblich
und verwerflich?

   Auf diese Frage kann man heute zwei sehr verschiedene
Antworten hören. Die einen sagen: Ja, es ist verderblich; jedes
Parlamentsmitglied muß sich mit der Überzeugung durchdringen,
daß die prinzipielle Obstruktion, so wirksam sie sein mag, das
parlamentarische Leben ruiniert, und muß sich dieser gefährlichen
Waffe grundsätzlich enthalten[20]). Die anderen aber sagen: Nein,
die Obstruktion ist unsere einzige Hoffnung, unsere Rettung vor
dem sonst unfehlbar herandrohenden Terrorismus der größeren
Zahl, der rein mechanischen Majoritätsherrschaft; sie allein wird

                                                          3*

es ermöglichen, individuelle Freiheitsrechte, Gewissen, Religion und Persönlichkeit vor den absoluten Geboten einer regierenden Majorität zu schützen[21]).

Diese beiden verschiedenen Bewertungen der Obstruktion gehen von verschiedenen Anschauungen über das Staatsleben aus; und wir müssen zunächst beide aus ihren psychologischen Voraussetzungen zu verstehen suchen.

Die erste Betrachtungsweise geht aus von dem obersten Grundsatze aller Demokratie, daß in einem Staate Gesetz sein soll, was die Mehrheit des Volkes will. Und sie erblickt die unter den modernen, komplizierten Verhältnissen unserer Großstaaten einzig mögliche Form der Selbstregierung in der Regierung des Volkes durch seine gewählten Vertreter, also in dem parlamentarischen Systeme[22]).

Wer so denkt, der wird die Obstruktion ohne Zweifel im Prinzip verwerfen müssen. Denn was die Mehrheit des Parlamentes will, das will nach dieser Theorie die Mehrheit des Volkes. Wohl soll die parlamentarische Mehrheit, bevor sie ihren Willen zum Gesetz erhebt, erst anhören, was die Minderheit dagegen einzuwenden hat; und diesem Zwecke dienen die Bestimmungen der Geschäftsordnung, welche Redefreiheit und geordneten Gang der Beschlußfassung verbürgen. Aber wenn nach Anhörung aller Gegengründe die Mehrheit bei ihrem Willen beharrt, so darf es niemandem gestattet sein, sie an der förmlichen Festlegung dieses Willens für die Gesamtheit zu verhindern. Wer das versucht, begeht Hochverrat gegen die Grundsätze des parlamentarischen Lebens. Diese Beweisführung ist einfach und bestechend; aber ganz stichhaltig ist sie nicht.

Ihre schwächste Stelle ist offenbar ihre Grundvoraussetzung. Ist es denn wahr, daß die Parlamentsmehrheit stets den Volkswillen zum Ausdruck bringt?

Oft genug ist es betont worden, daß das Parlament in seiner Zusammensetzung nicht immer die innerhalb des Volkes bestehenden Stimmungen treu wiedergiebt. Sicherlich tut es dies nie unter einem durch Census oder auf andere Art eingeschränkten Wahlrecht: aber auch bei allgemeinem, gleichem und direktem Wahlrecht ist vermöge der Ungleichheit der Wahlkreise, vermöge der Wahlenthaltung eines Teiles der Bevölkerung, und endlich vermöge der Tatsache, daß in jedem Wahlkreise die unterlegenen Minoritäten unvertreten bleiben, die Frage durchaus berechtigt, ob man den Willen der Parlamentsmehrheit dem Willen der Volksmehrheit gleichsetzen darf. In der preußischen Konfliktszeit hat Bismarck einmal dem Abgeordnetenhause folgendes Exempel vorgerechnet[23]): Die Wahlbeteiligung hat höchstens 34 Prozent der Wahlberechtigten betragen; die Majorität dieser 34 Prozent wählt die Wahlmänner, diese mögen also 20—25 Prozent der Wahlberechtigten hinter sich haben. Die Majorität der Wahlmänner wählt die Abgeordneten, die somit etwa 13—15 Prozent der Wahlberechtigten vertreten. Er hätte noch hinzufügen können, daß vermöge des Dreiklassenwahlrechtes ein kleiner Teil der Bevölkerung das Wahlresultat maßgebend beeinflussen könne, und daß die öffentliche Stimmabgabe das Resultat beeinträchtige. Diese Rechnung ist unanfechtbar; sie stellt sich etwas günstiger für ein Parlament, wo direkte Wahl besteht und die Wahlbeteiligung größer ist; aber auch bei einer Wahlbeteiligung von 70 Prozent können die Abgeordneten mit Sicherheit kaum mehr zu vertreten beanspruchen als 40—50 Prozent der wahlberechtigten Bevölkerung; und die Mehrheit eines Parlamentes würde, wenn sie keine überwältigend große ist, nur etwa der Meinung von 25—35 Prozent der Wahlberechtigten Ausdruck geben. Z. B. würden im gegenwärtigen Reichstage Konservative Ultramontane und Protestler zusammen mit 219 Stimmen von 397 die Mehrheit haben; sie repräsentieren aber nur 32¹/₂ Prozent der Wähler²⁴).

Wer also im Beschlusse des Parlamentes ohne weiteres den Ausdruck des Volkswillens verkörpert sieht, der irrt. Und in der Tat haben ja eifrige Vertreter der Volkssouveränität den Parlamentarismus verworfen, weil er einerseits das Volk abhängig mache von seinen Vertretern, und andererseits den Volkswillen fälsche; so z. B. Rousseau. Dem überzeugten Demokraten wird der Wille der Parlamentsmehrheit nur dann als höchstes Gesetz erscheinen, wenn er dem Willen der Volksmehrheit entspricht; tut er dies nicht, so wird ihm sogar Widerstand als Pflicht erscheinen. Vom Standpunkte der Demokratie aus muß also die Obstruktion dann als gerechtfertigt, ja als geboten angesehen werden, wenn sie von dem Gedanken ausgeht, daß die Parlamentsmehrheit den Volkswillen fälsche, wenn sie darauf hinzielt, daß das Volk selbst befragt werde, um seinem wirklichen Willen Geltung zu verschaffen, durch Neuwahlen oder, wo es dies Mittel giebt, durch ein Referendum. Sobald jedoch die Minderheit überzeugt ist, daß die Parlamentsmehrheit nur das tun will, was die Volksmehrheit verlangt oder doch billigt, ist von diesem Standpunkte aus die Obstruktion verwerflich.

Nur eine weitere Frage kann noch aufgeworfen werden. Kann nicht die Minderheit der Meinung sein, daß zwar die Volksmehrheit augenblicklich der gegnerischen Ansicht zuneige, aber nur aus Verblendung über ihre eigenen Interessen? Kann sie nicht eine Frist verlangen, um das Volk über die Frage aufzuklären? Kann sie nicht, wie es ja sogar in der römischen Kirche dem Papste gegenüber möglich ist, vom schlecht unterrichteten an das besser zu unterrichtende Volk appellieren? Und ist es nicht auch vom demokratischen Standpunkte aus zu rechtfertigen, wenn eine Minorität Obstruktion anwendet, um die dazu nötige Frist zu erlangen?

Hierauf wird nur der unbedingt mit „Nein" antworten, der in der naiven Überzeugung lebt, daß der Wille der Volksmehrheit stets — kraft einer wunderbaren Feinfühligkeit der Volksseele — das Richtige instinktiv treffe. Wer die Möglichkeit eines solchen Irrtumes der Volksmehrheit aber zugiebt, der wird eine Obstruktion, deren Zweck Beseitigung dieses Irrtums ist, nicht verurteilen können.

Es lassen sich also Ausnahmefälle denken, in denen auch vom demokratischen Standpunkte aus eine prinzipielle Obstruktion sich rechtfertigen läßt. Aber es muß auch gesagt werden, daß die bisher vorgekommenen Fälle nicht von dieser Art gewesen sind.

Wenden wir uns nun zu der zweiten Antwort auf unsere Frage, wonach die Obstruktion als ein berechtigtes Mittel erscheint, um der Thrannei der Mehrheit einen Damm entgegenzubauen. Sie geht von einem dem demokratischen völlig entgegengesetzten Standpunkte aus; sie will mindestens Grenzen festgestellt wissen, über die hinaus der Wille der Majorität nicht wirksam werden darf; sie stützt sich einerseits auf das Recht des Individuums gegenüber der Masse und gegenüber der Staatsgewalt, andererseits auf die Überzeugung, daß Vernunft und Fortschritt nicht in den Massen, sondern in den einzelnen oder in den oberen Schichten des Volkes ihre Vertretung finden[26]). Wer geringen Respekt hat vor der größeren Weisheit der größeren Zahl, wer dazu neigt, mit Schiller zu sagen: „Die Mehrheit ist der Unsinn, Vernunft ist stets bei Wen'gen nur gewesen", der wird in der Tat geneigt sein, der Obstruktion eine weit größere Berechtigung zuzugestehen, als ein Vertreter demokratischer Prinzipien es vermag. Er wird sie als erlaubtes, ja unter Umständen gebotenes Kampfmittel

ansehen gegenüber der unvernünftigen Mehrzahl. Wenn eine
Majorität es versucht, die religiösen Überzeugungen des einzel=
nen, die nationalen Empfindungen, die persönlichen Freiheitsrechte
anzutasten, sich an Dingen zu vergreifen, die ihm höher stehen
und heiliger sind als der Mehrheitswille, so wird ein Vertreter
dieser Ansicht unbedenklich die Obstruktion für eine Pflicht er=
klären. Und wenn die Majorität zwar nicht soweit geht, aber
doch Beschlüsse fassen will, die nach der Meinung des einzelnen
für die Gesamtheit unklug oder gar verderblich sind, so wird er
sich mindestens zur Obstruktion berechtigt fühlen. Natürlich wird
er sie mit Aussicht auf Erfolg nur anwenden können, wenn er
bei einer Anzahl gleichgesinnter Parlamentsmitglieder Unterstützung
findet, und wenn diese Minderheit ihrer Wähler so sicher ist, daß
eine etwaige Neuwahl ihren parlamentarischen Besitzstand nicht
beeinträchtigen kann.

Das wird freilich ein Vertreter dieser Ansicht niemals leug=
nen können, daß er durch fortgesetzte Obstruktion nicht nur die
Festlegung verkehrter oder für die individuelle Freiheit bedroh=
liche Beschlüsse hindert, sondern zugleich die Existenz der parla=
mentarischen Regierungsform und eventuell auch des Staatswesens
selber, in dem er lebt, bedroht. Aber dem auf das Majoritäts=
prinzip gebauten Parlamentarismus wird ein Verächter dieses
Prinzipes gewiß nicht viele Tränen nachweinen. Die Rücksicht
auf den Fortbestand des Staates, dem er angehört, wird für ihn
gewiß unter Umständen ein Bedenken bilden gegen rücksichtslose
Anwendung der Obstruktion; und es darf nicht unbeachtet bleiben,
daß in den bisherigen Fällen von prinzipieller Obstruktion die
Minderheit an der Weiterexistenz des Staates in den bisherigen
Formen gar kein Interesse hatte; dem Iren galt das englische
Weltreich, dem Deutsch=Österreicher, Tschechen oder Magyaren
die habsburgische Monarchie wenig gegenüber der Behauptung

seiner Nationalität. Wo die Gegensätze nicht so unversöhnlich
sind, da wird eine Minorität wahrscheinlich zunächst nach mil-
deren, die Fortexistenz von Staat und Verfassung nicht derart
gefährdenden Mitteln zum Schutze ihrer Interessen gegen die
Mehrheit ausschauen; aber leider giebt es deren keine, die in
schwierigen Fällen unbedingt wirksam wären[26]). Und nach Er-
schöpfung aller anderen Mittel des sogenannten Minoritäten-
schutzes wird doch immer die Obstruktion der letzte Rettungs-
anker bleiben.

Die in den letzten Jahrzehnten in großen Kulturstaaten
vorgekommenen Fälle prinzipieller Obstruktion sind vom demokratischen und parlamentarischen Standpunkte aus nicht zu rechtfertigen gewesen. Sie haben weder Anpassung der Parlamentsmehrheit an die Volksmehrheit, noch Aufklärung des Volkes über
die streitigen Fragen bezweckt. Sie sind aber zu rechtfertigen
vom Standpunkte der Gegner des Majoritätsprinzipes; denn
sie bezweckten Schutz nationaler Gefühle und Interessen gegen
eine Mehrheit, die diese vergewaltigen wollte.

Indessen ist die ganze Frage, ob die prinzipielle Obstruktion als berechtigt anzusehen sei oder nicht, und unter welchen
Umständen dies der Fall sei, lediglich von theoretischem Interesse.
Solange es Demokraten und Aristokraten, Verteidiger der Staats-
allmacht und der Heiligkeit individueller Rechte giebt, wird der
Streit darüber nicht aufhören und nicht entschieden werden. Wenn
wir aber von der grauen Theorie unsere Blicke wieder zur Praxis
des politischen Lebens wenden, so müssen wir zunächst dessen ein-
gedenk sein, daß alles Leben, und also auch das politische Leben,
Kampf ist. Partei steht gegen Partei, Meinung gegen Meinung,
Interesse gegen Interesse. Niemand kann bezweifeln, daß in
diesem Kampfe die Obstruktion eine mächtig wirkende Waffe ist,
und daß sie daher angewandt werden wird, sobald sich eine

Minderheit von ihrem Gebrauche Erfolg verspricht, und durch
höhere Rücksichten nicht davon zurückgehalten wird. Je öfter und
rücksichtsloser sie aber angewandt wird, desto schwerer wird sie
das Ansehen des parlamentarischen Systemes schädigen. Ja
wenn sie häufig gebraucht wird, so ist dies schon ein Zeichen davon, daß die Achtung vor der Unfehlbarkeit der Mehrheit im
Sinken begriffen ist. Niemand kann sagen, ob sich die Fälle
weiter häufen werden. Aber das scheint mir sicher: Die Häufigkeit und Heftigkeit prinzipieller Obstruktion ist der beste Grad-
messer dafür, ob die Überzeugung von der Güte und Notwendigkeit parlamentarischer Einrichtungen noch tief in einem Volke
wurzelt oder nicht.

Anmerkungen.

¹) Natürlich gilt mutatis mutandis alles von dem Parlamente Gesagte auch von jeder anderen beschlußfassenden Versammlung, wir beschränken uns hier aber auf die parlamentarische Obstruktion.

²) Ich halte es nicht für richtig, den Ausdruck nur dann zu gebrauchen, wenn geschäftsordnungsmäßige Mittel angewandt werden; der allgemeine Sprach=gebrauch begreift auch die gewaltsamen Störungen unter dem Worte „Obstruk=tion", wenn sie nur ohne äußere Unterstützung vollbracht werden.

³) Wo das Majoritätsprinzip nicht anerkannt wird, gibt es keine Obstruk=tion. Denn in diesem Falle ist niemand gebunden durch Mehrheitsbeschlüsse; ihn bindet nur, was er mitbewilligt hat; gefällt ihm die Meinung der Majorität nicht, so geht er fort und sieht, ob man versuchen wird, ihn zu zwingen.

⁴) Es waren The Gazetteer and New Daily Advertiser und The Midlessex Journal or Chronicle of Liberty. Vgl. über diese Vorgänge T. C. Hansard, The Parliamentary History of England, vol. 17, p. 55—163.

⁵) Vgl. hierzu Hansards Parliamentary Debates, 1877—82. Da es im englischen Parlamente keine eigentlichen stenographischen Berichte gibt, ist dies die Hauptquelle für die Verhandlungen. Die Berichte über die wichtigeren Verhandlungen sind nach dem Datum und mit Hilfe der vortrefflichen Sach=register leicht aufzufinden. Eine im wesentlichen zuverlässige Darstellung dieser Verhandlungen, hauptsächlich mit Rücksicht auf die dadurch bedingten Änderungen der Geschäftsordnung gibt A. Reynaert, Histoire de la discipline parlamen-taire (Paris 1884), vol. I, p. 39—46 und 382—435 und vol. II, p. 395—419.

⁶) Hierbei wurde meines Wissens zum ersten Male offiziell die Bezeich=nung „obstruieren" gebraucht. Die Worte des Schatzkanzlers lauten (Hansard 1877, vol. 4, p. 1815): Mr. Speaker! I feel very much — and I am sure the House will feel very much — the position, in which we are placed. They will feel with me a great reluctance, in any way to appear to in-terfere with absolute freedom of discussion on the part of hon. Members, and a great unwillingness to take notice even of cases, in which freedom of discussion has been carried so far, as to degenerate into — what I may call — licence and obstruction...... And I therefore shall propose this Resolution to the House: „That Mr. Parnell, having wilfully and persis-tently obstructed Public Business, ist guilty of a contempt of this House: and that Mr. Parnell for his said offence be suspended from the service of the House until Friday next."

⁷) Freilich wurde diese Bestimmung nicht in die Standing Orders des

Unterhauses aufgenommen, und blieb daher nur bis zum Schlusse der Session von 1877 in Kraft.

⁸) Jedoch wurden am 28. Februar 1880 die Befugnisse des Sprechers etwas erweitert.

⁹) Wenn der Antrag auf Dringlichkeit gestellt war, so mußte jetzt über diesen ohne Debatte abgestimmt werden; Amendements zum Dringlichkeitsantrage und Vertagungsanträge vor dessen Erledigung waren unzulässig.

¹⁰) Einige sonst noch vorgeschlagene Änderungen zielten nur auf eine Beschleunigung der Beratungen im allgemeinen hin, nicht gerade auf Bändigung der Obstruktion.

¹¹) Vgl. außer den stenographischen Berichten über die Verhandlungen des Abgeordnetenhauses die Artikel der „Neuen Freien Presse" über die wichtigsten Sitzungen. Kurze Angaben über den Verlauf der Debatten und Sitzungen bei Schultheiß=Roloff, Europäischer Geschichtskalender 1897 f. und K. Wippermann, Deutscher Geschichtskalender 1897 f.

¹²) Übrigens wurde später dieser Beschluß, weil er nicht ordnungsmäßig gefaßt war, vom höchsten Gerichtshofe für nichtig erklärt.

¹³) Die ungarische Obstruktion ist insofern von anderer Bedeutung, als in Ungarn kein § 14 existiert; eine entschlossene Obstruktion kann daher hier der Regierung noch viel größere Verlegenheiten bereiten.

¹⁴) Stenogr. Bericht über die Verhandlungen des deutschen Reichstages.

¹⁵) G. Jellinek, Das Recht der Minoritäten, S. 38, stellt der Obstruktion die „Abstinenz oder Sezession" als ein weiteres legales Machtmittel der Minorität an die Seite. Ich vermag in ihr nur eine — nicht einmal sehr wichtige — Unterart der Obstruktion zu erblicken.

¹⁶) Ich stimme hierin durchaus überein mit Sir Henry S. Maine, Popular Government 94 f.: „The remedies hitherto tried for the cure of Obstruction will prove, in my judgment, to be merely palliatives. No multitudinous assembly, which seeks really to govern, can possibly be free from it."

¹⁷) Dies betont mit Recht Jellinek a. a. O. 38; wenn er aber daraus folgert, daß es sich stets um „die Verteidigung eines alle anderen überragenden Lebensinteresses" handeln müsse, so ist dies dahin einzuschränken, daß nur für den (eventuell verhältnismäßig kleinen) Teil der Wählerschaft, der die Obstruktionisten wählt, das in Frage stehende Interesse an Bedeutung die Rücksicht auf die Grundsätze parlamentarischer Regierung und das Wohl der Gesamtheit zu überragen braucht. So stand den Iren ihr Volkstum höher als das Wohl des britischen Reiches, und den Deutschen Österreichs das ihre höher als die Fortexistenz der habsburgischen Monarchie.

¹⁸) Es scheint sich mir wesentlich aus dieser Erwägung der Umstand zu erklären, daß von den Sozialdemokraten im Deutschen Reichstage eine prinzipielle Obstruktion noch nicht versucht worden ist, obwohl sie sicherlich ihre Parteiziele höher stellen als das Wohl des bestehenden Reiches. Sie fürchten eben, daß

bei völliger Lahmlegung des Parlamentes die für sie unerwünschteste Folge, Diktatur der Regierung, eintreten werde. — Sollte die prinzipielle Obstruktion häufiger werden, so dürfte sich wohl die unabweisliche Notwendigkeit ergeben, in die Verfassungen Bestimmungen aufzunehmen für den Fall vorübergehender Arbeitsunfähigkeit des Parlamentes.

[19]) Auf diesem Wege ist im vorigen Jahre in Ungarn versucht worden, die Obstruktion zu beseitigen: durch Zugeständnisse wurde ein Teil der Opposition für die Regierung gewonnen. Freilich beharrten diejenigen, denen diese Zugeständnisse nicht genügten, noch weiter in der Obstruktion. (Während des Druckes dieser Zeilen melden die Zeitungen die vollständige Aufgabe der Obstruktion).

[20]) Vgl. z. B. Eugen Richters Rede gegen die Obstruktion im deutschen Reichstage vom 1. Dezember 1902. Diese Ansicht darf wohl als die vorherrschende gelten.

[21]) So namentlich Maine a. a. O. 126: We are drifting towards a type of government associated with terrible events: a single assembly, armed with full powers over the Constitution, which it may exercise at pleasure. It will be a theoretically all-powerful Convention, governed by a practically all-powerful secret Committee of Public Safety, but kept from complete submission to its authority by Obstruction, for which its rulers are always seeking to find a remedy in some kind of moral guillotine.

[22]) In der Praxis fällt freilich oft auch einer nicht aus dem Volkswillen herzuleitenden Gewalt, dem Königtum, ein großer Einfluß zu; aber für den echten Anhänger des parlamentarischen Systems ist das ein vorübergehender, durch gewisse historische Verhältnisse bedingter Zustand, und kann jedenfalls für die prinzipielle Beurteilung nichts ausmachen. Über die Bedeutung dieser Tatsache einer selbständigen Monarchie für unsere Frage vgl. Anm. 18. u. 26.

[23]) In der Rede vom 29. Januar 1863, bei H. Kohl, Die politischen Reden des Fürsten Bismarck II, 94 f.

[24]) Von den etwa 12½ Millionen Wahlberechtigten haben 1903 tatsächlich 9½ gewählt, also 76 Proz. Rechnet man zu den 24 Proz., die sich der Wahl enthalten haben, noch mit 2½ Proz. die Stimmen, die auf Fraktionslose fielen, so waren 26½ Proz. der Bevölkerung von unbestimmter politischer Gesinnung. Für die konservativen Parteien wurden etwa 13 Proz., für die liberalen Parteien 17 Proz., für das Zentrum mit Zubehör 15½ Proz.. für die Sozialdemokraten 24 Proz., für die Protestler (Dänen, Polen, Elsässer, Littauer, Masuren) 4 Proz. aller Stimmen bei der Hauptwahl abgegeben. Es wurden gewählt 87 Konservative, 86 Liberale, 106 Ultramontane, 81 Sozialdemokraten, 26 Protestler und 11 Fraktionslose. Aus diesen Zahlen ergibt sich das im Texte angegebene Verhältnis.

[25]) Maine a. a. O., 35 f meint, keine große wissenschaftliche Erfindung oder soziale Verbesserung würde zur Geltung gelangt sein, wenn es auf eine Volksabstimmung darüber angekommen wäre; die Einführung der Spinnmaschinen und des gregorianischen Kalenders, sowie der Duldung Andersgläubiger, alles würde in gleicher Weise abgelehnt worden sein.

²⁶) Es sind bisher angewandt worden (namentlich in den Vereinigten Staaten): die Beschränkung der Kompetenz gesetzgebender Versammlungen zur Änderung der Verfassung (durch Festsetzung der Notwendigkeit wiederholter Beschlüsse, qualifizierter Mehrheiten, richterlicher Befugnis zur Ungültigkeitserklärung widersprechender Beschlüsse), und Aufnahme möglichst vieler individueller Freiheitsrechte in die Verfassung. Es sind außerdem vorgeschlagen worden: Einführung der itio in partes in grundlegenden (namentlich religiösen und nationalen) Fragen, so daß in diesen eine Überstimmung nicht möglich sein solle (Jellinek a. a. O.); es ist mir jedoch nicht ersichtlich, wie dabei eine Staatseinheit, z. B. in Österreich-Ungarn, möglich bleiben soll. Die Erfahrungen mit dem alten deutschen Reichstage können doch nur abschreckend wirken. Ferner ein Vetorecht für alle von einem Beschlusse benachteiligten Faktoren (von dem Amerikaner Calhoun, dessen Werk mir nicht zugänglich ist, vgl. Jellinek a a. O.); das erscheint mir praktisch absolut undurchführbar. Die Proportionalwahl könnte wohl zu einer gerechteren Verteilung der Mandate, nie aber zum Schutze einer im Parlamente vorhandenen Minderheit gegen das Überstimmtwerden dienen. — Dagegen möchte ich besonders betonen, daß ein wirksamer Schutz für Minderheiten unter Umständen im Zweikammersystem und in der Existenz einer vom Parlamente unabhängigen Regierung gegeben sein kann, wenn nämlich die Minderheit eines Hauses durch die Mehrheit des anderen oder die Regierung gedeckt wird. In Fällen, wo derartige Schutzmittel wirksam sind, wird natürlich keine Minderheit zur Obstruktion greifen; wohl aber da, wo sie fehlen, oder im konkreten Falle der Minderheit nicht helfen können.

Druck von Pöschel & Trepte in Leipzig.

Die Entschädigungspflicht des Staates nach Billigkeitsrecht.

Vortrag

gehalten in der Gehe=Stiftung zu Dresden

am 19. März 1904

von

Dr. Otto Mayer,
Professor an der Universität Leipzig.

Dresden

v. Zahn & Jaensch

1904.

Unter dem vielen Guten, das sich unserem Bürgerlichen Gesetzbuch nachsagen läßt, wird die Wissenschaft des öffentlichen Rechts vor allem rühmend hervorheben die Sorgfalt, mit der es vermieden hat, für ihr Gebiet irgend etwas zu bestimmen.

So unterwirft es auch in § 89 den Staat der nach dem Verschuldungsprinzip geregelten zivilrechtlichen Schadensersatz= pflicht nur da, wo er als Fiskus wie ein Privater in den privatwirtschaftlichen Verkehr sich gestellt hat. Darüber hinaus ist, wie die Motive bemerken, die Entschädigungspflicht des Staates eine öffentlich=rechtliche Frage, die als solche der Landes= gesetzgebung gehört. Man hat nachher gleichwohl für gut be= funden, dieser im E.=G. Art. 77 ausdrücklich Bestimmungen vorzubehalten über die Haftung des Staates auch für den Schaden, der in Ausübung der öffentlichen Gewalt zu= gefügt wird. Denn die Motive erkennen an, daß auch „die mit dem öffentlichen Rechte zusammenhängende Verpflichtung für solchen Schaden einzustehen, sich als eine privatrechtliche be= zeichnen ließe". Sagen wir vielmehr: in der Wirklichkeit des Rechts, die man vorfand, war eine derartige Ausdehnung der zivilrechtlichen Grundsätze über Schadensersatzpflicht aus rechts= widrigen Handlungen geradezu herrschend geworden. Mit dieser störenden Tatsache hat sich das Gesetzbuch durch den Art. 77 seines E. G. weislich abgefunden.

Für uns aber bleibt sie in ihrer ganzen Härte bestehen. Wie? Der Staat, der die öffentliche Gewalt ausüben läßt, ist doch zweifellos nicht der Fiskus, sondern steht auf unbestrittenem

1*

Gebiete des öffentliches Rechts. Wenn hier Entschädigung stattfinden soll, warum wird sie nicht öffentlich-rechtlich geregelt, wie
es sich gehört? Weshalb werden zivilrechtliche Ordnungen zur
Aushilfe herübergenommen? Gegenüber feststehender Rechtsprechung und ausdrücklichen Gesetzesbestimmungen werden wir
nicht einfach sagen dürfen: das ist eben unrichtig. Ein Problem
ist gegeben, für das juristische Handwerk natürlich unfaßbar.
Wir müssen versuchen, einen Blick zu tun hinter die Kulissen,
vor denen das aufgeführt wird, was wir das geltende Recht
nennen. —

Gibt es öffentlich-rechtliche Ordnungen von Entschädigungspflichten des Staates? Das ist heutzutage
keine Frage mehr. Sie haben sich, wie die meisten Stücke
unseres Verwaltungsrechts allmählich aus den Zusammenhängen
des Zivilrechts herausgelöst. In dem, wesentlich nach privat-
rechtlichem Muster gedachten System der landesherrlichen Hoheitsrechte findet sich schon eine besondere Entschädigungspflicht, die
nur beim Landesherrn vorkommen kann, und die namentlich
Hugo Grotius kräftig betont hatte: wenn er mit seinem jus
eminens wegen der necessitas publica außerordentlicherweise,
was des Untertanen ist, wegnimmt oder zerstört, dann soll er
den Wert ersetzen; aequum et justum est, pretium esse
resarciendum, so lautet die Begründung. Im Polizeistaat
bringt die lebhaftere Staatstätigkeit mancherlei Fälle mit sich,
wo der Fürst aus gutem Willen Entschädigungen gewährt, wie
es unter Friedrich dem Großen von den Manöverschäden heißt:
„Nachteile, welche S. Majestät den Untertanen zu vergüten
pflegen". Dem Verfassungs- und Rechtsstaat sind Entschädigungen aus gutem Willen grundsätzlich zuwider. Er setzt dafür
die ausdrücklichen Rechtsvorschriften seiner Gesetze, meist vereinzelt,
wie ihm die Materien in die Hände kommen. So erhalten wir

eine bunte Mannigfaltigkeit von Einzelbestimmungen, um nur
das Reichsrecht zu nennen: Entschädigungen für Rayonbeschrän-
kungen, Manöverschäden, Quartierlast und Requisitionen, nachträgliche Schließung genehmigter Fabriken, Inanspruchnahme
patentierter Erfindungen, Tötung verseuchten Viehes, Vernichtung reblausverdächtiger Weinberge, dazu Entschädigung unschuldig Verurteilter und dergleichen mehr. Das Partikularrecht
fügt weitere Einzelfälle hinzu. Es hat aber auch Verallgemeinerungen ausgebildet. Allen voran wäre zu nennen der § 75
der Einl. des A. L.-R., wonach der Staat den zu entschädigen
gehalten ist, welcher seine besonderen Rechte und Vorteile dem
Wohle des gemeinen Wesens aufzuopfern genötigt wird. Auch
Gesetze wie das hamburgische vom 11. August 1859 gehören
hierher, wonach der Staat entschädigt für alle Verfügungen der
Verwaltungsbehörden, durch welche jemand in seinem Privatrecht verletzt wird, auch ohne Verschulden eines Beamten. Überdies wird das alles noch ergänzt durch althergebrachtes
Gewohnheitsrecht, wie namentlich das Reichsgericht ein solches feststellt für Entschädigungspflicht wegen Entziehung
oder tatsächlicher Beseitigung von Eigentum und sonstigen
Rechten[1]).

Zerstreute Sätze, willkürlich herausgesuchte Einzelheiten,
ungenügende Verallgemeinerungen — aber nichts ist hohler als
der Anspruch auf wissenschaftliche Gediegenheit, mit welchem uns
hier der Satz aufgedrängt wird: ein allgemeines Prinzip läßt sich
nicht aufstellen. Das allgemeine Prinzip, das in all diesen
Ordnungen erscheint, ist unverkennbar und es ist schon so und
so oft ausgesprochen worden von den Zeiten des Hugo Grotius
bis auf Moser, Pfeifer, die beiden Zachariae, Dernburg, Gierke.
Geradezu genannt oder mannigfach umschrieben und geschildert,

---

[1]) R.-G.-Ent. Bd. 41 S. 146.

ift es überall nichts anderes als die naturalis aequitas,
die Billigkeit.

Dem romaniftisch gebildeten Juristen ist das keine neue
und unbekannte Idee. Er weiß, wie mächtig sie wirkt bei Ge-
ftaltung des Zivilrechts. Soll sie nicht in gleicher Weise ihre
Kraft bewähren können auf dem Boden des öffentlichen Rechts?
Selbftverftändlich darf man nicht blindlings übertragen. Man
wird zuerst beobachten müssen, wie die Idee sich anpaßt den besonderen Vorausfetzungen, die dort gegeben sind; dann aber ist
sie durchzudenken in alle ihre Folgerungen, geradeso wie das
auf zivilrechtlichem Gebiete geschehen ist.

Das Wesen der Billigkeit fteht in einem gewissen Gegensatze zum Recht: sie bedeutet eine Schonung, eine Rücksichtnahme,
die dem einzelnen zuteil werden soll, um ihn vor Schaden zu
behüten. Das Billigkeitsgefühl rührt sich gerade da am leb-
hafteften, wo das geltende Recht in folgerichtiger Durchführung
seiner Ordnungen den einzelnen in Schaden setzt durch un-
nötige Härte.

Die Billigkeit vermag aber das Recht zu beeinflussen, indem dieses bei seinen Beftimmungen in gewissem Maße auf sie
Rückficht nimmt. Sie vermag sogar, wo sie besonders greifbar
und zwingend erscheint, selbftändige Rechtsinstitute zu erzeugen,
die dann vor den anderen durch ihre Eigenart hervorstechen.
Das bedeutsamste Beispiel von solchem Billigkeitsrecht geben
auf dem Gebiete des Zivilrechts die Bereicherungsklagen; die
Entschädigungspflicht des Staates, von der wir handeln, ist zu
diesen das öffentlich-rechtliche Seitenftück.

Der zivilrechtliche Verkehr bringt es mannigfach mit sich,
daß im Zusammenhange der nämlichen Vorgänge der eine gegen
seine Absicht verliert, während der andere gewinnt. Das mag
immer etwas unbillig ausfehen und bedauert werden; aber im

allgemeinen gibt es dagegen keine Hilfe. Nur für den schroffsten Fall hat sich Billigkeitsrecht gebildet: für den Fall der Vermögensverschiebung, wo ohne die Absicht des Geschädigten und ohne entsprechenden Entgelt ein bestimmter greifbarer Wert direkt aus seinem Vermögen in das des andern übergeht. Da soll die Ausgleichung stattfinden durch Herausgabe des ungerechten Gewinnes: Haec condictio ex bono et aequo introducta, quod alterius apud alterum sine causa deprehenditur revocare consuevit[1].

Im Verhälnis zwischen Staat und Untertan handelt es sich nicht um solche Vermögensverschiebungen. Ihr Verkehr beruht wesentlich auf Einwirkungen der staatlichen Tätigkeit auf die einzelnen. Ohne allerlei Nachteile geht es dabei für diese nicht ab; allein das sind die Daseinsbedingungen ihres Staates, dem sie nun einmal gehören; es ist nicht zu ändern. Sobald aber solche Nachteile einzelne ungleich und unverhältnismäßig treffen, beginnt sofort des Billigkeitsgefühl sich zu regen. Entferntere Schädigungen kommen auch hier wieder rechtlich nicht in Betracht: Zolltarifänderungen, Garnisonsverlegungen, Weiterführung von Eisenbahnlinien zerstören immer wirtschaftliche Werte, die auf den bisherigen Zustand gebaut sind; es ist alles guter Wille, was hier an Rücksicht geübt wird. Die Schwelle zur Rechtserzeugung, wie wir an den Einzelgesetzen sehen, überschreitet die Billigkeit auch hier wieder nur in dem greifbarsten Falle: es muß sich um eine Einbuße handeln an jenen unmittelbaren Gütern, die schon die Verfassung der Staatsgewalt gegenüber unter ihre besondere Obhut nimmt, an Freiheit und Eigentum und was ihnen gleichsteht, wie körperliche Unversehrtheit und wohlerworbene Rechte aller Art. Das ist's dann, was man nicht unpassend als das besondere Opfer bezeichnet, das

---

[1] l. 66 D. 12,6.

ausgeglichen werden soll; die Franzosen nennen es dommage direct et matériel.

Der Bereicherungsklage wegen ungerechter Vermögensverschiebung entspricht dann hier der Anspruch auf Übernahme des besonderen Opfers auf die Gesamtheit durch Ersatzleistung aus der gemeinen Kasse. Dem vorhin angeführten Diktum Papinians können wir für das öffentliche Recht die Formel gegenüberstellen, die sich in einer Leipziger Doktordissertation von 1822 findet — Doktordissertationen sind besonders wertvolle Dokumente der allgemeinen Überzeugung, weil sie nicht leicht andere Behauptungen enthalten, als solche, die man zu ihrer Zeit ungefährdet aussprechen konnte. Sie lautet: Cum et commoda et incommoda, quae ex societate civili oriuntur ab omnibus aquali jure ferri debeant, tunc luce clarius apparet iis quibus propter publicum usum jus vel bonum aliquod ablatum est, damnum a ceteris refundendum esse; wenn's nicht geschieht — repugnuat aequitati [1]).

Unser Leipziger Doktor steht ja glücklicherweise, wie wir gesehen haben, mit diesem seinem Zeugnis nicht allein. Ähnliche Billigkeitsforderungen, wie sie auf zivilrechtlichem Gebiete das System der Bereicherungsklagen erzeugten, haben also auch für das Verhältnis zwischen Staat und Untertan, mutatis mutandis, bestimmte Gestalt genommen und sind Gemeingut geworden; an ihren Früchten werden wir sie näher kennen lernen. Wenn es aber hier schon noch weiteren Zeugnisses dafür bedarf, so ergibt es sich aus der unglaublichen Armseligkeit der Gründe, die vorgebracht werden, wenn es dazwischen jemandem einfällt, diese Ideen zu bekämpfen. Naturrechtliche Anschauungen hat man ihnen noch jüngst vorgeworfen — nun ja denn! — aber

---

[1]) Marschner, de potestate principis circa auferenda jura et bona civium, § 43, § 52.

auch, horribile dictu, den schnöden Standpunkt des Kapitalismus! Dann müßte auch, droht man, Vergütung geleistet werden für die besonderen Vorteile, die der einzelne etwa vom Staate bezieht — als ob das nicht tatsächlich in reichem Maße geschähe durch Gebühren und Beiträge! Schließlich stellt man sich an, als glaube man, daß nun für jedes Opfer, das der Untertan dem Staat zu bringen hat, Entschädigung verlangt werde, während doch nur das besondere Opfer, die ungleiche Belastung eine Frage ist. Die Voraussetzungen sind hier durch den angenommenen Billigkeitsgrundsatz ebenso bestimmt abgegrenzt, wie bei den zivilrechtlichen Bereicherungsklagen.

Wenn man einen Überblick gewinnen will über den Umfang der Fälle, die danach hierher gehören, so wird man zunächst am besten ganz absehen von der besonderen Art, wie das alles nachher seine Rechtsverwirklichung findet. Die Einzelgesetze über Entschädigung nehmen ja immer nur ein Stück aus der Gesamtheit der Billigkeitsforderungen heraus, wie es der Zufall der gesetzgeberischen Geschäftsgelegenheiten bringt; ganz gleichwertige Fälle können dabei unberücksichtigt bleiben. Auch die Unterscheidung, auf die man sich viel zu gute tut, ob eine rechtswidrige Handlung der Diener des Staates im Spiele ist oder nicht, wird man nur dann von vornherein als maßgebend gelten lassen können, wenn man schon entschlossen ist, der Rechtsverwirklichung hier mit den zivilrechtlichen Deliktsregeln zu Hilfe zu kommen. Das ist aber eben die Frage. Zunächst können sich für uns die Fälle einzig nach der verschiedenen Art gruppieren, wie der Staat dazu kommt, solche Schädigungen, die ungleiche Opfer vorstellen, einzelnen Untertanen aufzulegen.

Es kann förmlich und absichtlich geschehen. Deshalb steht an der Spitze der Fall, an welchem die ganze Idee ihr Licht zuerst entzündete, der Eingriff in Form Rechtens: Rechts veränderung durch Enteignung, Rayonbeschränkung, nachträgliche Schließung gewerblicher Anlagen.

Davon würden wir unterscheiden als zweite Gruppe die tatsächlichen Eingriffe: Entnahme von Straßenbaumaterialien aus dem von der Behörde dazu bezeichneten Privatgrundstücke, Vernichtung reblausverdächtiger Weinberge, Zerstörung des Hauses, das die Feuersbrunst verbreiten könnte.

Der erste Fall ist fast Enteignung, der letzte grenzt wieder an ein anderes Gebiet.

Wir können es bezeichnen als das der rücksichtslosen Maßregeln: der Staat hat es nicht, wie bei der ersten und zweiten Gruppe, darauf abgesehen, ein bestimmtes Gut in Anspruch zu nehmen, aber er führt Unternehmungen, die geeignet sind, Schaden anzurichten, unverwandt durch und unhemmbar, auf die Gefahr hin, daß sie das tun: Militärschießstände, welche die Kugeln überfliegen lassen, die Nahrungsmittelpolizei, welche Sahne weggießen läßt, weil sie gewässerte Milch darin sehen kann, die Patrouille, welche nach dem flüchtigen Arrestanten schießt und den Vorübergehenden trifft, und, ach, die Justiz, diese gefährlichste Einrichtung des Staates, die doch nicht unterlassen darf, das scharfe Schwert der Gerechtigkeit zu schwingen, wie mancher Unschuldige ihr auch schon darunter gekommen ist. Auch die Manöverschäden gehören hierher: die Truppen ziehen aus, nicht um bestimmte Privatgrundstücke staatlichen Eingriffen zu unterwerfen; sie lassen sich nur durch die Rücksicht auf solches Eigentum in ihren Bewegungen nicht hemmen.

Hinter all dem lauert schon ein besonderes Element, das man nur nicht überschätzen darf: Rechtswidrigkeit und Verschuldung. Manöverschäden sind nichts Rechtswidriges; gewisse Grundstücke verbietet das Gesetz dabei zu betreten; geschieht es doch, so ist es Rechtswidrigkeit: selbstverständlich entschädigt der

Staat im einen Falle wie im andern. Ob die Kugel den Kugelfang überfliegt, wie derartige Übungen es eben so mit sich bringen, oder die strafbare Dummheit eines Rekruten nachweislich dabei im Spiele war, macht für die Entschädigungspflicht des Staates nichts aus.

Selbständige Bedeutung, aber keineswegs ausschließliche, bekommt dieses Element der Verschuldung erst bei einer weiteren Gruppe: nicht bloß rücksichtslose Maßregeln, alle Arten von öffentlichen Unternehmungen können Schaden anrichten. Es ist nicht darauf abgesehen, die einzelnen zu belasten wie bei der ersten und zweiten Gruppe; es soll auch nicht rücksichtslos vorgegangen, vielmehr jede Schädigung vermieden werden. Aber es gelingt nicht; alle menschlichen Unternehmen bringen immer einen gewissen Prozentsatz von Mangelhaftigkeit mit, vermöge dessen sie fehlgehen und Schaden anrichten können. Wen das trifft, der trägt zunächst diese notwendigen Kosten der Verwirklichung des Unternehmens allein; die Billigkeit fordert dann vom Staate den Ausgleich.

Ein solches Fehlgehen des Staates kann sich ergeben aus einem Verschulden seiner Leute: Schiffszusammenstöße, Überfahren eines Menschen durch Militärfuhrwerk. Aber es hängt nicht lediglich daran; in anderen Fällen wirkt es unmittelbar aus den fehlerhaften Zuständen seiner Einrichtungen, wobei es dann nicht darauf ankommt, daß der bestimmte Beamte nachgewiesen wäre, durch dessen Schuld das so geworden ist: Unfälle bei Benutzung der öffentlichen Straße spielen hier eine Hauptrolle. Unter Umständen genügt es, daß der Schaden eingetreten ist, um anzunehmen, daß er aus den Einrichtungen des Staates heraus verursacht wurde: so wenn er fremde Sachen in seinen Gewahrsam genommen hat durch Beschlagnahme, Requisition, Hinterlegungszwang u. dergl. und die Sache untergeht oder verletzt wird. Damit kommen wir freilich auf allzu interessante Fragen des Verwaltungsrechtes; darum genug. —

Es ist ein weites Gebiet, auf welchem unsere Billigkeits= regel ausgleichende Entschädigung fordert, überall gleichmäßig fest und bestimmt; wir haben die Grenzen nur angedeutet. Nun aber schreibt man mit Recht: Otto Mayer muß selbst zugeben, daß Billigkeitsforderungen für sich noch keine Rechtssätze sind. Natür= lich! Es kostet mich auch keine Überwindung anzuerkennen, daß nicht alles, was logisch als gleichberechtigte Billigkeitsforderung erscheint, unmittelbar gedeckt wird durch die gesetzlichen Einzel= bestimmungen samt den weitestgehenden Formulierungen allge= meiner Entschädigungspflichten in Gesetz und Gewohnheitsrecht. Es bleiben auf alle Fälle Lücken, größere oder kleinere, namentlich da es ja streitig sein kann, wie weit das Gewohnheitsrecht geht. Aber man darf sich doch auch der Tatsache nicht verschließen, daß derartige Lücken in der Wirklichkeit des Rechtes sich auszufüllen vermögen und daß ein Billigkeitsrecht dafür ganz beson= ders günstige Bedingungen hat.

Alles Recht besteht nur, soweit es gehandhabt und durch= geführt wird. Ein hartes Recht vermag sich auf die Dauer schwer zu halten; ein Billigkeitsrecht, ein solches, das geradezu darauf gerichtet ist, Forderungen der überzeugenden Billigkeit zu verwirklichen, ist ganz anders daran. Soweit es förmlich gesetzt ist, wird es gehegt und gepflegt und ausgedehnt; es ist geneigt, von selbst zu entstehen als Gewohnheitsrecht, und wo im mo= dernen Staat, namentlich in seinem öffentlichen Rechte, diese Form der Rechtschöpfung außer Anwendung gesetzt ist, da ge= nügt der Rechtshandhabung irgend ein äußerlicher Anhaltspunkt im gegebenen Recht, um die durch die Billigkeit gelieferten fer= tigen Regeln daran anzuknüpfen und sie mit einer entlehnten Rechtssatzkraft auszustatten.

Das ist bei den Bereicherungsklagen des Zivilrechts ganz angenscheinlich der Fall. Der code civil z. B. enthält darüber nichts als die condictio indebiti[1]). Das französische Recht hat aber tatsächlich auf dieser Grundlage die ganze Fülle der Ordnungen verwirklicht bekommen, welche die Billigkeit an die ungerechte Vermögensverschiebung überhaupt knüpft. Unser B. G.-B. sagt wohl ganz schön, daß man verpflichtet sei herauszugeben, was man auf Kosten eines andern ohne rechtlichen Grund erlangt hat — was das heißt, verstünde kein Mensch, wenn nicht die einfachen Forderungen der Billigkeit es genau bestimmten und die unübertrefflichen Erläuterungen, welche die römischen Juristen hier der naturalis aequitas gegeben haben. So aber genügen auch solche wenig geschickte Andeutungen des Gesetzes, damit das Billigkeitsrecht in seinem gehörigen Umfange sich verwirkliche.

Die Billigkeitsforderung auf dem Gebiete des öffentlichen Rechtes, dem schädigenden Staate gegenüber, zeigt die nämliche Erscheinung. Lehrreich ist dafür namentlich das französische Recht.

Dort ist geltende Ordnung, daß das Zivilrecht nicht anwendbar sei auf die Entschädigungen, welche der Staat für die von ihm zugefügten Nachteile zu leisten hat; deshalb erkennen darüber ordentlicherweise die Verwaltungsbehörden, im letzten Grunde das oberste Verwaltungsgericht, der Staatsrat. Nach welchen Regeln? Diese Rechtsprechung stützt sich, wie Michoud neuerdings wieder festgestellt hat, „uniquement sur une idée générale de justice et d'équité, qu'aucun texte ne formule“[2]). Oder wie der führende Mann der heutigen Verwaltungsrechtswissenschaft, Hauriou, den Grundsatz formuliert: „si l'administration cause des préjudices à quelques uns,

---

[1]) art. 1376, 1377.
[2]) Revue du droit publ. 1895 II p. 14.

c'est pour le bien de tous et il serait souverainement injuste que les uns pâtissent pour les autres; — les administrés dont les propriétés subissent des dépréciations par suite d'opérations speciales accomplies par l'administration doivent être considerés comme ayant contribué par ce sacrifice à l'œuvre commune et comme ayant acquis par là des droits à l'indemnité"[1]). Er nennt das „une juridiction prétorienne"[2]). Also ein durch die Verwaltungsgerichte geschaffenes Billigkeitsrecht!

Ganz ohne äußere Grundlage kann es natürlich nicht sein. Altes Gewohnheitsrecht aus der Zeit vor der Revolution ist zweifellos herübergenommen worden. Aber die heutigen französischen Juristen wollen von Gewohnheitsrecht nichts wissen. Wenn der Staatsrat dem von ihm unverbrüchlich gehandhabten Entschädigungsrecht eine Legitimation geben will, beruft er sich einfach auf den jetzt noch gültigen Art. 13 der Erklärung der Menschenrechte, der da, ähnlich wie § 38 der Sächsischen Verfassung, bestimmt: alle Bürger haben gleichmäßig zu den Staatslasten beizutragen.

Und dieses französische Entschädigungsrecht umfaßt im wesentlichen lückenlos das ganze vorhin aufgestellte System von Billigkeitsforderungen, insbesondere, wie hervorgehoben werden muß, auch die zuletzt erwähnte Gruppe, wo der ungerechte Schaden zusammenhängt mit einem Verschulden, einer Verfehlung der Leute des Staates. Im Erfolg kommt das vielfach auf das nämliche heraus, wie wenn der Staatsrat das Deliktsrecht des code civil, insbesondere den berühmten Art. 1384, auf den Staat anwendete. Aber das will er keineswegs; die Staatsratsentscheidung bei Huc, commentaire, den das Reichsgericht dafür anruft, sagt nichts von Art. 1384, sondern gibt

---

[1]) préc. d. droit adm. S. 239, 242.   [2]) l. c. S. 38.

als einzige Begründung bezeichnenderweise nur den Satz: in der
Erwägung, daß der Minister mit Unrecht behauptet, eine Ver=
gütung sei hier nicht geschuldet[1]). Das sind Erwägungsgründe,
wie sie allerdings nur das, rechtswidrige und rechtmäßige Einwir=
kung gleichmäßig umfassende Prinzip der Billigkeit diktieren kann.

So das französische Recht.[2]) Wie steht es bei uns? Der
erste Eindruck ist der einer gänzlichen Zerfahrenheit und System=
losigkeit. Namentlich die neuere Literatur setzt etwas darein,
diese möglichst arg erscheinen zu lassen. Man hüllt sich in die
Toga unerbittlicher Korrektheit und affektiert eine tugendhafte
Scheu vor dem verwerflichen Konstruieren und vor allem, was
nach Naturrecht aussehen könnte. In der Wirklichkeit der Praxis
ist es nicht so schlimm. Die Billigkeitsforderung kommt tat=
sächlich auch bei uns zu ihrem Recht — wie könnte es anders
sein! — nur geschieht es in abweichender, ganz eigentüm=
licher Form.

Der Punkt, von welchem der ganze Unterschied ausgeht,
ist leicht zu ersehen. Die schroffe Fernhaltung der Gerichte von
allen öffentlich=rechtlichen Fragen, zu welchen in Frankreich be=
kannte geschichtliche Eindrücke geführt haben, ist uns fremd. Bei
uns erkennen sie in weitem Maße über Geldansprüche gegen den
Staat, auch wenn sie, genau genommen, dem öffentlichen Rechte
angehören, und namentlich die Entscheidung über Vergütungen,
welche dieser zu gewähren hat, ist ihnen fast durchweg geblieben.
Damit treten diese Vergütungen bei uns in das Zeichen des

---

[1]) Cons. d'Etat 11. Mai 1883; Dall. 85, 3. 3; R.=G.=Entsch. 54 S. 23.
[2]) Für einen einzigen Fall bestand bis in die neueste Zeit eine Lücke:
die Verwaltungsrechtspflege, offenbar dem Prinzip der Gewaltentrennung ge=
horchend, wagte sich nicht an die Entschädigung unschuldig Verurteilter; ein
Gesetz von 1895 ordnet jetzt bei Freisprechung im Wiederaufnahmeverfahren
eine Entschädigung durch das Gericht, ganz wie nachher unser Reichsgesetz
von 1898.

Zivilrechts, unter den Einfluß der zivilrechtlichen Gedanken=
welt, die nun einmal bei den Gerichten herrscht und herrschen
muß: die Entschädigungspflicht des Staates wird zi=
vilrechtlich erklärt und begründet.

Das macht nicht viel aus, wo diese Entschädigungs=
pflichten durch besondere gesetzliche Bestimmungen anerkannt und
geregelt sind. Da ist es wesentlich nur eine Sache verkehrter Titulatur.

Für die große Lücke aber, wo ein einfach anzuwendender
gesetzlicher Rechtssatz nicht besteht, da waltet die zivilrechtliche
Konstruktion frei und schöpferisch. Denn das Billigkeitsrecht,
das mit zwingender Gewalt nach Verwirklichung strebt, sucht
sich die Anlehnung an das gegebene Recht, die es doch nun ein=
mal nicht entbehren kann, in den verwegensten Zurechtbiegungen
zivilrechtlicher Rechtssätze. Was unsere Rechtsprechung auf diesem
Gebiete geleistet hat, darf den Vergleich keineswegs scheuen mit
der Kühnheit des französischen Staatsrats in Ausbeutung des
verschwommenen Satzes der Erklärung der Menschenrechte. Es
ist nur viel bunter und mannigfaltiger.

Entschädigung, Schadensersatz — für die zivilrechtliche
Auffassung liegt es natürlich am nächsten, die Pflicht des Staates
hierzu zu begründen aus einer Haftung für die rechtswidrigen
Handlungen seiner Beamten.

Unser früheres Recht war in den meisten Gebieten wenig
handlich, um einer juristischen Person so unmittelbar beikommen
zu können. Am günstigsten stand es noch im Geltungsbereiche
des code civil, wo nach dem oben erwähnten Art. 1384 der
commettant, der Auftraggeber, für die Verfehlungen seines Be=
auftragten, des préposé, einfach einzustehen hat. Im Dienste
der Billigkeit haben unsere Gerichte diese Bestimmung auf das
freigebigste verwertet, um den Staat schadensersatzpflichtig zu er=
klären. Er wurde als commettant verurteilt, wenn sein Forst=

polizeibeamter den verfolgten Holzfrevler fahrlässig verletzte[1]), wenn die reglementsmäßig feuernde Militärpatrouille einen Unbeteiligten traf[2]), wenn Gefängnissträflinge infolge mangelhafter Beaufsichtigung bei ihrer Zwangsarbeit zu Schaden kamen[3]). Wenn der Staat selbst unter solchen Voraussetzungen als Fiskus und Privatunternehmer zivilrechtlich behandelt werden darf, dann gibt es keinen Fall mehr, wo er das nicht wäre. Der Billigkeitsforderung entsprach allerdings die Verurteilung in all diesen Beispielen. Mißhandelt ist immer nur der Art. 1384 c. c., der nicht zu solcher Anwendung bestimmt ist.

Das Deliktsrecht der meisten deutschen Gebiete bot solche Handhaben wie der Art. 1384 nicht. Da wurden denn anderweite Konstruktionen zu Hilfe genommen. Eine besonders gern angewandte Formel ist die, daß man zunächst irgendeine privatrechtliche Pflicht zu einem bestimmten Verhalten aufstellt, die dem Staat obgelegen hätte und für deren Nichterfüllung er Schadensersatz zu leisten hat.

Ein Dampfer der Verwaltung des Kaiser-Wilhelm-Kanals, der den Zwangslotsen bringt, rennt an ein fremdes Schiff. Sein Führer hatte sich gegen die Vorschriften der Kaiserlichen Verordnung zur Verhütung von Schiffszusammenstößen verfehlt. Das Reich haftet nicht für ihn nach allgemeinem Deliktsrecht, haftet auch nicht als Reeder, weil kein Gewerbebetrieb bei ihm vorliegt. Aber die Polizeiverordnung, heißt es, wirkte zugleich unmittelbar auf das Reich als Schiffseigentümer, das selbst rechtswidrig gehandelt hat, weil es das ihm als solchem vorgeschriebene Verhalten bei diesem Manöver nicht erfüllt hat. Es wird zahlungspflichtig gemacht, indem man es im Geiste gewaltsam selbst ans Steuer setzt[4]). — Auf einem Staatsbahnhof hatten

---

[1]) R.-G. 8. Dez. 1882.   [2]) O.-L.-G. Colmar 9. Jan. 1888.
[3]) Jur. Ztschr. f. E. L. IX S. 273.   [4]) R.-G.-Entsch. Bd. 39 S. 187.

die Leute einen Graben offen gelassen und ein Arbeiter fällt hinein. Die Leute hatten damit eine vorhandene Polizeistraf- bestimmung übertreten. Diese enthält aber zugleich eine „Norm" für den Grundeigentümer, dergleichen auf seinem Eigentum nicht zu dulden und wegen Nichterfüllung dieser Pflicht, „die ihre Quelle im Privatrecht hat", haftet der Fiskus unmittelbar[1]). Hier ist ja zivilrechtliches Gebiet. Aber darüber hinaus wird die Formel noch schärfer: für Unfälle, die auf der öffentlichen Straße sich ereignen, hat man, unabhängig von einschlägigen Polizeivorschriften, einen allgemeinen „privatrechtlichen Schuld- grund" aufgestellt. Der Straßeneigentümer, sagt man, hat dem Publikum gegenüber die Pflicht übernommen, die nötigen Vor- kehrungen zu treffen, damit kein Schaden geschieht[2]). Bei Glatt- eis ist nicht gestreut und es kommt jemand zu Fall, Schutt- ansammlungen sind nicht beseitigt und ein Pferd tritt sich einen Nagel in den Fuß, der Fiskus haftet aus jener Pflicht — reines Naturrecht!

In anderen Fällen arbeitet man wieder mit fingierten Verträgen. So bei gerichtlichen Hinterlegungen, auch bei er- zwungenen. Der Staat soll entschädigen, wenn die Sache, deren er sich bemächtigt hat, bei ihm untergeht oder verletzt wird; das kann man sich aber nur mit Hilfe zivilrechtlicher Formeln zu- rechtlegen; also hängt man ihm zunächst ein „vertragsähnliches Forderungsrecht" an, dessen Nichterfüllung ihn haftbar macht[3]). Ebenso verfährt man bei Sequestrationen, Beschlagnahmen jeder Art: mit den gewagtesten Quasiverträgen müssen die öffentlich- rechtlichen Eingriffe des Staates ungewollte Verbindungen ein- gehen, damit nur die Billigkeit zu ihrem Rechte kommt.

---

[1]) R.-O.-H.-G. 10. Dez. 1872.

[2]) R.-G.-Entsch. Bd. 54 S. 57. Auch die Wegebaupflicht wird verwertet, obwohl sie doch einen ganz anderen Sinn hat: R.-G.-Entsch. Bd. 52 S. 374.

[3]) Loening, Haftung des Staates, S. 131.

Eine besonders merkwürdige Rolle haben solche fingierte Verträge gespielt bei Veränderungen, die mit der öffentlichen Straße vorgenommen werden. Wenn ein Wohnhaus dadurch seinen Zugang, Licht und Luft seiner Fenster verliert, so fordert ja zweifellos die Billigkeit einen Ausgleich für das schwergeschädigte Eigentum. Das Reichsgericht hat das rechtlich möglich gemacht durch Annahme eines Vertrags, dessen Verletzung den Staat oder die Gemeinde zum Schadensersatz verpflichtet. Der Vertrag wird dadurch geschlossen, daß der Straßeneigentümer durch Herstellung der Straße die Angrenzer einlädt, Häuser daran zu errichten, und daß diese das Angebot annehmen, indem sie bauen[1]). An die Wahrheit eines solchen Vertrags zu glauben, ist für den Juristen keine leichte Sache; aber die Billigkeit ist eine rücksichtslose Gebieterin. —

Das B. G.-B. hat, wie gesagt, diesen Zustand unberührt lassen wollen; die Schärfung des juristischen Gefühls für die Grenzlinie zwischen öffentlichem und Zivilrecht, die wir von seinem Auftreten erwarten dürfen, wird erst allmählich Früchte tragen. Zunächst hat es hier nur in zweierlei Richtung gewirkt.

Einmal war die Landesgesetzgebung teilweise rasch bei der Hand, den ihr durch Art. 77 E.-G. belassenen Spielraum auszunützen durch ausdrückliche Bestimmungen, welche die Haftung des Staates für Ausübung der öffentlichen Gewalt zivilrechtlich ordnen sollen. Das Bayrische A. G. läßt den Staat unmittelbar statt des schädigenden Beamten haften und zwar auch in Fällen, wo diesem selbst ein Verschulden nicht zugerechnet werden kann. Der Zusammenhang des Rechts der unerlaubten Handlung und des zivilrechtlichen Verschuldungsprinzips ist damit gänzlich aufgegeben; es besteht eigentlich gar kein Grund, das noch eine zivilrechtliche Haftung zu nennen. In Preußen

---

[1]) R.-G.-Entsch. Bd. 10 S. 271.

hat das A. G. den Art. 1384 in der Rheinprovinz bestehen laffen, „foweit er auf die Ausübung der öffentlichen Gewalt Anwendung findet". Der Minifter hatte mit Recht beftritten, daß das überhaupt der Fall fei. Das Reichsgericht erklärt aber neuerdings noch auf Grund diefes Artikels die Gemeinde ver= antwortlich für Ausfchreitungen ihres Polizeifergeanten[1]); der Artikel gilt alfo in der Rheinprovinz jetzt nur noch für die= jenigen Fälle fort, für welche er nicht gemeint war; für fein eigentliches Anwendungsgebiet ift er aufgehoben. Ähnlich Baden und Heffen[2]).

Andererseits zeigt fich jetzt in der Rechtfprechung das Be= ftreben, die merkwürdigen privatrechtlichen Pflichten, mit welchen man früher arbeitete, zu erfetzen durch direkte Anlehnungen an Beftimmungen des B. G.=B. Um für Schäden aus fchlechter Befchaffenheit der Straßen den Straßeneigentümer haftbar zu machen, wird jetzt ein „allgemeiner Grundfatz" dem B. G.=B. entnommen, insbesondere aus der Analogie der Haftung nach § 836 für Gebäudeeinfturz[3]). Daß die öffentlichen Straßen als Privatunternehmen zu behandeln find, ift dabei felbftver= ftändlich. Aber felbft die militärifchen Übungen entziehen fich diefer Beurteilung nicht. Im Elfaß fällt eine Telegraphenftange um, welche die Truppen an die Mauer eines Fabrikgebäudes mit Draht befeftigt hatten: das Reich haftet für die Verletzung nach B. G.=B. § 837 wegen Ablöfung von Teilen eines Ge= bäudes und nach § 831, weil die Offiziere oder Militärbeamten — wer es ift, ift gleichgültig — es an der nötigen Sorgfalt bei Überwachung der Leitung haben fehlen laffen. „Mit der

---

[1]) R.=G.=Entfch. Bd. 54 S. 1.

[2]) R.=G.=Entfch. Bd. 54 S. 199 bringt eine intereffante Anwendung diefes Delittrechts auf militärifche Scharffchießübungen.

[3]) R.=G.=Entfch. Bd. 54 S. 58.

Militärhoheit hat diese militärische Telegrapheneinrichtung nichts
zu tun" — damit wird die Frage der Grenzen des Zivil=
rechts abgefertigt[1]). — Nur die Hausbesitzer an der ver=
legten Straße gehen künftig leer aus, da das Reichsgericht den
Vertrag mit den Straßeneigentümern nicht mehr zu konstruieren
weiß[2]).

Im ganzen setzt sich nach wie vor die Billigkeitsforderung durch
in Formen des Zivilrechts. Sie ist stark genug dazu, obwohl sie
schwere Opfer verlangt, flagrante Übergriffe in das natürliche
Gebiet des öffentlichen Rechts, Verrenkungen und Ausreckungen
der zivilrechtlichen Rechtsinstitute. Aber bei diesem Kraftstück
leidet sie selbst. Sie muß incognito auftreten. Man bekennt
sich nicht zu ihr, sondern wahrt den Schein, Deliktsrecht anzu=
wenden. Was dabei herauskommt, entspricht ihr in der Haupt=
sache, aber sie geht doch durch eine fremde Idee hindurch, in
welcher ihr Licht sich bricht. Es wird zu viel gewährt im Um=
fang der Fälle und im Maß der Entschädigung; das Delikts=
recht führt in beiden Richtungen weiter[3]). Es wird aber auch
zu wenig gewährt; ob entschädigt wird, hängt nicht lediglich
ab von der Frage: fordert es hier die natürliche Gerechtigkeit
zur Ausgleichung einer unbilligen Last, sondern es kommt auch
darauf an, ob die künstlichen Formulierungen, welche alles auf
die Rechtssätze über unerlaubte Handlungen zurückführen sollen,
hier noch möglich sind und noch mitgemacht werden können;
denn irgendwo gebietet da doch das juristische Gewissen des
Richters Halt. Und wo ist die Grenze? Wenn ein die Straße
zierender Baum umfällt, haftet der Fiskus nach jenem allge=
meinen Grundsatz, der in den Regeln über Gebäudeeinsturz zu
finden sein soll[4]). Wenn aber der Bahnwärter die Schranke

---

[1]) R.=G.=Entsch. Bd. 54 S. 9.   [2]) R.=G.=Entsch. Bd. 51 S. 251.
[3]) Liszt, Del.=Obl. S. 1, S. 4.   [4]) R.=G.=Entsch. Bd. 52 S. 374.

nicht offenhält, so daß jemand in der Dunkelheit daranrennt, haftet der Fiskus nicht, weil hier nichts eingestürzt ist und der Bahnwärter nicht als „Willensorgan" oder „verfassungsmäßig berufener Vertreter" betrachtet werden kann[1]). Wenn jemand in einem Loch des Straßenpflasters sich verletzt und es ist ein Straßenkontrolleur bestellt, so wird dieser sofort zum verfassungsmäßig berufenen Vertreter und die Stadt haftet[2]). Hat aber die Gemeinde keinen solchen bestellt und es entsteht Schaden durch den Zustand der Straße, so können die verfassungsmäßigen Vertreter sich auf die Beauftragten verlassen, die es besorgen sollten, und die Stadt haftet nicht[3]). Glatteis auf dem Bahnhofsvorplatz macht den Fiskus nicht verantwortlich, wenn lediglich der Bahnmeister daran schuld ist, daß nicht gestreut wurde, wohl aber, wenn der Betriebsinspektor es an der nötigen Sorgfalt hat fehlen lassen[4]). Quisquilien! Statt der lebendigen Gerechtigkeit erhalten wir die Zufallsprodukte der juristischen Konstruktionskunst. Diese letztere wollen wir nicht verachten; aber hier gerade, wo es sich um Billigkeitsrecht handelt und nur die Billigkeitsforderung die Gewaltsamkeiten rechtfertigen kann, die begangen werden, um es zu erzielen, gibt das einen schrillen Mißton.

War das notwendig? Mußte die steife zivilrechtliche Formel die schöne natürliche Idee entstellen? Hatten wir nicht auch unsere Verfassungsbestimmungen über gleiche Verteilung der öffentlichen Lasten, unsere Einzelgesetze über öffentlich-rechtliche Entschädigung, unser altes Gewohnheitsrecht und die zahlreichen Stimmen in der Literatur, die allgemeine Billigkeitsentschädigung zu fordern scheinen? Und wahrhaft goldene Sätze

---

[1]) R.-G.-Entsch. Bd. 47 S. 328   [2]) O.-L.-G. Stettin 15. Juli 1902.
[3]) O.-L.-G. Kiel 11. Juli 1902.
[4]) R.-G.-Entsch. Bd. 53 S. 281.

wie den des § 75 der Einleitung des A. L.=R.! Alles das ist
unfruchtbar geblieben und mußte es bleiben gegenüber der Starrheit der zivilrechtlichen Auffassung.

Die Gerichte haben eben les défauts de leurs qualités!
Und nicht bloß bei uns! Man darf ja nicht glauben, daß nur
die Deutschen die verzweifelte Neigung hätten, alles um jeden
Preis, auch der Logik und der Harmonie der Gedanken, zivil=
rechtlich sich zurechtzulegen. Es liegt in der Natur der Zivil=
gerichte überhaupt. Und der beste Beweis dafür ist, daß sie es
auch in Frankreich nicht anders machen. Wo sie des Staates
habhaft werden können, behandeln sie ihn auch dort als commettant im Sinne des Art. 1384 und als haftbar nach zivil=
rechtlichem Deliktsrecht, ohne die Grenzen des öffentlichen Rechtes
zu achten. Und in der sich daran knüpfenden zivilistischen Lite=
ratur finden wir alle unsere wunderlichen Konstruktionen wieder
von der Auffassung der Enteignungsentschädigung als Schadens=
ersatz für Rechtswidrigkeit bis zum fingierten Vertrag des Straßen=
eigentümers mit dem angrenzenden Hausbesitzer[1]). Der Unter=
schied ist nur der, daß dort der Staatsrat seine festbegründete Recht=
sprechung nach Billigkeitsrecht dem gegenüberstellt und daß über
diese beiden widerstreitenden Auffassungen der große, in letzter
Linie allein maßgebende Regulator der Kompetenzkonfliktsent=
scheidung tritt. Und diese Regulierung ist, mit Ausschluß alles
Zweifels, zu Gunsten der Verwaltungsgerichte ausgefallen; ab=
schließend war in dieser Hinsicht der berühmte Fall Blanco,
Kompetenzkonfliktshofs = Entscheidung vom 8. Februar 1873.
Das allein hat in Frankreich die vollkommene und einheitliche
Entfaltung des öffentlichen Billigkeitsrechts ermöglicht. Die Ge=
richte freilich fallen immer wieder in die Neigung zurück, ihren

---

[1]) Demolombe XII u. 699; Aubry und Rau III S. 70; Laurent
XX S. 418 ff.

code civil mit seinen délits et quasi-délits, im Widerspruch mit dieser geltenden Ordnung, auf den Staat anzuwenden; sie können einfach nicht anders. Aber das gibt doch nichts als durchgeschlüpfte arrêtés, auf die man sich bei objektiver Beurteilung des französischen Rechts nicht berufen darf. —

Gerade dieser rechtsvergleichende Ausblick ist besonders dazu angetan, die Lehre zu bekräftigen, die sich aus der Betrachtung unserer eigenen Rechtszustände mit zwingender Gewalt ergibt. Das Heil kann nur in einem Punkte gesucht werden. Nicht in der Richtung, welche Dreyer in seiner vielzitierten Abhandlung — Zeitschrift f. franz. Ziv.-R. IV S. 383 ff. — empfiehlt. Er hebt mit Recht hervor, daß „vom Standpunkt der natürlichen Billigkeit" ein Unterschied zwischen dem „erlaubten und unerlaubten Eingriffe" nicht gemacht werden kann. Er will aber aushelfen durch die „Analogie der Ersatzpflicht für Expropriation"; dadurch würde, meint er, die sog. staatsrechtliche Begründung der Haftpflicht auf eine „privatrechtliche Grundlage" zurückgeführt und auch, woran ihm viel liegt, die zivilgerichtliche Zuständigkeit für die Zukunft gesichert. — Das öffentliche Billigkeitsrecht wird auf diesem Boden nicht gedeihen, auch wenn man ihn mit neuen Fiktionen privatrechtlicher Grundlagen düngt.

Man könnte eher daran denken, durch ausdrückliches Gesetz die von den Gerichten zu handhabende öffentlich-rechtliche Entschädigungspflicht genau zu formulieren. Der zur Zeit vorliegende Entwurf eines Enteignungsgesetzes für Elsaß-Lothringen hat Bestimmungen dieser Art aufgenommen. Aber man darf nicht vergessen, daß es sich um Billigkeitsrecht handelt; das läßt sich nicht so vollkommen formulieren, daß keine auszufüllenden Lücken bleiben, und die schöpferische Ergänzung werden die Gerichte immer entlehnen aus den geläufigen Ideen des Zivilrechts, aus Vertrag und Delikt.

Es gibt kein anderes Mittel, solche unwillkürliche Ver-
fälschungen des öffentlichen Billigkeitsrechtes zu verhüten, als die
Beseitigung der Justizzuständigkeit, die ja hier reichsrecht-
lich nicht gefordert, nur eine übertragene ist. Das wird zugleich
ein Mittel sein, um das Reichsgericht ganz erheblich zu ent-
lasten und für dankbarere Aufgaben freizumachen. Die Verwaltung muß die Zuständigkeit für die Gewährung solcher Entschädigungen in Anspruch nehmen. Ansätze dazu finden sich
genug, namentlich auch in der sächsischen Praxis. Unerläßlich
ist aber, daß die Form des Rechts dabei gewahrt werde; die
Verwaltungsgerichte müssen auf alle Fälle das letzte Wort haben.
Das Gesetz, statt wie in Bayern, Baden, Hessen Versuche zu
machen, das Zivilrecht hier künstlich zu konservieren, hätte auszusprechen: Über Ansprüche auf Ausgleichung besonderer
Nachteile aus der öffentlichen Verwaltung entscheiden
die Verwaltungsbehörden unter Vorbehalt der Berufung zum Oberverwaltungsgericht. Dann macht sich alles
weitere von selbst. Die Verwaltung, die mitten in den Zusammenhängen steht, aus welchen die Billigkeitsforderungen erwachsen, ist durch die Natur der Sache berufen, diese zu verwirklichen; sie wird unmittelbarer von ihnen geleitet, worauf
doch hier alles ankommt, und freier von fremdartigen Formeln. —
       Die Weisheit einer Ordnung der Dinge auf diesem Fuße
ist für die Justizschäden durch das Gesetz vom 20. Mai
1898 zur vollen Anerkennung gekommen. Wenn nach vollstreckter
Strafe im Wiederaufnahmeverfahren die Freisprechung erfolgt,
so war ein Unrecht geschehen. Warum läßt man nicht mit einer
der beliebten Deliktskonstruktionen den Justizfiskus im Wege
der Schadensersatzklage haftbar machen für die Richter als
seine fehlenden Organe, Vertreter, préposés? Nach dem Gesetz
erklärt jetzt einfach die Justiz selbst, die den Fehler gemacht hat:

die Staatskasse soll entschädigen; wozu die Verpflichtung, wie die Motive sagen, aus der Justizhoheit sich ergibt. Der Staat will sich also hier als der nämliche zeigen, der geschädigt hat und der um der Gerechtigkeit willen auch den Schaden wieder gutmacht. Ein feines Empfinden für die Würde ihres Amtes hat die Gerichte hier immer abgehalten, ihn als einen mittelbaren Delinquenten zu behandeln, der für sie zu büßen hat und sich darin rekalzitrant zeigt. Daß die gleiche Auffassung auch für den verwaltenden Staat zur Geltung gelange, ist das Gebot eines entwickelteren Staatsbewußtseins und uns ein ernstes, dringendes Anliegen. Denn es ist keineswegs gleichgültig, in welcher Rolle der Staat dem Volke tagtäglich dargestellt wird, das ihn mit Ehrfurcht betrachten soll.

Verlag von Duncker & Humblot in Leipzig.

Systematisches Handbuch
der
Deutschen Rechtswissenschaft.

Herausgegeben von

Dr. Karl Binding,
Professor in Leipzig.

Von dem Handbuch sind bisher erschienen:

Karl Binding, Handbuch des Strafrechts. Erster Band. 1885. 20 Mk.; geb. 22 Mk. 50 Pf.

Heinrich Brunner, Deutsche Rechtsgeschichte. Erster Band. 1887. 9 Mk. 60 Pf.; geb. 12 Mk. 10 Pf. Zweiter Band. 1892. 17 Mk.; geb. 19 Mk. 50 Pf.

Victor Ehrenberg, Versicherungsrecht. Erster Band. 1893. 12 Mk.; geb. 14 Mk. 50 Pf.

Otto Gierke, Deutsches Privatrecht. Erster Band. 1895. 20 Mk.; geb. 22 Mk. 50 Pf.

Julius Glaser, Handbuch des Strafprozesses. Erster Band. 1883. 16 Mk.; geb. 18 Mk. 50 Pf. Zweiter Band. 1885. 13 Mk. 60 Pf.; geb. 16 Mk. 10 Pf.

C. S. Grünhut, Wechselrecht. 2 Bände. 1897. 22 Mk.; geb. 27 Mk.

Albert Hänel, Deutsches Staatsrecht. Erster Band. 1892. 19 Mk.; geb. 21 Mk. 50 Pf.

Andreas Heusler, Institutionen des Deutschen Privatrechts. Erster Band. 1885. 8 Mk. 80 Pf.; geb. 11 Mk. 30 Pf. Zweiter Band. 1886. 12 Mk.; geb. 14 Mk. 50 Pf.

Paul Krüger, Geschichte der Literatur und Quellen des römischen Rechts. 1888. 9 Mk.; geb. 11 Mk. 50 Pf.

Otto Mayer, Deutsches Verwaltungsrecht. 2 Bände. 1895. 96. à 11 Mk.; geb. à 13 Mk. 50 Pf.

Theodor Mommsen, Abriß des römischen Staatsrechts. 1893. 8 Mk. 40 Pf.; geb. 10 Mk. 90 Pf.

Theodor Mommsen, Römisches Strafrecht. 1899. 24 Mk.; geb. 27 Mk.

J. Regelsberger, Pandekten. Erster Band. 1893. 16 Mk.; geb. 18 Mk. 50 Pf.

Lothar Seuffert, Deutsches Konkursprozeßrecht. 1899. 11 Mk.; geb. 13 Mk. 50 Pf.

Rudolph Sohm, Kirchenrecht. Erster Band. 1892. 16 Mk.; geb. 18 Mk. 50 Pf.

Adolf Wach, Handbuch des Deutschen Civilprozeßrechts. Erster Band. 1885. 15 Mk. 60 Pf.; geb. 18 Mk. 10 Pf.

Rudolf Wagner, Handbuch des Seerechts. Erster Band. 1884. 10 Mk.; geb. 12 Mk. 50 Pf.

Verlag von **Duncker & Humblot** in Leipzig.

Deutsches Verwaltungsrecht.

Von

Dr. Otto Mayer,

o. ö. Professor an der Universität Leipzig.

(Bindings Handbuch der deutschen Rechtswissenschaft VI. I. 1. 2.)

Zwei Bände. 1895. 1896. Preis des Bandes 11 Mk.; geb. 13 Mk. 50 Pf.

Druck von Pöschel & Trepte in Leipzig.

Die
Kunst der Gesetzgebung.

Auf Grund eines am 23. Januar 1904

in der Gehe=Stiftung zu Dresden

gehaltenen Vortrags.

Von

Dr. Ernst Zitelmann,

Geh. Justizrat u. Professor der Rechte a. d. Universität Bonn.

Dresden

v. Zahn & Jaensch

1904.

Inhalt.

———

Von der Kunst der Gesetzgebung will ich reden. Der Ausdruck darf nicht wundernehmen, spricht man doch auch von Staatskunst, von Feldherrnkunst. Kunst kommt von Können her — man will ausdrücken, daß es sich nicht sowohl um ein reines Erkennen als um die Betätigung eines Könnens auf dem Gebiete praktischer Aufgaben handelt: es gilt Ziele in der Wirklichkeit zu erreichen, gestaltend in die Wirklichkeit einzugreifen; daß dies aber gelingt, ist eine Sache höchstpersönlicher Fähigkeit. Von aller gestaltenden praktischen Tätigkeit habe ich stets die des großen Staatsmanns auf dem Gebiete äußerer Politik und des großen Feldherrn am meisten bewundert, nicht wegen des Werts ihrer Erfolge, die nur zu oft rasch, ja fast spurlos wieder vergehen, sondern als persönliche Leistungen: sie erfordern die größte Harmonie menschlicher Eigenschaften, den hellsten Verstand, die schmiegsamste Kombinationsgabe, den stählernsten Charakter — dazu die Fähigkeit der Vorahnung und des Taktes, und vor allem die größte menschliche Gabe: die des Glücks. Es steht mit der Tätigkeit des Gesetzgebers schließlich nicht anders: im rechten Sinn verstanden, kann niemand Gesetzgeber sein, der nicht Staatsmann ist, ja die Gesetzgebung ist nur ein Teil der gesamten Politik, wenn man dies Wort im weitesten Sinne nimmt, und darum darf man mit Recht wie von einer Staatskunst überhaupt so auch von einer Kunst der Gesetzgebung reden.

Sollte es nun nicht von Wert sein, einmal näher zuzusehen, was denn der Inhalt dieser Kunst des Gesetzgebers ist?

1*

worin also tatsächlich das eigentümliche Wesen der gesetzgebe=
rischen Aufgaben und der gesetzgeberischen Tätigkeit besteht?
Und von selbst würde sich an diese Tatsachen=Untersuchung die
weitere Frage knüpfen, ob sich nicht auf Grundlage all der
Erfahrungen, die bei den zahllosen vorhandenen Gesetzgebungen
zu sammeln sind, allgemeinere Regeln darüber gewinnen lassen,
wie der Gesetzgeber bei der Stellung seiner Aufgaben und bei
ihrer Erledigung am zweckmäßigsten vorgehen soll; kurz es fragt
sich: da die Gesetzgebung eine Kunst ist, läßt sich nicht auch
eine Kunstlehre für den Gesetzgeber aufstellen?

Nun besitzen wir Lehrbücher der Taktik und Strategik
genug und ebenso auch Lehrbücher der Politik, aber, seltsam,
ein Lehrbuch der Gesetzgebungskunst fehlt uns, wenn ich von
Benthams und Roberts von Mohl Arbeiten absehe, ganz; wohl
haben einige Denker, so der unvergeßliche Jhering, so neuerdings
Petrazycki und Stammler, an einzelnen Stellen die Arbeit er=
folgreich wieder aufgenommen, aber auch nur ein Versuch, das
ganze Gebiet als solches wirklich wissenschaftlich zu erobern, ist
seit 40 Jahren nicht mehr gemacht worden. Und doch sollte
man denken, es gebe im ganzen Bereich der Rechtswissenschaft
keine wichtigere Aufgabe als diese, die Aufgabe also — ich
wiederhole es absichtlich —, einmal klarzulegen, worin das Wesen
der gesetzgeberischen Kunst besteht — würde sich doch erst hieraus
feststellen lassen, welche Rolle der Jurist als solcher bei der Gesetz=
gebung zu spielen berufen ist! —, sodann zu untersuchen, ob und
wieweit überhaupt eine Kunstlehre für die Gesetzgebung möglich ist,
und welches der Inhalt der Kunstregeln ist, die der Gesetzgeber
zu befolgen hätte. Jährlich werden wir im Deutschen Reich mit
einem dicken Band neuer Gesetze beschenkt, und die Einzelstaaten
tragen zu dem großen Strom neuer Gesetzessätze jeder noch
Bäche oder gar große Flüsse bei. Aber horchen wir uns in der

Literatur um, wie weit die Fragen nach der besten Art der Gesetzgebung erörtert werden, so hören wir so gut wie nichts: tiefes
Stillschweigen fast auf allen Seiten. Als vor 16 Jahren der
erste Entwurf unseres neuen Bürgerlichen Gesetzbuchs erschien
und nun plötzlich alles, was Kopf zum juristischen Denken (oder
auch bloß eine Hand zum Schreiben) hatte, sich auf die Kritik
des Entwurfs stürzte, da ergab sich, daß über die elementarsten
Fragen insbesondere der Gesetzgebungstechnik nichts, geradezu
gar nichts von Übereinstimmung, ja sogar kaum etwas von
theoretischer Überlegung vorhanden war. Und dieser Mangel
hat sich, wie ich glaube, empfindlich gerächt. Sicherlich, der
geniale Gesetzgeber mag in der Ausübung seiner Kunst das
richtige treffen können, ohne sich der Erfahrungsregeln seiner
Kunstübung bewußt zu sein, und wir besitzen in Deutschland
ohne Zweifel Gesetzeswerke, auf die wir stolz zu sein ein volles
Recht haben. Aber das beweist natürlich nicht, daß wir eine
Besinnung über das Wesen der gesetzgeberischen Aufgaben und
eine Kunstlehre der Gesetzgebung, soweit sie überhaupt möglich
ist, ganz entbehren können: hier warten wissenschaftliche Aufgaben, die den Tätigen in Fülle lohnen werden.

Von diesem wenig bekannten Land möchte ich einiges berichten, selbstverständlich, wie es im Rahmen eines Vortrags
allein möglich ist, eben nur einiges: nur auf die Hauptgesichts-
punkte der gesetzgeberischen Kunst möchte ich hinweisen.

Ich beginne mit einem rein praktischen Gedanken. Überschaut man die ganze Gesetzgebungsarbeit, so findet man rasch,
daß sich zweierlei unterscheiden läßt: die inhaltliche und die technische Seite der Gesetzgebung. Freilich sind das eben nur zwei
Seiten einer und derselben Tätigkeit, die sachlich voneinander
durchaus nicht völlig unabhängig sind: die eine bedingt die andere.
Aber die wissenschaftliche Erörterung darf sie doch mit Vorteil

voneinander trennen, sie darf die Gesetzgebungsarbeit gesondert
von dem einen und dem anderen Gesichtspunkt aus betrachten.
Ja ich meine sogar, auch für die praktische Gesetzgebungsarbeit
wäre eine Trennung in jenem Sinn von entschiedenem Vorteil.
Vielleicht wäre es bei einem neuen Gesetzgebungswerk am besten,
zunächst soweit es möglich ist die inhaltlichen Hauptfragen des
Gesetzes rein für sich und ohne Rücksicht auf die etwaige technische Form der künftigen Rechtssätze zur öffentlichen Erörterung
zu stellen: an diesen inhaltlichen Fragen ist das ganze Volk
unmittelbar interessiert und auch befähigt mitzuarbeiten; erst wenn
ihre Entscheidungen inhaltlich gefunden wären, würde die weitere
Aufgabe entstehen, sie technisch in ein einheitliches Gesetz zu
fassen — diese Aufgabe setzt, wie sich zeigen wird, eine Vorbildung und Vorkenntnisse voraus, die nur durch planmäßige
Beschäftigung zu erwerben sind.   Durch diese Trennung der
Arbeit würde sich auch, wie ich glaube, am besten der Übelstand
vermeiden lassen, unter dem heute die Gesetzentwürfe bei ihrer
Behandlung in den Parlamenten leiden, daß nämlich in den
einheitlich gedachten und einheitlich ausgeführten Gesetzentwurf
fremde Hände hineinkorrigieren.   Die Volksvertretung hat zunächst ein volles Recht, bei der Feststellung des Bauplans gehört zu werden und mitzuwirken, hier soll sie ihre Zwecke und
Bedürfnisse zum Ausdruck bringen und durch die Anweisungen,
die sie gibt, ihren Willen geltend machen, die Ausführung des
Baues aber sollte dann einem einzelnen Baumeister überlassen
werden, der von den gesetzgebenden Faktoren gemeinsam zu be-
stellen wäre: die Festigkeit und der Stil des Ganzen wird ge-
fährdet, wenn der Laie dem Baumeister nachher bei der Ausführung
des Baues hineinreden will; das Recht, den Bau, wenn er einmal
fertig dasteht, im ganzen abzunehmen oder seine Abnahme
zu verweigern, bliebe dem Bauherrn immer noch vorbehalten.

Zunächst nun die inhaltliche Seite: in welcher Weise findet der Gesetzgeber den Inhalt der Gesetze? Da sieht man sofort: alle Gesetzgebung gebraucht Befehle und Verbote, um damit auf das Verhalten der Menschen nach bestimmter Richtung hin einzuwirken, die gesetzgeberische Arbeit ist also Zwecktätigkeit: sie setzt sich bestimmte Zwecke und wählt die Mittel zu ihrer Erreichung, in nichts anderem kann sie bestehen, wie denn auch die inhaltliche Kritik des Gesetzes notwendig nach diesen beiden Seiten hin erfolgen muß. Gibt es daher wirklich eine Kunstlehre für den Gesetzgeber, so könnte sie nur diese Aufgabe haben: sie müßte ihn lehren die rechten Zwecke zu setzen und unter den möglichen Mitteln das zweckmäßigste zu wählen.

Spricht man von den Zwecken, die der Gesetzgeber verfolgt, so denkt man zunächst an den Zweck des einzelnen Gesetzes, das erlassen wird. Der Gesetzgeber setzt sich z. B. den Zweck, bestimmte wirtschaftliche Erscheinungen, etwa Mißstände im Börsengeschäft, zu bekämpfen, oder gewisse Interessen zu fördern, z. B. den landwirtschaftlichen Kredit zu heben, und sucht die geeigneten Mittel dazu. Aber ein jeder solcher Zweck wird doch nur deshalb gesetzt oder als Zweck gerechtfertigt, weil mit der Rechtsordnung im ganzen bestimmte Zwecke verfolgt werden sollen. Wird z. B. der Zweck verfolgt, gewisse Erscheinungen des Börsenverkehrs zu beseitigen, so setzt das doch voraus, daß man der Rechtsordnung überhaupt den Zweck gibt, auf die wirtschaftlichen Verhältnisse nach einem bestimmten sozialen Ideal hin einzuwirken: der Zweck des einzelnen Gesetzes erscheint diesem Endzweck der Rechtsordnung gegenüber wieder nur als Mittel.

Und darum begreift man rasch: mit der Frage nach den rechten Zwecken, die der Gesetzgeber verfolgen soll, gerät man schließlich in die letzten Abgründe des menschlichen Denkens, weit über alle Gebiete rein juristischer Erkenntnis hinaus. Das ist

keine Juriſtenfrage mehr, man wird eher ſagen: es iſt eine Frage
der Rechts- und Sozialphiloſophie, aber auch damit iſt ja nur
das Gebiet bezeichnet, für das wir Feſtſtellungen ſuchen; in
Wahrheit muß man, um die Antwort zu finden, auf die tiefſten
Probleme der Ethik, ja der ganzen Weltanſchauung zurückgehen.
Wie verſchieden aber ſchauen die Einzelnen die Welt an! Es
iſt doch wohl, um auf den Menſchen hin zu reden, ſelbſtver-
ſtändlich, daß der ſtählerne Griffel eines Nietzſche andere Geſetze
aufzeichnen müßte, als der weiche Stift eines Schopenhauer.
Hier liegt die Größe und die Gefahr der geſetzgeberiſchen Aufgabe: es gibt keine größere und keine verantwortlichere. Der
geniale Geſetzgeber iſt der, der die wahren Werte der Kultur zu
finden und zu ſchätzen weiß; darum preiſen ihn auch die Sagen
und Lieder der alten Völker, und ſo groß und ſo wunderbar er-
ſcheint ihrer frühen Phantaſie ſeine Kunſt, daß ſie aus irdiſchem
Urſprung ſie nicht mehr zu erklären wiſſen; ihre großen Geſetzgeber laſſen ſie von den Göttern ſtammen oder doch Rat von
ihnen empfangen.

Und jene Frage nach den letzten Zwecken der Rechtsordnung
iſt ſchlechthin für alle Rechtsſätze vorbedeutend, wie gewaltig oder
wie kleinlich die Lebensverhältniſſe ſein mögen, in die ſie eingreifen; ſelbſt die kleinſte und feinſte privatrechtliche Frage führt
ſchließlich auf die letzten grundlegenden Probleme zurück und
kann nur von ihnen aus entſchieden werden.

Das wirkliche Bild der Geſetzgebungstätigkeit iſt nun
freilich, wenigſtens ſcheinbar, ein anderes. Man erörtert bei
den Geſetzgebungsfragen, die mehr in der Peripherie liegen, nicht
jedesmal die zentralen Probleme, ſo wenig wie der Menſch überhaupt bei ſeinen Entſchlüſſen jedesmal bewußt auf ſeine letzten
Erkenntniſſe zurückgeht: er handelt ſo, wie er handelt, weil er
eben mit ſeiner ganzen Gottes- und Weltanſchauung der iſt, der

er ist. Bei der Gesetzgebungsarbeit kommt noch hinzu, daß man
ja nie auf ganz jungfräulichem Boden zu bauen hat, immer be=
findet man sich schon in einer gegebenen Ordnung, die man eben
als gegeben hinnimmt und nur bessernd weiterzubauen versuchen
soll. Aber es kommen Fälle genug vor, wo doch plötzlich die
Notwendigkeit letzter philosophischer Begründung mit unwider=
stehlicher Gewalt hervortritt. Man denke nur an das ruhelose
Problem des Zwecks der Strafe. Wir gehen jetzt endlich der
bringend erforderlichen Reform unseres so vielfach rückständigen
Strafrechts entgegen; aufs neue stehen die beiden großen Fragen
zur Erörterung: was für Handlungen sollen überhaupt bestraft
werden? und welcher Art sollen die zu verhängenden Strafen sein?
für die Entscheidung aber muß unausweichlich bis auf die letzte
Frage nach dem Zweck und der Rechtfertigung aller Strafe zurück=
gegangen werden. Wie sehr hier Streit herrscht, ist bekannt;
insbesondere stehen sich die ältere Ansicht, welche in der Strafe
wesentlich nur eine Vergeltung der Missetat sieht, und die neuere
gegenüber, welche ihr lediglich den Zweck zuweist, die Gesellschaft
gegen antisoziale Handlungen zu sichern. Man hat gemeint, es
sei besser, für die praktische Gesetzgebungsarbeit diese Prinzipien=
frage, die doch nie auszutragen sei, beiseite zu lassen, aber ich
meine, das wird sich als unmöglich herausstellen; je nach dem
prinzipiellen Standpunkt wird man im einzelnen über die Fest=
setzung der zu bestrafenden Handlungen wie der anzuwendenden
Strafen — wenn auch nicht notwendig immer, so doch häufig —
zu verschiedenen Ergebnissen kommen. Ohne eine klare und sichere
Stellungnahme in der Grundfrage wird man in Einzelfragen
haltlos hin und her schwanken, von Furcht und Mitleid bald
hierhin bald dorthin gezogen; ja ich meine, ein Gesetzgeber, der
hier nicht den Fels hat, auf dem er steht, müßte von dem Gefühl
seiner Verantwortlichkeit geradezu erdrückt werden.

Und nun die andere Frage: wenn der Gesetzgeber sich über den Zweck, den er mit dem Gesetz verfolgen will, klar ist, welches Mittel soll er anwenden? Das Mittel soll dem Zweck entsprechen, es soll also in bestimmter Weise auf die Wirklichkeit einwirken. Demnach handelt es sich hier überall um die Vorher= bestimmung der Wirksamkeit einer gesetzgeberischen Maßregel, und zwar gilt es ihre Wirkungen zu bestimmen nicht nur für die Personen, deren Verhältnisse zu ordnen sie unmittelbar be= rufen ist, sondern ihre Einwirkung auf alle Rechtsgenossen. Bei jedem Rechtssatz ist ja doch immer die, ich möchte sagen, er= zieherische Wirkung ins Auge zu fassen, die er übt, indem er allgemein abhaltende oder fördernde Motive zu bestimmtem Handeln setzt.

Zu jeder solchen Vorherbestimmung ist aber, wenn sie wirklich sicher sein soll, eine intime Kenntnis sämtlicher einzelnen Kausalfaktoren nötig, also aller wirklichen Verhältnisse, auf die und unter denen dieser Rechtssatz zu wirken berufen ist Und nicht nur die äußeren tatsächlichen Bedingungen sind es, von deren Erkenntnis die Vorausberechnung abhängt, sondern auch und vor allem die psychischen Verhältnisse: unwägbare Dinge sind mit zu berücksichtigen, alle die Geheimnisse, die man mit dem Worte Volksindividualität bezeichnet, kommen hier in Be= tracht; das beste Gesetz ist wirkungslos oder gar schädlich, wenn es nicht auf einen kongenialen geistigen Boden fällt. Und da muß man nun sagen: es ist vollständig ausgeschlossen, daß der Gesetzgeber jemals die in Betracht kommenden Kausalverhältnisse genau genug zu kennen vermöchte, um wirklich mit voller Sicher= heit einen Schluß über die Wirksamkeit des Gesetzes vorher zu machen. Bei der ungeheuren Verwickeltheit aller Verhältnisse kann seine Kenntnis niemals vollständig sein, soweit sie auch gehen mag, und viele Faktoren entziehen sich der Beobachtung ganz und

gar; wie die Entscheidung des Feldherrn und des Staatsmanns
ist auch die des Gesetzgebers stets nur ein im Erfolge nicht
sicher berechenbares Experiment. Intuition und Glück sind
die Eigenschaften, die über den Rest des Unbekannten forthelfen
müssen, und darum ist hier der Bereich persönlichen Könnens,
der Bereich der Kunst, die über das logische Denken hinausliegt.

Von diesem Gesichtspunkt aus ist denn nun freilich zuzugestehen, daß die Rechtswissenschaft als solche unvermögend ist,
die Gesetzgebungsaufgaben zu lösen. Denn es wird vom Gesetzgeber die Kenntnis von Tatsachen verlangt, die er als Jurist
nicht kennen kann. Sofern über die wirtschaftlichen Folgen
eines Gesetzes überhaupt eine Vorhersage möglich ist, wird sie
eher von einem Nationalökonomen als von einem Juristen gemacht werden können — man denke z. B. an die Wirkung der
Wuchergesetze; die Wirkung der Ehescheidungsordnung auf die
sittliche Gesamthaltung des Volks wird von dem Geistlichen und
vielleicht dem, der die heutigen Kulturzustände als solche studiert,
etwa einem die Wirklichkeit beobachtenden herzenskundigen
Schriftsteller eher zu beurteilen sein als von einem Juristen.

Freilich ist alle diese Arbeit auch nicht ohne den Juristen
möglich. Denn einmal: so gefährlich die historische Analogie
ist, so wenig ist sie doch entbehrlich; das ganze Material aber
historischer Erfahrungen und rechtsvergleichender Beobachtungen
aufzusuchen, zu sichten, zu ordnen ist eine theoretische Arbeit, die
juristische Bildung und Kenntnisse voraussetzt. Sodann ist es
ja doch der Jurist, der genauer als irgend ein anderer wenigstens
einen wichtigen Ausschnitt des Wirklichen kennen kann; er beobachtet nicht nur die Anschauungen und Verhältnisse des Volkes
in den Rechtssachen, die zu seiner Entscheidung kommen, sondern
auch, namentlich auf den mannigfachen Gebieten mehr ver-
waltender Tätigkeit, z. B. im Grundbuch- und Vormundschafts-

wesen, die fördernde oder abhaltende Wirkung des Gesetzes auf die gesamte Bevölkerung. Freilich wie sehr stehen wir in dieser Beziehung erst noch am Anfang einer wissenschaftlich wirklich genügenden Erfahrung! Ich will nur auf einen schmerzlich empfundenen Mangel hinweisen: wir haben jetzt zwar eine Statistik der Strafsachen, die schon wertvolle Ergebnisse zu finden gestattet hat, aber von der doch auch so unendlich wichtigen Zivilrechtsstatistik fehlt uns immer noch sozusagen auch der allererste Anfang. Wie viele Prozesse drehen sich bloß um Tatfragen, wie viele um Rechtsfragen? und bei wie vielen gar handelt es sich überhaupt nicht um einen Streit, sondern nur um Nichtzahlenkönnen oder -wollen des Beklagten? Und nun gar das feinere Detail: was für Fragen sind es, die überhaupt zum Prozesse führen? und außerhalb der Prozesse: es gibt z. B. keinen Menschen in Deutschland, der auch nur annähernd zu sagen imstande wäre, nach welchem ehelichen Güterrecht die deutschen Familien leben; es fehlt ganz an einer Statistik der Eheverträge. Und so mangelt es, wohin wir sehen, an ziffermäßigen und wirklich genauen Grundlagen. Aber gerade desto weniger ist die Mitarbeit des Juristen, der wenigstens lebendige persönliche Erfahrung besitzt, bei der Gesetzgebung zu entbehren.

Ich möchte dem Gesagten noch für das besondere Gebiet des Privatrechts einige Bemerkungen hinzufügen. Von allen Rechtsteilen ist dies der am meisten juristische in dem Sinne, daß es sich bei ihm allerdings keineswegs allein aber doch vielfach, nur um Abwägung der Interessen zwischen den beiden sich gegenüberstehenden Parteien handelt. Wenn wir eine Entscheidung des Gesetzes gerecht nennen, so heißt das: wir werten die Interessen, die das Gesetz vorzieht, höher als die anderen. Aber wie unendlich kompliziert ist diese Arbeit! Wir sind hier kaum am Anfang bewußten Denkens, meist entscheiden wir nur nach einem flüchtigen Eindruck von dem Wert der sich gegenüberstehenden Interessen, oder wir pflanzen eine überlieferte Entscheidung einfach kritiklos weiter fort. Ich nehme als Beispiel den einfachen Fall, daß die Hausfrau, die eine größere Gesellschaft geben will, sich von einer Freundin Teller leiht, und daß diese Teller bei der Entleiherin ohne jede Schuld ihrerseits durch einen unglücklichen Zufall zerbrechen: einer der geladenen Gäste bekommt etwa einen Ohnmachtsanfall, stürzt hin und wirft dabei die Teller um. Die abzuwertenden Interessen selbst sind klar: das Interesse der Verleiherin geht dahin, den Wert des zerbrochenen Porzellans erstattet zu erhalten, um neues gleich gutes kaufen zu können; das Interesse der Entleiherin hingegen ist natürlich das, nichts zu zahlen. Wenn ich hier in diesem Saal abstimmen lassen könnte, welche Entscheidung dieses Falles Sie wohl für gerecht finden, ich fürchte, ich würde einen großen Zwiespalt erleben. Unser heutiges Recht erklärt: die Entleiherin hat nichts zu bezahlen, denn weder sie noch ihre Leute tragen an dem Zerbrechen der Teller die Schuld, und wenn jemand, der verpflichtet ist, eine Sache — hier die Teller — zurückzugeben, schuldlos dazu außer stande ist, .so ist er jeder Verpflichtung ledig. Diesen Satz, daß es für die Schadenersatzpflicht nur auf die Schuld ankomme, haben wir seit nunmehr 2000 Jahren. Aber viele von Ihnen werden gewiß denken, es sei ungerecht, daß die Verleiherin, die doch ebensowenig für das Zerbrechen kann, Schaden leiden solle, um so mehr, als sie ja doch rein aus Gefälligkeit gehandelt hat. Sie sehen: so einfach der Fall ist, so zweifelhaft ist die gesetzgeberische Entscheidung. Ich selbst glaube, daß gerade in dieser Frage der Schadenshaftung die Gesetzgebung ihr letztes Wort noch nicht gesprochen hat: schon zeigen sich neue Strömungen, in denen eine andere Interessenbewertung zum Ausdruck kommt, wir gehen hier vielleicht einer andersartigen Regelung entgegen, die nicht mehr ausschließlich nach der Schuld fragt, sondern auch in gewissem Umfange darauf Gewicht legt, „auf wessen Seite" der Zufall zunächst eingetreten ist. In allen diesen Fragen muß viel mehr gearbeitet werden, als bis jetzt geschieht: hier ist ein Feld, das reichsten Ertrag verspricht; und sicher ist es gerade nur der Jurist, der diese Arbeit wirklich leisten kann, denn nur ihm steht bei dieser Interessenbewertung das genügende Vergleichungs= material zu Gebote, und er ist durch seine Tätigkeit bei der Ent= scheidung von Fällen an sie bereits gewöhnt; ja ich möchte sagen: in der Fähigkeit zu gerechter Interessenabwägung besteht ein guter Teil der spezifisch juristischen Bildung.

Ich wende mich nun der zweiten Seite der gesetzgeberischen Arbeit, der technischen Seite zu. Dabei rede ich von Technik im weitesten Sinne des Wortes, ich rechne alles dahin, was nicht den Inhalt der gesetzgeberischen Anordnung im ganzen betrifft; die Technik des Gesetzes in dem hier gemeinten Sinne verhält sich gegen seinen Inhalt gleichgültig, derart also, daß auch bei inhaltlich ganz entgegengesetzter Entscheidung doch die Technik die gleiche sein könnte.

Zuerst ist hier das ganze große Gebiet der Formulie= rungsfragen wenigstens in einigen Hauptpunkten zu berühren. Nun, daß man hier von einer Kunst zu reden hat, das liegt auf der Hand. Alle Stilistik ist Kunst. Und wie wichtig ist sie hier und wie gefährlich! Denn wenn das Gesetz einmal fertig dasteht, muß es aus sich selbst heraus ausgelegt werden; die Absichten, die den einzelnen Verfasser des Gesetzestextes bei der Wahl und Stellung seiner Worte geleitet haben, bleiben, wenn sie sich aus dem Gesetz selbst nicht ergeben, belanglos, und umgekehrt, der Text, so wie er dasteht, kann, eben weil er rein aus sich selbst heraus zu erklären ist, einen Sinn ergeben, der dann Recht ist, ohne Rücksicht darauf, ob der Verfasser des Gesetzes ihn wirklich gewollt hat oder nicht. Die kleinste Falte der Wortfügung mag zu den wichtigsten Folgerungen Anlaß geben, und aus jeder Unklarheit oder auch nur Unsicherheit der Stilisierung kann ein Heer von Prozessen erwachsen. Nur wer einmal selbst versucht hat, einen gegebenen rechtlichen Gedanken gesetzgeberisch zu formulieren, ahnt, wie schwierig die Kunst ist, die hier geübt werden soll.

Das bezieht sich schon auf den einzelnen Gesetzessatz rein für sich. Ich will also annehmen, die gesetzgeberische Entscheidung sei inhaltlich getroffen, und ich will weiter annehmen — darauf werde ich nachher noch zurückkommen —, daß auch die juristischen Begriffe, die der Gesetzgeber verwenden soll, gefunden oder geprägt sind: dann handelt es sich vor allem um die Frage: wie soll das Gesetz überhaupt sprechen? befehlend oder belehrend? Alle Rechtssätze lassen sich schließlich auf Gebote und Verbote zurückführen, aber unsere Gesetzbücher reden nicht mehr so; sie sagen z. B. nicht: „du sollst nicht morden, und ich befehle hierdurch dem Richter, die Todesstrafe zu verhängen, wenn du gemordet hast," sondern sie sagen: „Wer mordet, wird mit dem Tode bestraft"; der Form nach ist das eine Belehrung (so darf man es ausdrücken) über die rechtliche Folge des Tuns. Aber ist diese Formgebung wirklich überall die angemessene? und wie ist sie im einzelnen auszubauen?

Und was nun die stilistische Fassung des befehlenden oder belehrenden Satzes angeht: soll der Gesetzgeber volkstümliche Wendungen bevorzugen, auch wenn sie weniger scharf sind, oder soll er die logische Schärfe über die Volkstümlichkeit schätzen? soll er versuchen, möglichst kurz zu sein, selbst auf die Gefahr hin, schwerer verständlich zu werden, oder soll er der raschen Verständlichkeit die Kürze opfern? wie weit darf er zur Abkürzung des Ausdrucks mit Verweisungen von einem Satz auf den andern und — was hiermit nahe zusammenhängt — mit Fiktionen vorgehen? Ganz zu vermeiden sind Verweisungen nie, aber mit Recht wird ihr Übermaß im Bürgerlichen Gesetzbuch als das Verständnis allzu sehr erschwerend beklagt. Und schließlich, wie weit soll er, um die richtige Auslegung des Gesetzessatzes möglichst sicher zu stellen, auch den Zweck, den er mit ihm verfolgt, im Gesetz selbst ausdrücken? und wie weit soll er irrige Auffassungen durch Sätze verneinenden Inhalts abwehren?

Weitere wichtige Fragen der Formulierung ergeben sich, sobald man über den einzelnen Satz hinaussieht. Ist ja doch jeder einzelne Gesetzessatz immer Glied des Ganzen und darf er darum nicht isoliert für sich gefaßt werden, sondern stets nur im Zusammenhalt mit den anderen Rechtssätzen; wie er inhaltlich mit ihnen sich zu einem zusammenstimmenden Ganzen verbinden muß, so muß auch seine Formulierung auf die der anderen Sätze Rücksicht nehmen. Diese Forderung ist bedeutungsvoll bereits innerhalb eines einheitlichen Gesetzes; in besonderer Färbung und mit erhöhtem Anspruch auf sorgsame Beachtung tritt sie da auf, wo ein Gesetz nur als Novelle zu einem schon vorhandenen Bestande von Gesetzessätzen hinzugefügt wird.

Man bedenke ·zuerst, welches Unheil angerichtet werden kann, wenn ein Ausdruck in verschiedenen Rechtssätzen in ganz verschiedenem Sinne gebraucht wird; straffe Sicherheit der sogenannten Terminologie, also Bezeichnung gleicher Dinge durch gleiche Worte und Festhalten des gewählten Sprachgebrauchs, ist ein Haupterfordernis des Gesetzes. Und weiter, das logische Verhältnis der einzelnen Sätze zueinander muß klar sein. Es sind Regeln aufgestellt, eine Ausnahme wird hinzugefügt — wie

weit reicht sie? setzt sie für ihren besonderen Bereich alle vorher=
gehenden Regeln oder nur eine von ihm außer Kraft? oder, wenn
einem allgemeinen Satz für ein besonderes Gebiet besondere
Sätze folgen, soll dadurch die Anwendbarkeit jener ersten aus=
geschlossen sein, oder treten die besonderen zu jenen allgemeinen
nur hinzu? Unser Bürgerliches Gesetzbuch hat z. B. Rechtssätze
über die gegenseitigen Verträge aufgestellt, und dann hinterher
einzelne solche Verträge, den Kauf, die Miete, den Gesellschafts=
vertrag besonders geordnet: aber die Frage, wie weit jene all=
gemeinen Sätze doch auch bei diesen besonderen Verträgen an=
zuwenden sind, macht Schwierigkeiten genug. Und nun weiter
die Einwirkung der einzelnen Sätze aufeinander, da sie ja doch
bei einem und demselben Tatbestand gleichzeitig Anwendung
finden können, soll der Gesetzgeber diese Einwirkung klar stellen?
soll er Folgerungen ziehen oder das dem Leser überlassen? —
nur der Takt kann hier wie überall in diesen technischen Dingen
den rechten Weg finden.

Neben die Formulierungsfragen treten die mannigfaltigen,
ebenfalls wichtigen Fragen der Anordnung des Stoffes.
Nur auf eine sei namentlich hingewiesen. Unser Bürgerliches
Gesetzbuch ist nach Art eines Lehrbuchs systematisch geordnet —
es läßt sich aber auch eine Ordnung rein nach praktischen Ge=
sichtspunkten denken: das letzte Wort darüber, welche Ordnung
die bessere sei, ist noch keineswegs gesprochen. Jedes System
ist in erster Linie ein Ausdruck rein theoretischer Vorstellungen;
indem der Gesetzgeber ein System zugrunde legt, ist er immer
in der Gefahr, bloße Lehrmeinungen zu sanktionieren, die vielleicht
den in dem Gesetz enthaltenen Stoff gar nicht decken; er schafft
dann „Gesetzesinhalt ohne Gesetzeskraft" und erschwert zugleich
einer gesunden Weiterentwicklung den Weg. Sind ja doch alle
Systeme vergänglich!

Welche Form der Anordnung aber auch gewählt werde
— jedenfalls hat der Gesetzgeber immer im Auge zu behalten,
daß das Gesetzbuch nicht eine Anleitung bloß für den Juristen
sein soll, damit dieser wisse, wie er den Fall zu entscheiden
habe, sondern daß es von allen, die ihm unterworfen sind,
möglichst verstanden werden könne. Ich sage möglichst, denn
ein volles Verständnis des ganzen Gesetzbuches ist ohne ein=
dringende fachmäßige Beschäftigung mit ihm nicht zu erreichen
— wozu verlangte der Staat auch sonst von seinen Juristen
juristisches Studium? Immerhin könnte hier doch mehr getan
werden, als vielfach geschieht. Ich will nur ein Beispiel heraus=
greifen. Jemand ist zum Erben berufen; da er nicht sicher ist,
ob die Erbschaft überschuldet ist oder nicht, will er wissen, ob
er mit seinem Privatvermögen oder nur beschränkt mit der Erb=
schaft selbst haftet. Man sollte denken, hierauf müßte unser
Gesetzbuch eine klare Antwort geben; ist doch ein jeder un=
mittelbar daran interessiert, in diesem Punkte klar zu sehen. In
Wahrheit ist aber die Frage im Gesetzbuch in so verwickelter
Weise beantwortet, daß die Juristen selbst den Inhalt des
Gesetzes nur mit großer Mühe erkennen, und dem Laien
wird es schwerlich gelingen, durch Lesen des Gesetzes sich über
dessen Entscheidung klar zu werden.

Jn allen diesen Fragen nun könnte es sicherlich eine Kunst=
lehre geben: die Erfahrung lehrt, was geeignet ist; eine Ver=
gleichung der verschiedenen Gesetzgebungen in Hinsicht auf
technische Dinge würde gewiß wertvolle Ergebnisse zeitigen. Daß
die Kunstlehre der Gesetzgebung in unserer Literatur so sehr
vernachlässigt ist, erweist sich gerade hier als besonders nachteilig.

Und diese Fragen der Technik sind mit den bisher be=
rührten noch keineswegs erschöpft; im Gegenteil: das waren bis=
her doch schließlich nur Kleinfragen mehr oder minder äußerlicher

und darum gleichgültiger Art. Es gibt tieferliegende und
wichtigere Fragen, Fragen, die ich auch noch zur Technik rechne,
die aber doch in stärkerem Zusammenhang mit dem Inhalt des
Gesetzes stehen. Ich möchte versuchen, auch sie zu besprechen,
freilich in dem Bewußtsein, sie auch nicht entfernt erschöpfen zu
können, und bahne mir den Weg zu ihnen durch folgende Über=
legung.

Will man die Technik eines Gesetzes beurteilen, so muß
man auch hier wieder ein Ideal haben, an dem man messen
kann. Und dies Ideal scheint von selbst gegeben zu sein. Wenn
ich hier im Saal herumfragte, welches Gesetz wohl für das
technisch beste gehalten werde, so würde ich, wie ich glaube,
ziemlich übereinstimmend die Antwort erhalten: das Gesetz soll
für künftige mögliche Fälle Vorsorge treffen, es muß also so voll=
ständig und genau sein, daß die Entscheidung jedes künftigen
Rechtsfalls mit Sicherheit sich aus ihm entnehmen läßt. Sehen
wir zu, wie weit das richtig ist — das Bild, das die Wirklich=
keit zeigt, entspricht jenen Forderungen ganz und gar nicht.

Das Gesetz soll vollständig und genau bestimmt sein. So
nahe auch beide Forderungen zusammenhängen, so will ich doch
versuchen, sie bei der Besprechung zu trennen. Zuerst also die
Forderung der Vollständigkeit. Doch ist hier zunächst ein
Irrtum abzuwehren. Bekanntlich klagt man heute in weiten
Kreisen über die vielen Beschädigungen durch Automobile. Der
Eigentümer des Kraftfahrzeugs haftet nach geltendem Recht nur
dann für den Schadenersatz, wenn ihn ein Verschulden trifft,
wenn er etwa das Automobil schlecht gesteuert oder schlecht ver=
sorgt hat, oder wenn er bei Auswahl der Person, der er die
Lenkung anvertraut hat, nicht vorsichtig gewesen ist. Man
wünscht dem gegenüber eine weiter gehende Haftung etwa in
der Weise, wie sie für die Eisenbahnen besteht, und beklagt, daß

2*

dem heutigen Recht eine solche Haftung fehle. Hier hört man wohl den Ausdruck, das Gesetz bedürfe einer Vervollständigung nach der Seite hin, daß eben diese Haftung eingeführt werde. Aber es kann nicht zweifelhaft sein, was allein mit einem solchen Vorwurf der Unvollständigkeit gemeint ist. Das Gesetz gibt über die Haftung des Automobileigentümers eine sichere und klare Entscheidung, es verneint sie eben. Sagt man also, daß eine Bestimmung über die Haftung fehle, so meint man lediglich, daß die vorhandene Entscheidung des Gesetzes einer sachlichen Änderung bedürfe. Das ist es aber nicht, wovon hier die Rede sein soll. Vielmehr heißt die technische Forderung der Vollständigkeit nur, das Gesetz dürfe den nicht im Stiche lassen, der für eine bestimmte Lebenslage frage, was Rechtens sei. Ob die Antwort des Gesetzes sachlich zu billigen ist oder nicht, bleibt dabei also außer Betracht.

Um aber genauer den Sinn dieser Forderung zu verstehen, muß ich einen Augenblick eine theoretische Unterscheidung machen. Bei jedem Rechtssatz handelt es sich um die rechtliche Ordnung wirklicher Lebensverhältnisse, jeder Rechtssatz muß also gewisse Tatsachen nennen und dann festsetzen, welche rechtliche Behandlung bei ihnen einzutreten hat, und zwar nennt er natürlich nicht einzelne wirkliche konkrete Tatsachen und ordnet an was für sie Rechtens sei, sondern er sagt: immer, wenn Tatsachen solcher Art vorliegen, soll eine rechtliche Behandlung solcher Art eintreten. Kein Rechtssatz kann im Grunde einen anderen Inhalt haben. Und darum läßt sich sagen: jeder Rechtssatz ist notwendig zweiteilig, er enthält, um das in der Wissenschaft übliche Wort zu gebrauchen, einen Tatbestand und knüpft dann an diesen Tatbestand eine bestimmte rechtliche Folge an. Denken Sie z. B. nur an irgend einen Satz des Strafgesetzbuches: er gibt zunächst den Tatbestand des Vergehens an und be-

stimmt dann die Strafe, die bei diesem Vergehen eintreten
soll. Ebenso steht es aber auch im bürgerlichen Recht: hier
wird z. B. gesagt, wenn ein bestimmter Vertrag geschlossen
sei, dann seien die Parteien in folgender Weise verpflichtet;
wenn jemand eine herrenlose Sache finde, werde er Eigentümer;
wenn ein Vertrag gegen die guten Sitten verstoße, sei er nichtig,
und so fort.

Die Forderung der Vollständigkeit kann sich demnach so=
wohl auf die zu behandelnden Tatbestände wie auf die an=
zuordnenden Rechtswirkungen richten. Für die Tatbestände
besagt sie, es sollen alle wirklichen Lebensverhältnisse, die einer
rechtlichen Ordnung bedürfen, im Gesetz auch wirklich berück=
sichtigt sein; für die Rechtsfolge heißt sie, es solle die recht=
liche Behandlung, die einzutreten hat, nach allen Seiten hin
angegeben werden, z. B. solle der Umkreis von Berechtigungen,
die dem Eigentümer kraft seines Eigentums oder die dem Vater
gegenüber seinen Kindern kraft der elterlichen Gewalt zustehen,
vollständig genannt sein.

Hier läßt sich nun gesetzgeberisch ein doppelter Weg denken.
Der Gesetzgeber kann versuchen, seiner Aufgabe dadurch Herr
zu werden, daß er möglichst viele Gruppen und Gestaltungen
von Fällen, wie sie erfahrungsgemäß besonders wichtig werden,
nebeneinander stellt und für jede von ihnen die nötige Ent=
scheidung gibt, und ebenso, daß er den Inhalt der Rechtsstellung,
die er der Person auf Grund eines gewissen Tatbestands zu=
weist, möglichst ihren Hauptrichtungen nach, so wie sie je nach
Gestaltung des Falles hervortreten, einzeln schildert. Gesetzes=
sätze dieser Art nennt man kasuistisch, weil sie eben die einzelnen
Fälle, casus, nennen. Aber Vollständigkeit ist so nicht zu er=
reichen. Die unendliche bunte Mannigfaltigkeit des Konkreten
ist nicht vorher überschaubar, das Leben ist immer noch reicher

als die reichste Phantasie des Gesetzgebers. Es würden nach=
her im wirklichen Rechtsleben immer noch wieder neue Fall=
gestaltungen, neue praktische Inhaltsfragen herandrängen, an
die der Gesetzgeber nicht gedacht hat und für die dann die Ent=
scheidung zweifelhaft bleiben würde.

Der andere Weg ist der, so allgemein zu sein wie möglich:
der Gesetzgeber sucht eine prinzipielle Regelung zu schaffen, die
alle Einzelerscheinungen als Folgerungen in sich enthält. Diese
prinzipielle Art der Regelung kann sich wiederum einmal auf die
Rechtsstellung beziehen, die auf Grund eines bestimmten Tat=
bestandes verliehen wird: der Gesetzgeber versucht sie, ohne ein=
zelnes zu nennen, prinzipiell zu kennzeichnen; man vergleiche z. B.
gegenüber den vielfachen Einzelbestimmungen, die das preußische
Landrecht über die persönlichen Rechte und Pflichten der Ehe=
gatten gegeneinander aufstellt, die kurzen Sätze unseres Gesetz=
buchs, das lediglich die Pflicht zur ehelichen Lebensgemeinschaft
ausspricht und nur die Grenze setzt, daß das Recht nicht miß=
braucht werden dürfe. Wichtiger noch und bedeutungsvoller ist
diese prinzipielle Art der Regelung in bezug auf die zu be=
handelnden Tatbestände: der Gesetzgeber stellt die verschiedenen
Tatbestände, für die er eine und dieselbe rechtliche Entscheidung
treffen will, nicht bloß einzeln nebeneinander, sondern er versucht
den für alle diese Entscheidungen gemeinsamen Grund zu finden
und danach einen gemeinsamen Tatbestand aufzustellen, der
erschöpfend für alle denkbaren Fallgestaltungen ist. Hiervon
möchte ich noch näher sprechen; ein Beispiel wird zunächst ver=
deutlichen, was ich meine.

Jemand hat eine Sache zu liefern versprochen, aus Kauf
oder aus Schenkung, oder hat sich verpflichtet eine bestimmte
Arbeit zu machen. Aber nun kann sich, nachdem er das Ver=
sprechen abgegeben hat, alles mögliche Mißgeschick dazwischen

schieben. Die Sache verdirbt, verbrennt, wird gestohlen, die Arbeit kann nicht geleistet werden, weil der Schuldner krank wird, oder weil seine Arbeiter streiken u. s. w. Kasuistisch wäre das Gesetz, wollte der Gesetzgeber diese im Leben hauptsächlich vorkommenden Fälle hintereinander aufführen und entscheiden, wie es nun mit den Rechtsverhältnissen zwischen den Parteien in diesen Fällen werden solle. Statt dessen formt unser Gesetzbuch den einfachen Satz: der Schuldner wird durch schuldlose Unmöglichkeit der Leistung von seiner Verpflichtung frei. Das ist im Gegensatz gegen die kasuistische die prinzipielle Regelung. Selbstverständlich ist sie nur da denkbar, wo für alle durchgeprüften Fallgestaltungen auch wirklich die gleiche rechtliche Regelung als gerecht befunden ist; die Aufstellung eines gemeinsamen Tatbestandes hat nur dann Wert, wenn für alle unter ihn gehörigen Fälle wenigstens nach gewisser Richtung hin rechtlich gleiche Grundsätze gelten sollen. Jede prinzipielle Regelung ist also eine Verallgemeinerung und setzt deshalb voraus, daß bereits die übereinstimmende Entscheidung einzelner Fälle feststeht, mag der Gesetzgeber diese einzelnen Entscheidungen nun jede für sich durch Takt und Überlegung gefunden oder mag er sie fertig als Erbschaft überkommen haben. Und damit ergibt sich von selbst die Schranke, innerhalb deren allein eine prinzipielle Regelung erlaubt ist: sie muß inhaltlich gerechtfertigt sein. Wenn der Gesetzgeber diese bestimmte übereinstimmende Entscheidung gerade nur in diesen bestimmten einzelnen abgegrenzten Fallgruppen will, und zwar jedesmal aus eigenen, nur gerade für diese Fallgruppe zutreffenden Gründen, eine Ausdehnung aber auf andere Fälle, wie leicht sie sich auch mit jenen logisch zu einer höheren Einheit verbinden ließen, für nicht angemessen oder doch für bedenklich ansieht, so muß es bei den Einzelsätzen bleiben; die Kasuistik ist bei solcher Sachlage also für den Gesetzgeber geboten, mag die Wissenschaft auch daraus die Anregung entnehmen, zu prüfen, ob sich nicht doch ein gemeinsames Prinzip auffinden lasse. In diesem Sinne ist z. B. in unserem Recht kasuistisch geordnet die sogenannte Frage der Gefährdungshaftung: die Eisenbahn haftet für Körperschaden, der im Betriebe der Eisenbahn eingetreten ist, auch ohne eigne Schuld, ebenso haftet der Tierhalter für den durch das Tier ange= richteten Schaden, der Jagdberechtigte für Wildschaden, aber ein allgemeines Haftungsprinzip ist willentlich nicht aufgestellt, und jeder weiß, wie sehr jetzt um die Ausdehnung dieser Haftung auf einen einzelnen weiteren Fall, den vorher schon erwähnten Fall der Beschädigung durch Kraftfahrzeuge, gekämpft wird; die Frage, ob sich für jene Haftungsfälle überhaupt ein zusammenhaltender Gedanke finden läßt, ist wissenschaftlich noch immer offen.

Und noch auf einen anderen Punkt möchte ich hier auf= merksam machen. Man darf es als Erfahrungstatsache be= haupten, daß der Mensch den Anreiz fühlt, erkannte Einzelsätze möglichst zu verallgemeinern, um sich auf diese Weise — wirk= lich oder scheinbar — die geistige Beherrschung der Dinge zu erleichtern. Trifft dies schon bei der reinen Erkenntnistätigkeit zu, so umsomehr bei der Aufstellung von Normen, in deren Schaffung der Mensch sich ja frei weiß. Nun geht die Arbeit des Gesetzgebers häufig so vor sich, daß er sofort den ganzen Umkreis von Fällen, deren jeder einer rechtlichen Normierung bedürftig ist, überschaut, schon bevor er die Entscheidung einzelner Fälle gefunden hat. Er sieht z. B. das gesetzgeberische Problem des Irrtums sofort in seiner ganzen Breite vor sich und fragt demnach: wie soll der Irrtum bei Rechtsgeschäften behandelt werden? Seine Arbeit wird hier, da ja dem gemeinsam ge= faßten Problem keineswegs eine gemeinsame Lösung zu ent= sprechen braucht, die sein, daß er das Problem für die einzelnen

Hauptgruppen von Rechtsgeschäften, für den Kauf, die Miete
u. f. w. einzeln durchdenkt — es für alle möglichen Rechtsge=
schäfte durchzudenken ist natürlich ausgeschlossen, denn die mög=
lichen Rechtsgeschäfte sind unendlich, irgendwo muß mit der Ar=
beit immer abgebrochen werden. Findet er hier nun bei seiner
Prüfung für die einzelnen Rechtsgeschäfte übereinstimmende Ent=
scheidungen, so wird er einen allgemeinen Satz über die Be=
handlung des Irrtums bei allen Rechtsgeschäften aufstellen
dürfen. Findet er hingegen, daß für einzelne Arten der allge=
meine Satz doch besser modifiziert würde, so darf er nicht der
Einheitlichkeit und Kürze halber, so stark auch die Versuchung dazu
sein mag, eine einheitliche Entscheidung geben, sondern muß sie
besondern, also in diesem Sinne kasuistisch bleiben; die Einheit=
lichkeit der Normierung ist ja nichts an sich Erstrebenswertes.

Ich habe die Schranken aufgezeigt, die der verallge=
meinernden prinzipiellen Regelung aus sachlichen Gründen ge=
zogen sind. Innerhalb dieser Schranken sind die außerordent=
lichen Vorzüge, die sie vom Standpunkt der Technik aus gegen=
über der kasuistischen Regelung hat, unverkennbar. Sie ist kurz
und übersichtlich und läßt doch die Rechtsuchenden und Recht=
sprechenden in keinem dem Fallgebiet angehörenden Falle im
Zweifel über die rechtliche Behandlung, die einzutreten hat, und
schließt so die Unsicherheit und damit die Willkür aus, die bei
jeder kasuistischen Regelung notwendig eintritt. Denn sobald sich
bei dieser ein Fall ereignet, der nicht einzeln genannt ist, ent=
steht sofort der Zweifel, ob das Gesetz auf diesen nicht einzeln
genannten Fall analog angewandt werden müsse oder nicht, und
die Antwort auf eine solche Frage ist nie mit voller Sicherheit
zu geben, die Juristen selbst streiten oft genug darüber.

Aber die prinzipielle Regelung hat auch ihre großen Be=
denken, Bedenken formeller und auch sachlicher Art.

Zunächst die sachlichen Bedenken: sie gehen schon aus dem Gesagten hervor. Jede prinzipielle Regelung birgt eine eigentümliche Gefahr. Sie ist Verallgemeinerung, verallgemeinern aber heißt nicht bloß einen Namen finden, der die einzelnen schon bekannten Tatbestände zusammenfaßt — das wäre eine bloße Ausdrucksänderung, die, so bequem sie auch für die Abkürzung der Fassungen sein mag, doch keinen sachlichen Wert hätte —, sondern die wahre Verallgemeinerung besteht darin, daß von den einzelnen Fällen zu einem allgemeinen Tatbestand fortgeschritten wird, der, eben weil er allgemein ist, außer diesen einzelnen schon erkannten Fällen noch eine unbestimmte Zahl anderer, nicht erkannter, unter sich begreifen kann. Wenn der Gesetzgeber ein Prinzip aufstellt, so tut er das, so sehr er sich auch bemüht haben mag, das Einzelne durchzudenken, doch immer auf Grund eines nur beschränkten Erfahrungsmaterials; er muß sich also bewußt sein, daß sein Prinzip auch Fälle umfaßt, an die er einzeln nicht gedacht hat. Insofern ist jede prinzipielle Regelung notwendig ein Sprung ins Dunkle: es ist immer zu befürchten, es möchte sich noch ein Fall zeigen, der zwar unter den allgemeinen Tatbestand der Regel paßt, wegen seiner unvorhergesehenen Eigenart aber doch eine andere Regelung verdient hätte, daß also das Gesetz sich als allzu weit erweist; die kasuistische Regelung hat dem gegenüber den Vorteil, daß sie vorsichtig von Fall zu Fall mit Analogie weiter tastend der bunten Mannigfaltigkeit des Wirklichen keinen Zwang anzutun braucht. Der Gesetzgeber darf desto sicherer die Verallgemeinerung wagen, je klarer er einerseits das treibende Gerechtigkeitsmoment seiner Entscheidungen herausgestellt hat, das Moment also, durch das es sich ihm rechtfertigt, gerade diese Folge an solche Art Tatbestände zu binden, und je größer andererseits das Material von Fällen ist, für die er mit voraus=

schauender Phantasie die Tragweite des Satzes sich vergegen=
wärtigt hat. Aber immerhin bleibt es doch in weitem Maß
Sache des Taktes und des Glücks, die richtige Verallgemeinerung
zu treffen: der Gesetzgeber muß es geradezu ahnen können, bei
welcher Art von Einzelfällen die Durchführung des allgemeinen
Satzes überhaupt bedenklich sein könnte und diese darum besonders
untersuchen, ja er muß es überhaupt im Gefühl haben, ob er
die Verallgemeinerung wagen darf oder nicht. Zwischen über=
mäßiger Bedenklichkeit, die sich durch den Skrupel, daß die Ent=
scheidung in einzelnen nicht vorgestellten Fällen doch vielleicht un=
angemessen sein möchte, von der Verallgemeinerung abhalten läßt,
und leichtherziger Gleichmacherfreude muß er das rechte Maß halten:
sicherlich ist es eine hohe Kunst, deren Ausübung man hier von
dem Gesetzgeber verlangt.

Leichter wiegen die formellen Bedenken, aber auch sie ver=
dienen Beachtung. Jede kasuistische Regelung ist, eben weil sie
einzelne Fälle nennt, farbig, lebendig und darum leicht ver=
ständlich; die allgemeine Regelung hingegen entbehrt diese Vor=
züge: je allgemeiner ein Begriff, ein Satz ist, desto blasser und
blutleerer ist er; der Hörer kann sich, wie man zu sagen pflegt,
schwerer etwas dabei denken. Wie schattenhaft erscheint die
„Unmöglichkeit der Leistung" im Gesetz! Dem Nichtjuristen
muß man immer erst durch ein Beispiel, also kasuistisch zu Hilfe
kommen, um klar zu machen, was mit dem abstrakten Begriff
überhaupt gemeint sei. Und zugleich liegt, je allgemeiner das
Prinzip ist, desto mehr die Gefahr vor, daß es in seiner Be=
sonderung auf Anwendungsfälle verfehlt werde: die Allgemein=
heit ist, darauf komme ich nachher noch zurück, sehr leicht auch
Unbestimmtheit.

Diesen formellen mit jeder allgemeinen Regelung ver=
bundenen Übelständen kann der Gesetzgeber freilich auf verschie=

dene Weise abzuhelfen verfuchen: es scheint mir nicht unwichtig, darauf hinzuweisen.

Einmal findet es sich nicht selten, daß er zwar das ganze einheitlich zu regelnde Fallgebiet durch einen einheitlichen Begriff bezeichnet, zugleich aber durch Nennung einzelner Hauptfälle eine Wegweisung über den Inhalt des Begriffes und damit über die Art gibt, wie er zu besondern ist; nicht selten wird diese Art der Verdeutlichung vorteilhaft sein. Mehrfach hat unser Bürgerliches Gesetzbuch z. B. den vorher erwähnten Begriff der Unmöglichkeit durch Beispiele zu verdeutlichen gesucht; es spricht z. B. davon, der Empfänger eines Gegenstandes habe „eine wesentliche Verschlechterung, den Untergang oder die anderweitige Unmöglichkeit der Herausgabe des Gegenstandes verschuldet"; es nennt also leicht verständliche Anwendungsfälle und erweitert sie erst dann zu einem allgemeinen Begriff. In anderen Gesetzesbestimmungen bedient sich der Gesetzgeber der Nennung von Beispielsfällen sogar, um dem allgemeinen Begriff, den er nicht genügend scharf zu fassen weiß, erst die nötige Begrenzung zu geben. Unser Gesetzbuch gibt z. B. dem Besitzer einer Sache bloß deshalb, weil er die Sache tatsächlich hat, Schutz gegen eigenmächtige Besitzstörung oder Besitzentziehung; der Begriff des Besitzes ist deshalb äußerst wichtig: man muß wissen, unter welchen Voraussetzungen jemand als Besitzer anzusehen ist. Hat z. B. an den Tellern und Gerätschaften, die die Köchin in der Küche gebraucht, die Köchin oder die Herrschaft Besitz? Unser Gesetzbuch trifft hier folgende Bestimmung: „Übt jemand die tatsächliche Gewalt über eine Sache für einen anderen in dessen Haushalt oder Erwerbsgeschäft oder in einem ähnlichen Verhältnis aus, vermöge dessen er den sich auf die Sache beziehenden Weisungen des anderen Folge zu leisten hat, so ist nur der andere Besitzer." Man sieht: der Gesetzgeber fürchtete,

daß die abstrakte Fassung („ein Verhältnis, vermöge dessen der
eine den sich auf die Sache beziehenden Weisungen des anderen
Folge zu leisten hat") nicht sicher verständlich oder zu weit sei,
und nannte darum als Hauptfälle den Haushalt und das Erwerbsgeschäft: diesen Hauptfällen müssen alle anderen unter den
Tatbestand gehörigen Fälle „ähnlich" sein. Zugleich zeigt sich
aber, daß hiermit der wesentlichste Vorzug der wirklich allgemeinen Regelung vor der kasuistischen wieder aufgegeben ist:
man ist doch darauf angewiesen, jene Beispielsfälle durch Analogie zu erweitern.

Ein anderes Mittel, der allzu großen Abstraktheit der
Regelung zu entgehen, besteht darin, daß der Gesetzgeber alle
seine Sätze nicht für den gesamten abstrakten Tatbestand, sondern
zunächst nur für einen besondern Fall aufstellt und sie dann
erst durch einen Schlußsatz auf den ganzen Kreis von Fällen
ausdehnt. So hat unser Gesetzbuch z. B. eine große Reihe
von Bestimmungen für den Kauf gegeben und diese Bestimmungen dann auf alle Verträge, bei denen ein Gegenstand gegen
irgend einen Entgelt — der Kauf setzt einen Geldentgelt voraus — geliefert werden soll, für anwendbar erklärt: der allgemeine Begriff ist erst durch diese Ausdehnung gegeben. Unzweifelhaft gewinnt das Gesetz durch solche Formgebung an
Eindringlichkeit und Anschaulichkeit, insbesondere für den Nichtjuristen, und darum wird sich diese bequeme Art der Fassung
häufig empfehlen. Zu fordern ist dabei natürlich, daß als der
zu regelnde Hauptfall der gewählt werde, der am meisten vorkommt oder doch am bekanntesten ist und sich am leichtesten
darstellen läßt. Freilich kann auch hier wieder die Übertragung
der aufgestellten Grundsätze auf die weiteren Fälle, die dem
Leser selbst vorzunehmen überlassen bleibt, Zweifel und Schwierigkeiten bergen, wodurch dann der Vorteil der wirklich allgemeinen

Regelung zum guten Teil wieder verloren geht. Der Takt
des Gesetzgebers muß darum auch bei dieser technischen Frage
schließlich den Ausschlag geben.

Mag man sich nun im allgemeinen auch auf den Stand=
punkt stellen, daß der prinzipiellen Regelung vor der kasuistischen
der Vorzug zu geben sei, so schickt sich doch nicht eines für alle.
Und jedenfalls ist auch vom rein technischen Standpunkte aus
vorsichtiges Maßhalten bei der Verallgemeinerung geboten. Es
ergibt sich nämlich bei einer systematischen Ordnung der Rechts=
sätze rasch, daß es unschwer möglich ist, auch zu sehr allge=
meinen Sätzen durch noch weitere Abstraktion noch allgemeinere
zu finden — jedes Gesetz ist insofern gegenüber einer möglichen
noch höheren Abstraktion kasuistisch, gegenüber den darunter be=
griffenen Einzelentscheidungen hingegen allgemein: der ganze
Gegensatz ist insofern logisch nur ein solcher der Front, die
das Gesetz nach oben und die es nach unten hat. Aber mit
jeder weiteren Abstraktion erhöhen sich auch die Übelstände, auf
die ich hingewiesen habe. Darum ist es eine wichtige technische
Frage, an welchem Punkte auf dem Wege der Verallgemeinerung
der Gesetzgeber Halt machen soll. Ein Beispiel wird zeigen,
was ich meine. Unser Bürgerliches Gesetzbuch hat nicht nur
Bestimmungen über Kauf, Miete u. s. w., sondern auch gemeinsame
Bestimmungen über alle gegenseitigen Verträge, dann weiter
über alle Verträge überhaupt, und schließlich über alle Rechts=
geschäfte, worunter alle Verträge und alle einseitigen Rechtsge=
schäfte zusammengefaßt werden. Aber hier hat es inne ge=
halten: es wäre gewiß möglich gewesen, noch weiter zu gehen,
und für alle Arten rechtswirksamer Handlungen — und Rechts=
geschäfte sind ja nur eine Art von Handlungen — wenigstens
einige gemeinsame Vorschriften zu geben; aber unser Gesetzbuch
hat es hier wohlweislich bei einer Einzelregelung der Rechts=

geschäfte einerseits, der unerlaubten Handlungen andererseits be-
lassen und von allen sonstigen Handlungen ganz geschwiegen —
der Wissenschaft und Praxis es überlassend, hier selbst das
Rechte zu finden.

Auch hier wieder haben wir also ein Feld, auf dem sich
die technische Kunst des Gesetzgebers betätigen muß: in weitem
Umfang ist es Sache des Taktes und des Glückes, hier das
richtige Maß zu finden.

Und damit komme ich zu der zweiten Forderung: das Gesetz
solle genau oder, was dasselbe ist, bestimmt sein. Wirklich ist
diese Vorstellung, wie ich glaube, weitverbreitet: das Gesetz müsse
so genau sein, daß seine Anwendbarkeit oder Nichtanwendbarkeit
im einzelnen gegebenen Fall außer Zweifel stehe und jede Möglichkeit der Willkür darum ausgeschlossen sei. Wenn man nun
beobachtet, daß doch in ganz ähnlichen Rechtsfällen verschiedene
Gerichte zu verschiedenen Entscheidungen kommen, so wird leicht
geschlossen, daß entweder der eine Richter falsch geurteilt habe
oder daß das Gesetz technisch verfehlt sei.

Aber wie weit geht diese Vorstellung fehl!

Um sicherer festzustellen, was mit jener Forderung der Genauigkeit gemeint sei, mache ich wieder von der vorher erörterten
Unterscheidung von Tatbestand und Rechtsfolge Gebrauch. Besteht jeder Rechtssatz aus diesen beiden Teilen, so kann die
Forderung der Genauigkeit nur bedeuten: es muß einmal der
Tatbestand, d. h. der Umkreis der Fälle, den der Gesetzgeber mit
seiner Bestimmung treffen will, so genau bezeichnet sein, daß kein
Zweifel darüber entstehen kann, ob ein gewisser Fall darunter
paßt oder nicht, und andererseits muß auch die Rechtsfolge so
genau bestimmt sein, daß in jedem einzelnen Fall völlig sicher
ist, welche rechtliche Behandlung nunmehr einzutreten hat.

Indes vor allem: kann denn der Gesetzgeber auch beim

besten Willen wirklich genau sein? Wenn ein Ingenieur eine
Maschine ersonnen hat, so mag er noch so sein die einzelnen
Stücke zusammenfügen, der Erfolg ist doch davon abhängig, daß alle
Schrauben, Gewinde, Verschlüsse, Stangen und Röhren vorher
in voller Genauigkeit hergestellt seien. Und so mag auch der
Gesetzgeber die größte Feinheit des Stils beobachten, noch so
vorsichtig logisch seine Sätze zusammenfügen, er ist doch von der
Güte des Materials abhängig, mit dem er arbeitet: dieses
Material sind in Worte gefaßte Vorstellungen und Begriffe.
Wie steht es aber mit diesem Material? Der Gesetzgeber hat
es mit dem wirklichen Leben zu tun, und darum muß er not=
wendig auch die Begriffe, die das gewöhnliche Leben gebildet hat,
in seinen Rechtssätzen verwenden. Die sogenannten Begriffe in=
des, mit denen der Mensch tatsächliche Gegenstände, Vorkommnisse,
Beziehungen denkt, sind zum größten Teil nur Allgemeinvor=
stellungen mehr oder minder unbestimmten Inhalts, d. h. wir
sind zwar sicher, daß einige Dinge unter diesen Begriff fallen,
können aber ein völlig scharfes Merkmal, durch das sich der Kreis
der unter ihn gehörigen Dinge genau abgrenzen ließe, nicht an=
geben. Und wie könnte das anders sein? Sind doch die Dinge
der Wirklichkeit nicht durch strenge Schranken reinlich voneinander
getrennt, sondern durch unmerkliche Übergänge miteinander ver=
bunden. Wo ist die Grenze, von der ab man bei anomalen
psychischen Zuständen von Krankheit reden kann? ein wirklich·
festes Merkmal der Unterscheidung zu finden, wird nie gelingen,
man müht sich an dieser Quadratur des Zirkels umsonst ab.
Oder, um ein viel einfacheres Beispiel zu nehmen: in unserem
Strafgesetzbuche wird der Raub härter bestraft, wenn der Täter
bei Begehung der Tat Waffen bei sich geführt hat. Ich bin
überzeugt, jeder, den man fragt: Wissen Sie, was eine Waffe
ist? würde das als selbstverständlich bejahen. Weiß er es aber

wirklich? Man denkt bei Waffen an Säbel und Gewehr, an Dolch und Degen, weiter jedoch reicht die Sicherheit des Begriffes nicht. Wie steht es mit dem Taschenmesser oder mit einem Stock? Wie groß muß der Stock sein, um noch als Waffe angesehen werden zu können? Ich habe dieses Beispiel gewählt, weil es sich mir aus einem wirklichen Vorkommnisse unauslöschlich eingeprägt hat. Es war in der Zeit meiner ersten praktischen Beschäftigung in Stettin. Eine der ersten Straffachen, deren Untersuchung und Verhandlung ich beizuwohnen hatte, war die, daß ein Mensch draußen vor der Stadt einem Schulkind das Frühstücksgeld abgenommen hatte; dabei hatte er einen Stock mit sich geführt. Der Stock lag auf dem Gerichtstisch. Es wurde lebhaft darüber gestritten, ob dieser Stock eine Waffe sei. Da zum erstenmal wurde mir klar, wie unfertig all das Material ist, mit dem der Gesetzgeber doch bauen muß, wie unbestimmt schließlich und ungenau alle seine Begriffe sind. Keine Kunst des Gesetzgebers kann hier Wandel schaffen, keine Mühe die Ungenauigkeit ganz bannen; auch wenn, wie es in englischen Gesetzen so viel geschieht, dem gebrauchten Worte eine Definition hinzugefügt wird — jede Definition geschieht doch auch wieder mit Worten, die Begriffe bezeichnen sollen, und jeder dieser Begriffe ist an sich wieder unbestimmt. Gewiß ist es eine der wichtigsten Anforderungen an den Gesetzgeber, daß er seine Begriffe so klar wie möglich denke und so eindeutig wie möglich bezeichne. Aber dieses Ideal ist nicht erfüllbar, man darf nicht zu viel verlangen. Indes ich will diesen Gegenstand, der allein eines eigenen Vortrages wert und bedürftig wäre, hier verlassen.

Denn es gibt hier noch ein Größeres und Bedeutungsvolleres. Ich sprach davon, daß der Gesetzgeber auch beim besten Willen nicht völlig genau sein kann. Aber will und soll er es denn wirklich sein? Ist die absolute Genauigkeit, wie sie sich mit der

Verwendung insbesondere mathematischer Begriffe erreichen ließe, wirklich ein erstrebenswertes Ideal? Das lassen Sie mich in Kürze noch erörtern.

Jedes Gesetz, so sahen wir, soll, wie weit oder wie eng auch sein Tatbestand gefaßt sei, doch jedenfalls allgemein sein, das heißt für eine unbestimmte Menge möglicher künftiger Fälle eine einheitliche Anwendung geben. Nun ist aber kein Fall dem anderen völlig gleich, jeder unterscheidet sich von dem anderen immer noch durch Nebenumstände. Und die höchste Gerechtigkeit besteht doch darin, daß jedes einzelne indivi= duelle Moment des Falles, wenn es Berücksichtigung verdient, auch wirklich bei der Entscheidung berücksichtigt werde; man wird deshalb leicht gewillt sein, das Gesetz das billigste und beste zu nennen, das die Möglichkeit läßt, bei der Entscheidung des kon= kreten Falles seiner Eigenart vollkommen Rechnung zu tragen. Damit scheint sich eine eigentümliche Schwierigkeit zu ergeben: wie läßt sich mit jener Allgemeinheit des Gesetzes diese Forderung der Rücksichtnahme auf die konkreten Umstände vereinigen? Sind diese Umstände doch so vielfach und mannigfaltig, daß sie nie im Vorhinein überschaubar sind; mag das Gesetz auch noch so kasuistisch die Rechtsfolge für verschiedenartige Umstände ver= schieden gestalten, es könnte damit nie zu Ende kommen: inner= halb jeder kasuistisch gefaßten Fallgruppe würden die konkreten Fälle sich doch noch wieder durch neue Umstände unterscheiden, die das Gesetz nicht genannt hätte.

In der Tat: hat das Gesetz den Tatbestand und die Rechtsfolge wirklich genau und fest bestimmt, so muß notwendig die Entscheidung für alle Fälle, so verschieden sie in ihren Neben= umständen auch voneinander sein mögen, doch die gleiche sein. Und viele Gesetze sind von dieser Art. Will der Gesetzgeber hingegen der Berücksichtigung der konkreten Umstände des Falles

Raum lassen, so kann er das nur tun, indem er die Genauig=
keit und feste Bestimmtheit des Gesetzes preisgibt: einmal kann
er den Tatbestand so unbestimmt formulieren, daß bei der
Frage, ob ein konkreter Fall überhaupt unter dieses Gesetz ge=
höre, immer erst noch die besonderen Umstände in Betracht ge=
zogen werden müssen; und zweitens kann er auch die Rechts=
folge so unbestimmt lassen, daß sie sich den konkreten Umständen
des Falles ganz anschmiegen kann. Der Gegensatz, den aufzu=
fassen vielleicht einen Augenblick schwierig erscheint, wird sofort
durch Beispiele klar werden, und zwar läßt sich der Unterschied
der genau bestimmten und der unbestimmten Rechtssätze am
besten darlegen, wenn ich zunächst nur an die Bestimmung der
Rechtsfolge denke.

Jemand ist des Mordes angeklagt. Die Geschworenen
haben ihren Wahrspruch dahin verkündet, daß der Angeklagte
schuldig sei. Die Richter haben nunmehr die Strafe festzusetzen,
aber sie brauchen darüber gar nicht weiter zu beraten, das Gesetz
kennt nur eine Strafe, die Todesstrafe, wie verschieden auch die
Umstände des Falles sein mögen; die Rechtsfolge ist hier also
immer eine und dieselbe. Und doch, wie unendlich verschieden=
artig können die Umstände des Falles sein und wieviel schwerer
mag uns die Schuld in dem einen Falle erscheinen als in
einem andern! Im Gegensatz dazu nehmen Sie den Diebstahl.
Hier heißt es im Strafgesetzbuch, der Täter sei mit Gefängnis
zu bestrafen, d. h. mit Gefängnis von einem Tage bis zu fünf
Jahren: das sind mithin nicht weniger als 1826 verschiedene
Strafmöglichkeiten. Unter ihnen gibt das Gesetz dem Richter
die Wahl. Der Gesetzgeber findet also: für den Diebstahl ist
jedenfalls die Straffolge des Gefängnisses, d. h. eine dieser
1826 Strafen gerecht; welche von ihnen gerecht ist, das soll
von den konkreten unendlich verschiedenen Umständen des Falles

abhängen. Was das aber für Umstände sein sollen, die der
Richter für die Strafzumessung in Betracht zu ziehen habe,
das sagt das Gesetz nicht, weil eben die konkreten Umstände zu
vielgestaltig sind, um sich einer Unterordnung unter erschöpfende
Gesichtspunkte zu fügen: das Gesetz ist also absichtlich unbe=
stimmt und insoweit ungenau gelassen, um dadurch die gerechte
Entscheidung des Einzelfalls zu ermöglichen. In anderen Ge=
setzen finden wir sogar mehrere Arten der Strafe zur Auswahl
des Richters nebeneinander gestellt, z. B. Haft= und Geldstrafe;
ja es hat in Deutschland Strafgesetze genug gegeben, die die
Art der Strafe ganz unbestimmt ließen, also nur anordneten,
daß überhaupt eine Strafe eintreten solle, derart, daß dem
Richter zwischen allen möglichen Strafarten die Wahl blieb.

Aber auch das bürgerliche Recht kennt solche Rechtssätze.
Es gehört dahin z. B. die Bestimmung, daß bei Körperverletzung
oder Freiheitsentziehung der Verletzte auch wegen des Schadens,
der nicht Vermögensschade ist, eine billige Entschädigung in
Geld verlangen kann. Daß diese Entschädigung eine billige sein
soll, so hoch sie auch sein mag, bedeutet nichts, als daß der
Richter bei Festsetzung der Entschädigungssumme auf alle mög=
lichen, im einzelnen nicht aufzählbaren Umstände Rücksicht nehmen
soll. Nicht anders steht es, wenn das Gesetzbuch allgemein sagt,
der Schuldner sei bei allen Schuldverhältnissen verpflichtet, die
Leistung so zu bewirken, wie Treu und Glauben mit Rücksicht
auf die Verkehrssitte es erfordern. Auch dies bedeutet, daß der
Inhalt der Verpflichtung im einzelnen sich erst je nach der
Gestaltung der konkreten Umstände des Falles bestimmen soll.
Z. B. der Mieter eines möblierten Zimmers kommt mit dem
Vermieter in Streit über das Offenhalten und Schließen der
Haustür, über die Beleuchtung der Treppe, über die Art, wie
das Zimmer gereinigt werden soll u. s. w.: in jedem einzelnen Fall

follen die Umstände über die nähere Gestaltung der Verpflichtun=
gen entscheidend sein. Oder das Gesetz legt den Eltern die
Verpflichtung auf, der sich verheiratenden Tochter eine ange=
messene Aussteuer zu gewähren: auch hier ist die Rechtsfolge
nur allgemein angeordnet und muß erst innerhalb dieses Rah=
mens von Fall zu Fall je nach seinen konkreten Umständen
besondert werden. Daß die Aussteuer „angemessen“ sein soll,
bedeutet hier nichts anderes als in dem früher erwähnten Beispiel
die Forderung, daß die Entschädigung „billig“ sei.

Es ist von Wert sich zu überzeugen, daß diese Sätze des
bürgerlichen Rechts in der Beziehung, von der hier die Rede
ist, jenen Strafrechtssätzen wesensgleich sind. Wenn der Straf=
rechtssatz lautet, Diebstahl solle mit Gefängnis bestraft werden,
so bedeutet das ebenfalls, obwohl es nicht besonders gesagt ist,
der Staat sei berechtigt und verpflichtet, den Dieb mit einer
den Umständen des Falles nach angemessenen Gefängnisstrafe
zu bestrafen. Daß die Höhe dieser Strafe in jedem Einzelfall,
auch wenn der Täter sie freiwillig auf sich nehmen wollte, erst
noch von dem Richter festgesetzt werden muß, während bei der
Entschädigung für immateriellen Schaden, bei der Ausgestaltung
des Mietverhältnisses, bei der Aussteuer die Parteien selbst
die Festsetzung des näheren Inhalts der Rechtsfolge vornehmen
können, ist kein inhaltlicher Unterschied: einigen sich die Parteien
nicht, so muß auch hier überall das Ermessen des Richters er=
gänzend eintreten.

Der gleiche Gegensatz zwischen möglichst genau bestimm=
ter und geflissentlich unbestimmt gelassener, also insoweil un=
genauer Formulierung findet sich aber auch da, wo die Rechts=
folge ganz genau und fest bestimmt ist: er liegt dann lediglich
in der Art, wie der Tatbestand aufgestellt ist. Je straffer eine
Tatbestandsformulierung ist, desto sicherer ist vorherbestimmt,

welche Fälle unter diesen Tatbestand gehören, welche nicht. Die
Gerechtigkeit aber fordert vielleicht ein anderes. Denn, wie
schon gesagt, jeder Fall unterscheidet sich von allen anderen durch
seine eigenartigen besonderen Umstände, jeder Fall ist einzigartig,
möglich daher, daß für ein und dasselbe Faktum je nach den
besonderen Nebenumständen diese bestimmte vom Gesetzgeber ge=
wollte Folge bald gerecht wäre, bald nicht, während es doch
unmöglich ist, im Gesetz, mag es auch noch so kasuistisch gefaßt
sein, diese unübersehbare Fülle möglicher konkreter Umstände
eben ihrer Unübersehbarkeit halber zu nennen. Liegt die Sache
so, dann steht der Gesetzgeber vor der Wahl: entweder nennt
er im Gesetz ein möglichst festes Merkmal und erklärt alle jene
wechselnden Umstände, durch welche sich die Einzelfälle von=
einander unterscheiden, für unerheblich — das Gesetz ist dann
zwar genau und bestimmt, aber auf Kosten der Gerechtigkeit.
Oder er wählt absichtlich zur Formulierung des Tatbestandes
einen Begriff, der so allgemein ist, daß er erst von Fall zu Fall
durch die im Gesetz nicht genannten konkreten Umstände seinen
vollen Inhalt erhält, so daß also erst unter Würdigung aller
konkreten Umstände, obwohl das Gesetz diese nicht nennt, ent=
schieden werden kann, ob die Rechtsfolge überhaupt eintreten
soll oder nicht: hier ist das Gesetz gerecht, aber auf Kosten der
Genauigkeit.

Ich will zur Kennzeichnung dieses Gegensatzes zwischen be=
stimmten und unbestimmten Tatbestandsformulierungen nur ein
paar charakteristische Beispiele herausgreifen. Das Handelsgesetz=
buch erklärt als einen wichtigen Grund, der den Prinzipal zur
Kündigung gegenüber dem Handlungsgehilfen berechtige, die Tat=
sache, daß eine längere Freiheitsstrafe über ihn verhängt sei.
Aber wie lang muß die Freiheitsstrafe sein? Darüber sagt es
nichts, es will offenbar der Berücksichtigung der konkreten Um=

stände des Falles freien Raum lassen, und begrenzt darum den
Kreis der Fälle, die getroffen werden sollen, nicht genau. In
demselben Gesetzbuchsparagraphen ist charakteristischerweise als
Kündigungsgrund auch dieser genannt, daß der Gehilfe zu einer
längeren militärischen Dienstleistung eingezogen ist; hier ist indes in Abschneidung alter Streitigkeiten eine ziffermäßige Grenze
gesetzt: die Dienstleistung muß, um einen Kündigungsgrund
abzugeben, acht Wochen übersteigen. In anderen Gesetzen ist
davon die Rede, daß eine weite Reise zu machen sei — wie
weit muß die Reise sein? Mir erschien die Reise von Bonn
hierher, da es mir sehr erwünscht war, einmal vor einem größeren
Zuhörerkreis über die Kunst der Gesetzgebung zu sprechen, nicht
weit, andere sehen schon in der Reise nach der nächsten Stadt
ein großes Unternehmen, und wiederum: Hamburger Freunde
würden lächeln, wenn man eine Reise nach den Vereinigten
Staaten als weite Reise für sie bezeichnen wollte. Oder es ist
die Rede davon, es dürften keine unverhältnismäßig großen Kosten
entstehen, es dürfe sich nicht um eine geringfügige Angelegenheit
handeln u. dergl. Alle Gesetzbücher der Welt sind solcher un-
genauen Tatbestandsbegriffe voll, die erst aus den konkreten Umständen des Einzelfalles heraus mit Leben zu erfüllen sind.

Etwas anders zeigt sich der Gegensatz in folgendem Beispiel. Unser Gesetzbuch schützt alle Personen unter 21 Jahren
gegen Vermögensverluste dadurch, daß es ihnen, wenn sie nicht
unter elterlicher Gewalt stehen, einen Vormund setzen läßt und
die Zustimmung der Eltern oder des Vormundes erfordert, sobald
sie sich verpflichten oder etwas veräußern wollen. Der zugrunde
liegende gesetzgeberische Gedanke ist natürlich der, daß einer
jugendlichen Person volle Geschäftskenntnis fehle und daß sie
eben gegen diese Geschäftsunkenntnis zu schützen sei. Aber das
Gesetz verwandelt dieses unbestimmte Merkmal der Jugendlichkeit

und Geschäftsunkenntnis in das ganz bestimmte, wenn jemand noch nicht 21 Jahre alt sei; der Kreis der Personen, denen der Schutz des Gesetzes zuteil wird, ist demnach vollkommen bestimmt: im Einzelfalle kann, sobald nur das Alter des Handelnden feststeht, gar nicht mehr in Frage kommen, ob der Fall unter das Gesetz paßt oder nicht. Freilich ist hier zugleich anstatt des eigentlich rechtfertigenden Moments (geistige Unreife) ein mehr äußerliches gesetzt: auch der gerissenste Bursche, wenn er nur noch nicht 21 Jahre alt ist, genießt den Schutz des Gesetzes, ein anderer hingegen, der mit 21 Jahren noch völlig weltunkundig und geistig wenig entwickelt ist, genießt ihn nicht. Demgegenüber sehe man die Bestimmung über Geistesschwäche an: dem Geistesschwachen, wie ihn das Bürgerliche Gesetzbuch nennt, wird der Schutz des Gesetzes nur zuteil, wenn er wegen seiner Geistesschwäche seine Angelegenheiten nicht zu besorgen vermag; dann kann er entmündigt werden, aber er muß es nicht. Wie unbestimmt ist dieser Ausdruck! Er läßt der Berücksichtigung aller konkreten Momente freien Raum und erfordert erst noch die Abwertung des ganzen Falles in allen seinen Eigentümlichkeiten.

Derartige Würdigungsbegriffe gibt es Tausende in dem Gesetz. Stets dienen sie dem Zweck, dem Einzelfall gerecht werden zu können. Ja, manchmal macht das Gesetzbuch ohne weitere Erklärungen seine Anwendbarkeit schlechthin von den „Umständen" abhängig, z. B. es befiehlt eine andere mildere Strafe zu verhängen, wenn mildernde Umstände vorhanden sind oder wenn der Fall ein besonders leichter ist. Oder, um auch hier ein Beispiel des bürgerlichen Rechts zu nennen: unser Gesetzbuch knüpft eine bestimmte rechtliche Folge so und so oft daran, daß eine den Umständen nach angemessene Frist vergangen sei. Was aber angemessen ist und auf welche Umstände es bei der Beurteilung der Angemessenheit ankomme, das sagt es nicht.

Der Trost, es verweise auf die Anschauung des Verkehrs über die Angemessenheit der Frist, wie es in zahllosen anderen Fällen ebenfalls Begriffe gebrauche, die ihren Inhalt aus der Auffassung des Verkehrs entnehmen sollen, hilft nicht weiter. Denn auch die Verkehrsanschauung hat keine festen Merkmale, um zu bestimmen, was angemessen ist, sondern erfüllt diesen Begriff eben erst von Fall zu Fall mit vollem Inhalte.

Aber genug der Beispiele. Die entscheidenden Züge des Bildes, das ich zeichnen wollte, treten, wie ich hoffe, bereits deutlich zutage. Ich habe Rechtssätze nebeneinander gestellt, bei denen der Gesetzgeber alle Zweifel abschneidet und ein festes Merkmal setzt, so daß in jedem Falle klar ist, ob die im Gesetz genannte Rechtsfolge überhaupt eintreten soll und wie im einzelnen ihr Maß und Inhalt ist, und andere, bei denen er durch die Formulierung des Tatbestandes und die Weite der angeordneten Rechtsfolge Raum dazu läßt, den unvorhersehbaren Eigentümlichkeiten jedes einzelnen konkreten Falles gerecht zu werden. So und so oft ist ja nun diese letztere Art der Gesetze die einzig mögliche. Der Gesetzgeber muß zu einer solchen Art von Regelung greifen, wenn das Gesetz seinen Zweck nicht eben ganz verfehlen soll. Z. B. wird es nie möglich sein, ohne einen solchen Satz, daß der Schuldner seine Verpflichtung nach Treu und Glauben zu erfüllen habe, auszukommen; ebenso wenig ist es möglich, eine ziffermäßige Bestimmung über die Höhe des immateriellen Schadens zu finden. Bei einer Reihe von anderen Fällen aber hat der Gesetzgeber die Wahl, ob er feste Rechtsfolgen an einen festen Tatbestand binden, oder ob er auf die konkreten Umstände des Falles abstellen will, beide Wege stehen ihm offen. Ich glaube nun, man kann beobachten, daß diese letztere Art der Gesetze von einer immer noch wachsenden Strömung des öffentlichen Urteils oder doch des Urteils der

Juristen begünstigt wird. Viele genauere Formulierungen des früheren Rechts werden jetzt zu Gunsten unbestimmter aufgegeben.

Und die ungeheuren Vorzüge dieser Art von Rechtssätzen lassen sich auch gar nicht verkennen, ich habe schon fortgesetzt darauf hingewiesen. Unter Vermeidung aller Kasuistik ermöglichen es derartige Sätze, jeden Einzelfall individualisierend zu behandeln und damit der Forderung der höchsten Gerechtigkeit Genüge zu tun, das suum cuique zur Wahrheit zu machen. Aber diesen unleugbaren Vorzügen stehen auch schwere Nachteile gegenüber. Aus den Lobeshymnen mancher Juristen sollte man schließen, daß eigentlich jedes Gesetz dahin streben müsse, eine derartige Freiheit des Ermessens aller Einzelumstände zu gewähren. Aber dann brauchten wir ja überhaupt für die gesamte Rechtsordnung nur noch die eine Bestimmung: „In jedem Falle soll die angemessene rechtliche Behandlung eintreten, und wenn die Parteien streiten, was angemessen ist, soll der Richter entscheiden." Das wäre ja nun wirklich eine große Vereinfachung: sämtliche Gesetzbücher bestünden dann nur noch aus diesem einzigen Paragraphen! Natürlich will niemand so weit gehen, das heißt also: es muß ein Mittelweg eingeschlagen werden, und darum ist es doch wohl nötig, jener Anschauung gegenüber auch einmal auf die Kehrseite der Medaille hinzuweisen. Jene Gesetze haben auch Nachteile, Nachteile für die Rechtssuchenden wie für die Rechtsprechenden. Ich stelle die Nachteile für das rechtsuchende Publikum in den Vordergrund. Die Juristen sind leicht in der Versuchung bei der Beurteilung der Gesetze allzu sehr an ihre Handhabung durch den Richter zu denken. In erster Linie ist das Recht aber doch nicht der Richter, sondern des Publikums halber da, und darum sind seine Interessen zuerst zu wahren.

Nun richten sich alle Gesetze an den Willen des Menschen. Er soll aus ihnen erfahren, was erlaubt und was verboten ist,

er soll wissen, was er zu tun hat, um seine Zwecke auf dem
Gebiete des Rechts zu erreichen und unliebsame Folgen hint-
anzuhalten, er soll das Maß seiner Rechte und Verpflichtungen
kennen, seiner Rechte, um sie richtig gebrauchen, seiner Verpflichtungen, um sie richtig erfüllen zu können. Je unbestimmter
nun das Gesetz nach der einen oder der anderen Richtung hin
ist, nach der Seite des Tatbestandes oder nach der der Rechts-
wirkung hin, desto leichter wird es seinen Zweck, Richtschnur
für das Verhalten des einzelnen zu sein, verfehlen. Ist der
sachliche Anwendungsbereich der Verbote, die das Recht setzt,
nicht sicher, so weiß der einzelne nicht mehr, was tun und lassen,
und er verstrickt sich leicht in peinliche Folgen, in Schadensersatzpflicht und Strafe, ohne das vorher ahnen zu können. Und
ebenso macht es ihm im bürgerlichen Verkehrsrecht die Unbestimmtheit der Rechtssätze unmöglich, mit Sicherheit seine Interessen zu verfolgen und seine Zwecke zu erreichen: da er die
rechtlichen Wirkungen für die Zukunft nicht mit Gewißheit voraus-
berechnen kann, wird er leicht gehindert sein, die rechten Maßnahmen zu treffen.

Damit hängt unmittelbar zusammen, daß jede Unbestimmtheit des Gesetzes die Gefahr eines Streits zwischen den Parteien
nahe bringt; ja, manche Rechtssätze scheinen den Parteien geradezu den Rat zu geben: streitet euch doch, ich gebe jedem von euch
ja die beste Handhabe dazu. Der Prozeß aber ist immer ein
Krankheitsfall, der möglichst verhütet werden sollte. Und das
gelingt um so mehr, je klarer und genauer der Rechtssatz ist:
wenn der Finderlohn auf 5% des Wertes der gefundenen Sache
gesetzlich bestimmt ist, so wird doch offenbar viel weniger Anlaß
zu Streit zwischen den Parteien sein, als wenn seine Höhe nach
billigem Ermessen bestimmt werden soll, und ebenso steht es,
wenn das Gesetz bei einer irgendwie erforderten Frist genau ihre

Länge zeichnet und nicht bloß von einer „angemessenen" Frist spricht.

Und jene Ungewißheit setzt sich fort, sobald der Streit einmal vor den Richter kommt: es läßt sich nicht vorher bestimmen, wie der Richter entscheiden, welches Maß der Rechtsfolge er festsetzen wird. Leicht wird hier in dem Rechtsuchenden das Gefühl erwachsen, daß der Richter nach unkontrollierbarer Willkür mit ihm verfahren könne und verfahre. Damit aber sinkt die Achtung vor der Justiz, und das Gefühl der Unsicherheit erzeugt Erbitterung gegen den, der die Macht hat. Ich fürchte, diese Stimmung ist weiter verbreitet, als man zunächst annehmen möchte. In Wahrheit hält aber der Rechtsuchende hier für Willkür, was doch nur die unausbleibliche Verschiedenheit der Auffassung des Konkreten ist. Denn notwendig wird auch bei dem besten Willen die Wertung der Umstände seitens des einen Richters anders ausfallen als seitens des anderen. Und dies trifft im bürgerlichen Recht ebenso wie im Strafrecht zu; wenn ich im folgenden nur vom Strafrecht rede, so tue ich das, weil die Übelstände hier sichtbarer und die Beispiele leichter faßlich sind. Die Gerechtigkeit verlangt die gleiche Behandlung des in seinen entscheidenden Momenten gleichen: aber wer hat es nicht schon erlebt, daß das eine Mal ein Fall unter die Härte des Gesetzes gestellt und beispielsweise als Hausfriedensbruch, als Urkundenfälschung angesehen wird, während in einem wesentlich gleichen Fall ein anderes Mal nur eine harmlose, strafrechtlich nicht zu ahndende Unordnung erblickt wird; und wer wüßte es nicht, wie sehr es von Zufällen abhängt, ob — bei im übrigen gleichgelagerten Fällen — 8 Tage oder 1 Monat Gefängnis verhängt werden? Der eine Richter ist energischer, der andere weicher; die Auffassung von dem sozialen Zweck und Wert der Strafe bewegt den einen härter vorzugehen, den anderen

milder; Momente, die mit der Schwere des Verschuldens in
keinem Zusammenhang stehen — z. B. die Tatsache, daß
mehrere Male eine Art von Vergehen rasch hintereinander vorgekommen ist — bringen ihn dazu, „ein Exempel zu sta-
tuieren", während Tags vorher derselbe Fall noch ganz wesentlich milder beurteilt ist. Ja es liegt nicht der mindeste Vorwurf darin, wenn man sagt, daß auch rein persönliche Stimmungen des Richters ihn heute eine Sache anders ansehen lassen
als er sie gestern angesehen haben würde. Und nun denke man
gar erst an den Zufall, welche Laien im Schöffengericht mit sitzen:
diesen fehlt ja sogar die Erfahrung über die sonst festgehaltene
Auffassung solcher Tatbestände und die in der Regel gewählten
Strafmaße. Und gerade was diese betrifft: die viel beklagte und nie
genug zu beklagende, dem ganzen Ansehen der Strafrechtsprechung
höchst schädliche Erscheinung —, ich spreche hier allerdings nicht
vom Königreich Sachsen — daß der Staatsanwalt häufig eine
viel höhere Strafe beantragt, als nachher wirklich zugebilligt
wird, beweist doch schon, wie schwer es bei einer Weite des
richterlichen Strafrahmens ist, Gerechtigkeit zu üben. Denn man
darf doch nicht annehmen, daß der Staatsanwalt nur deshalb
eine höhere Strafe beantragt, weil er möglichst viel an Strafe
herausschlagen will und doch weiß, daß das Gericht seine volle
Strafforderung nicht befriedigt. Wenn der Staatsanwalt eine
bestimmte Strafe beantragt, so sagt er damit in amtlich feier-
licher Weise, daß seinem besten Wissen und Gewissen nach die
Strafe in dieser Höhe gerecht sei — wie soll das Publikum es
sich nun zurechtreimen, wenn beinahe gewohnheitsmäßig das
andere Organ staatlicher Gerechtigkeit, nämlich das Gericht, unter
jener Forderung weit zurückbleibt? Ich halte das für einen
tiefen und unheilvollen Schaden, unter dem das Vertrauen des
Publikums in die Rechtspflege schwer leidet. Ob hier eine

Schuld und auf wessen Seite sie vorliegt, will ich nicht ent=
scheiden. Vermeiden läßt sich — das gab ich vorher schon zu —
eine Verschiedenheit der sachlichen Auffassung zwischen Staats=
anwalt und Gericht auch beim besten Willen nicht ganz, aber
sie müßte doch schließlich nur ein Ausnahmefall sein; geholfen
wäre vielleicht schon, wenn das Gericht verpflichtet wäre, in der
Entscheidung mitzuteilen, welches Strafmaß der Staatsanwalt
beantragt und welche Gründe er dafür geltend gemacht hat, und
dann die etwaige Abweichung von dem beantragten Strafmaß
unter Würdigung der Gründe des Staatsanwalts im einzelnen
zu rechtfertigen.

Die Unbestimmtheit des Gesetzes hat aber auch für den
Richter selbst ihr Mißliches. Will er jeden einzelnen Fall einzeln
wirklich prüfen, so bedarf er eines ganz außerordentlichen Zeit=
aufwandes, und die Gefahr der Geschäftsüberlastung liegt nahe.
Man darf sogar sagen: unter den heutigen Verhältnissen ist
die Anforderung, der Richter möge alle Umstände, die bei der
Entscheidung, insbesondere auch bei der Abmessung der Rechts=
folge wirklich in Betracht gezogen zu werden verdienen, seiner
Prüfung unterwerfen, überhaupt nicht zu erfüllen, nicht einmal
annähernd, und so wird sich der Richter vielfach mit einer ziemlich
schematischen Nachahmung früherer, dem rasch gewonnenen An=
schein nach ähnlicher Fälle begnügen, wodurch der ganze Zweck
der Unbestimmtheit des Gesetzes wieder vereitelt wird.

Die Versuchung für den Gesetzgeber liegt ja freilich nahe,
einer schwierigen gesetzgeberischen Frage, die eine individu=
alisierende Antwort erheischt, dadurch aus dem Wege zu gehen,
daß er einfach auf das Ermessen, in letzter Linie auf das des
Richters, abstellt: er spart sich jedes weitere Verfolgen der Frage
in ihre konkreten Gestaltungen hinein, „und weist die größere
Hälfte seiner Schuld den unglückseligen" Richtern zu. Er teilt

also seine gesetzgeberische Tätigkeit mit diesen, dankt zu Gunsten
ihrer insoweit ab. Die theoretische Durchdenkung des Materials,
die ihm obläge, überläßt er jenen — denn selbstverständlich darf
der Richter auch nicht nach reinem Gefühl urteilen, sondern soll
sich die Umstände klar machen, welche ihn zur Entscheidung nach
dieser oder jener Seite hin bewegen; das heißt aber: der Richter
soll ebenfalls nach von ihm ad hoc gefundenen allgemeineren
Sätzen urteilen; erfordert ja doch die Wertung eines einzelnen
konkreten Umstandes immer eine allgemeine Vorstellung über
den Wert eines solchen Umstandes. Die übliche Redensart,
die Entscheidung einer Frage werde der Wissenschaft und Praxis
überlassen, enthält nicht selten das Eingeständnis, daß dem Gesetz=
geber die Kraft versagt.

Und damit komme ich zu dem Ergebnis: der Gesetzgeber
soll in jedem Falle, wo ihm überhaupt die Wahl bleibt, vor=
sichtig erwägen, welchen technischen Weg er zu gehen habe, ob
er also für das Eintreten oder das Maß der Rechtsfolgen ein
festes Moment entscheidend sein lassen oder ob er auf die Um=
stände verweisen soll, und wenn das letztere ihm notwendig
erscheint, ob es nicht vorteilhaft ist, die Unbestimmtheit wenigstens
in engere Grenzen einzuschließen. Insbesondere, wo er nicht
ein= für allemal bestimmte Rechtsfolgen setzt, sondern ihr Maß
von den Umständen abhängig sein läßt, muß er mit sich zu
Rate gehen, ob er nicht durch stärkere Zergliederung der Tat=
bestände eine gewisse Individualisierung der Rechtsfolge schaffen
kann. Und überall, wo er auf die Umstände im Tatbestande hin=
weist, wird er sich fragen müssen, ob er nicht wenigstens einige
solcher Umstände als Beispiele nennen und dadurch eine gewisse
Wegweisung für die Besonderung des Gesetzes geben soll.
Wiederum ist es eine Sache des Taktes für den Gesetzgeber,
die richtige Mitte zwischen allzu starrer Festigkeit und allzu

weiter Unbestimmtheit des Gesetzes zu finden, ja man darf es als seine höchste technische Kunst bezeichnen, daß er unter richtiger Würdigung der im Juristenstande tätigen Kräfte dem Richter die rechte Freiheit aber auch die rechten Schranken des Urteils anweist.

Indes wie unendlich vieles wäre hier noch zu sagen! Und doch muß ich nun endigen. Wir haben zusammen einen Blick in die Werkstatt getan, in der der Gesetzgeber seine Werke formt. So viel an Sehenswertem und Bemerkenswertem gibt es hier, daß nur flüchtig die Augen über das einzelne haben hineilen können. Aber mir scheint, es ist jedesmal ein Gewinn, wenn man in die Arbeit eines anderen einen, wenn auch nur raschen Einblick tun kann. Und gerade bei der Arbeit des Gesetzgebers hat das vielleicht noch ganz besonderen Wert: wir lernen daraus, daß wir bei den Anforderungen, die wir an die Gesetze stellen, bescheiden sein müssen. Wenn so viel über ihre Dehnbarkeit und Unvollkommenheit geklagt oder gespöttelt wird, so geschieht das zumeist ganz ohne Kenntnis der Schwierigkeiten, die es hier zu bewältigen gibt. Und noch eins ist es, was wir lernen. Jedes Gesetz ist in seiner Wirkung zum großen, ja vielleicht zum größten Teil von der Rechtsprechung abhängig. Insbesondere für die Technik des Gesetzes wird das Maß des Vertrauens, das der Gesetzgeber auf den Richterstand hat, in weitem Umfang entscheidend sein. Je vorzüglicher die Juristen vorgebildet sind, je gesunder und verständnisvoller die Rechtsprechung ist, desto leichter und sicherer wird der Gesetzgeber seine Aufgabe erfüllen können. Hier wird ein weiter Ausblick frei: die Kunst der Rechtsanwendung tritt notwendig ergänzend und bedingend neben die Kunst, von der ich hier zu sprechen hatte: die Kunst der Gesetzgebung.

Druck von Pöschel & Trepte in Leipzig.

Lightning Source UK Ltd.
Milton Keynes UK
UKHW051315250119
335965UK00020B/1366/P